经济管理理论与经济发展探索

李　晶◎著

线装书局

图书在版编目（CIP）数据

经济管理理论与经济发展探索 / 李晶著. -- 北京：
线装书局, 2023.8
　　ISBN 978-7-5120-5596-4

　　Ⅰ. ①经… Ⅱ. ①李… Ⅲ. ①经济管理－理论研究②
中国经济－经济发展－研究 Ⅳ. ①F2②F124

中国国家版本馆CIP数据核字(2023)第148927号

经济管理理论与经济发展探索
JINGJI GUANLI LILUN YU JINGJI FAZHAN TANSUO

作　　者：李　晶
责任编辑：白　晨
出版发行：线装书局
　　　　　地　　址：北京市丰台区方庄日月天地大厦 B 座 17 层（100078）
　　　　　电　　话：010-58077126（发行部）010-58076938（总编室）
　　　　　网　　址：www.zgxzsj.com
经　　销：新华书店
印　　制：三河市腾飞印务有限公司
开　　本：787mm×1092mm　　　1/16
印　　张：14.5
字　　数：340 千字
印　　次：2024 年 7 月第 1 版第 1 次印刷

线装书局官方微信

定　　价：68.00 元

前　言

　　经济管理原理理论的内容具有广泛性。它包括对经济领导者、经济管理组织、经济管理体制的研究；对人力资源、物力资源、财力资源、科学技术和信息资源管理的研究；对经济管理的计划、指挥、监督、调控的研究；对经济管理的目标、预测、决策的研究；对经济管理的思想教育保障、法律保障、社会保障的研究；以及经济管理现代化和经济管理效益评价的研究等。它包括生产力、生产关系和上层建筑等诸多方面的问题，以及它们在经济管理活动中相互影响、相互制约的关系等。

　　当前世界上各个国家都采取相对应的手段从宏观的角度对国家的经济进行管理。不过任何国家的宏观经济管理，都是按照一个特定的经济管理思想或者是理论作为指引的。中国自从改革开放后，整个国家的经济管理理论从宏观的角度上就是从计划经济往市场化经济的趋向演变，国家中的各项社会资源的配置，也是从以往的计划式的配置转化成为市场化的配置。而且，中国在进行社会主义市场经济的探索期间，也吸收了西方在宏观经济学上面的经验，转变成为具备中国特色的经济学理论，成为了中国进行公共财政和公共经济决策的重要参考来源之一。

　　而美国在次贷危机之后，世界各个国家的财政格局仍然持续震荡，虽然大部分国家采取了相对应的公共经济管理策略，但是仍然余波未息，世界整体的经济仍然缺乏增长的推力，欧洲数个国家所面临的债务危机，以及美国多次遭遇的"财政悬崖"的相关问题都持续产生影响，而一部分负债的国家通过超发货币，增发国家债券来避免国家出现债务违约，呈现出捉襟见肘的趋向。

　　不过中国的经济反而在逆境之中持续增长，其稳定的增长态势在整个疲弱的世界市场当中显现出强劲的势头。对于中国的经济增长模式，特别是相关的经济管理理论思想在中国的具体应用，仍然是值得我们进行深入探究和思考。而中国的公共经济思路，其自身是否足够完善，这也是一个影响中国乃至于世界的重要命题。因此，在这样的一种现实背景下，对于经济管理理论在中国进行应用的再思考，特别是中国未来的经济管理思路的演化，则更具备思考的价值以及意义。

　　当前西方的经济管理理论仍然是以公共财政的管理作为核心的。不过各个国家在公共财政上的应用还是存在一定的差异性的。比如一部分北欧的国家比较强调社会福利以及财政收支上的稳定，这些国家相对而言就比较重视这种人均的公平，不过这些国家的 GDP 较高，所以其自身在福利上的加大投入，不会对国家的经济运转产生影响。而另一些国家，如日本，以及中国，这些东亚国家仍然要是比较重视经济效率在整个分配过程当中的分量。因为中国虽然其自身的经济在近几年来都是持续较快地发展，但是由于中国实际国情，仍然和北欧等相对发达的国家之间存在一定的距离。

本书的章节布局，共分为八章。第一章是经济管理理论与现代经济发展概述；第二章对现代经济发展与增长理论做了相对详尽的介绍；第三章是现代企业经济发展与策略，本章介绍了企业发展认知及其影响、战略制定以及经营管理；第四章是世界经济一体化发展，介绍了世界经济及发展形式、国际金融及国际货币体系以及国际贸易等；第五章是金融管理体系与发展；第六章是企业金融与财务管理；第七章是国际金融与资本管理；第八章是金融风险管理与控制。

本书在撰写过程中，参考、借鉴了大量著作与部分学者的理论研究成果，在此一一表示感谢。由于作者精力有限，加之行文仓促，书中难免存在疏漏与不足之处，望各位专家学者与广大读者批评指正，以使本书更加完善。

目　录

第一章 经济管理理论与现代经济发展概述

第一节 经济管理理论

经济管理与我们的生活密切相关。探析经济管理的前沿理论，厘清经济管理的相关内容，为我们更清晰地了解经济管理奠定良好的基础。本节重点论述不同的经济管理理论的观点、经济管理思想的演变、经济管理的性质与原则、经济管理的原则与方法、经济管理的效益与评价这几方面的内容。

一、管理理论前沿

（一）核心能力理论

1.核心能力的构成要素

企业的核心能力所包含的内容既丰富又复杂，所涉及的内容较为广泛，主要包括以下三个方面。

（1）研究与开发能力

应用研究是为了获得新知识而进行的创造性研究，它主要针对某一特定的实际应用目的，可以连接基础研究和技术开发。技术开发是指利用从研究与实际经验中获得的现有知识或从外部引进的技术与知识，为生产新的材料、产品，建立新的工艺系统而进行实质性的改进工作。

（2）创新能力

社会在不断地进步中，企业想要保持发展与竞争的优势，就需要不断创新。创新就是根据市场变化，在企业原有的基础上，不断优化资源配置，重新整合人才，寻找不足之处，不断改进，以更加贴合市场需求，进而实现企业的初级目标，使企业的产品、技术、管理不断创新。企业创新的主体是生产一线的管理层、技术层、中间管理层。

创新能力作为创新主体在生产经营活动中，善于敏锐地察觉旧事物的缺陷，准确地捕捉新事物的萌芽，提出相关的推测与设想，再进行进一步的论证，并准确地实施。创新能力与创新主体的知识素养、思想意识、心理特点以及社会环境具有紧密的联系。

（3）转换能力

只有将创新意识与创新技术转换为可实行的工作方案或者产品，创新研究与开发才是有价值的。转换能力作为企业技术能力管理的重要因素，转换的过程也就是创新的进一步深化。创新只有转换为实际效益才是真正意义上的创新。转换能力在实际应用中的技能表现，如下所示。

第一，综合。将各种技术、方法等综合起来，形成一个可实施的综合方案。

第二，移植。将其他领域的方法移植到本企业的管理与技术创新中。

第三，改造。对现有的技术、方法、设备进行改造。

第四，重组。对现有的方法、过程、技巧，根据企业的现实情况以及社会的需求，进行重新改造，不断优化。

由于客观世界无时无刻不在发生变化，企业的决策者需要根据这些变化来做出及时的判断，还需要有敏锐的感应能力，这样才可以根据各种客观条件的变化做出适当的调整。

2.核心能力的基本特征

（1）技术经济性

企业核心能力既包括技术因素又包括经济因素。单纯的发明创造只是停留在技术性的层面上，只有将发明创造应用于生产，转化为现实生产力，产出一定的经济效益或者社会效益，才是企业的技术能力。

（2）非均衡性

承认核心能力的渐进性，并不否定其革命性。创新和研发能力是核心能力的本质体现，而创新和研发过程是充满风险和不确定性的。在这一过程中既有继承性的技术渐进发展，又有突变性的技术革命。正是这种革命性才使企业的竞争既充满成功的机遇与希望，又具有失败的压力与风险，正是这种革命性才推动着经济的发展和飞跃。

（3）整体性

不能只依靠一种能力或者一项技术就来判断企业的实力，而应兼顾企业的技术水平、设计能力、生产能力、经济实力等。核心能力不只与技术因素有关系，它还与企业的文化建设、员工的知识素养等非技术因素有关系。换句话说，核心能力就是企业的综合能力。核心能力一旦形成，竞争对手在短时间之内是很难模仿的。

（4）动态性

企业的核心能力并不是一成不变的，需要根据时代的发展要求，不断强化自己的核心能力，企业的核心能力若只是固守在一个阶段或者是依靠一种技术，那么它的优势也会随着时间慢慢丧失。只有与时代的发展相一致，与科技的进步相一致，才可以保持企业的优势。

（5）渐进性

一些非关键性技术或者通用技术是可以在市场通过购买获得的，企业的技术能力是无法通过金钱购买的。企业的核心技术也不会在一朝一夕之间形成，而是长时间的知识技术的积累与经验的获得。

3.影响核心能力形成的要素

①企业文化与企业的凝聚力。

②企业决策者的素质与能力，企业员工的知识素养。

③企业的经济资本。

④企业创新机制。

⑤企业的技术力量。

4.核心能力评价

核心能力是企业综合素质的重要体现，企业的性质不同，制定的衡量标准也不相同。因此，要想全面评价企业的核心能力，并不容易。只能说做到相对的客观与公正，结合定量与定性这两方面的评价标准，力求公正、客观、科学地评价企业的核心能力，主要指标如下所示。

①企业专利成果发明数量。该指标主要反映企业研究开发能力的效果和科技水平领先程度，也综合说明了企业技术能力的强弱。

②企业拥有的核心的科技员工的数量。作为企业科技力量的体现，所拥有的科技员工越多，就说明企业的科技力量越强大。

③企业产品占有市场份额的多少。该指标反映了企业产品的市场渗透能力。

④企业在消费者中的满意度。消费者作为企业经济效益的直接决定者，只要消费者满意，就会为企业带来更多的利益。

⑤企业产品的相关技术的更新速度。作为企业的核心竞争力，更新的速度越快，产品与技术的竞争力也就越大。

⑥企业适应市场的能力。市场消费需求变化日新月异，企业必须有适应市场的能力，这样才能及时推出适合的产品。

⑦企业要有与自己技术相关的衍生产品。

通过对上述因素的分析，核心竞争理论作为管理理论中的重要组成部分，在选择哪些因素可以成为核心竞争力的同时，还需要关注核心竞争力的创新研究。想要培养核心竞争力，就需要重视产业的预判能力。企业需要根据员工的需求、社会的发展趋势以及技术的更新方向，合理地构想出市场对未来企业的需求与定位，培养出新的核心竞争力，使企业拥有竞争的优势，不被时代所抛弃。

（二）知识管理理论

1.知识管理概述

（1）知识管理的定义

知识管理简单地说就是以知识为核心的管理。具体讲就是通过确认和利用已有的和获取的知识资产，对各种知识进行的连续的管理过程，以满足现有和未来的开拓新市场机会的需要。知识管理的出发点就是把知识视为最重要的资源，将最大限度地掌握和利用知识作为提高企业竞争力的关键。

（2）知识管理涉及的方面

知识管理要求员工可以分享他们所拥有的知识，并且对可以做到的员工给予鼓励。知识管理主要涉及以下几方面。

①技术方面。

②过程方面。

③员工方面。

④组织结构与企业文化方面。

⑤评价方面。

2.知识管理的基本职能

（1）外化

外化首先包括一个强大的搜索、过滤与集成工具，从组织的外部知识与内部知识中捕获对企业现在和未来发展有用的各种知识；其次是外部贮藏库，它把搜索工具搜索到的知识根据分类框架或标准来组织它们并存储起来；再次是一个文件管理系统，它对贮存的知识进行分类，并能识别出各信息资源之间的相似之处。基于此，可用聚类的方法找出公司知识库中各知识结构间隐含的关系或联系。最后，外化的作用是通过内化或中介使知识寻求者能够得到所捕获收集到的知识。

（2）内化

内化知识通过各种各样的方法发现与特定消费者的需求相关的知识结构。在内化的过程中，需要对知识进行过滤，来进一步确定相关的知识，并将这些知识传递给需要的人。

内化可以帮助研究者就特定的问题进行沟通。在内化的高端应用软件中，提取的知识可以最适合的方式来进行重新布局或呈现。文本可以被简化为关键数据元素，并以一系列图表或原始来源的摘要方式呈现出来，以此来节约知识使用者的时间，提高使用知识的效率。

（3）中介

内化的过程注重明确、固定的知识传送。中介就是针对一些没有编码存储于知识库的知识，将知识寻求者与最佳知识源相匹配。通过对个体的深度挖掘，中介可以将需要研究的特定课题的人或者与之相关的人聚集在一起。

（4）认知

认知既是上述三项职能交换之后得出的知识的运用，也是知识管理的最终目标。现有技术水平很少能实现认知过程的自动化，大部分都是专家系统或利用人工知识智能技术做出的决策。

3.知识经济时代企业管理的模式

企业要想在知识经济时代站稳脚跟，就需要适应知识经济时代的发展，制定合理的企业管理模式，注重在管理上的创新，主要体现在以下几个方面。

①注重知识的作用，实现智力资本的管理。

②重视全球化的作用，增强现代意识管理。

③重视竞争的作用，实现人才的激励管理。

④注重生态意识，实现生态营销。

⑤注重技术的更新与升级。

（三）人本管理理论

1.人本管理的内涵

人本管理是管理学中的重要组成部分，这项理论的提出已经有一段时间，只是尚未形成统一的认识。不管是中国的古代文化，还是西方的各个管理学派，对于人本管理的认识都是各执一词，但是他们的观点对人本管理的发展具有重要的影响，不断丰富着人本管理的内涵。

2.人本管理模式

（1）生涯管理模式

作为人力资源管理内容的生涯管理，向人们昭示体现真正意义的人本管理模式的出现。生涯管理可以从两个方面去理解。从组织层面，可以理解为：企业从组织目标和员工能力、兴趣出发，与员工共同制订和实施的一个符合企业组织需要的个人成长与发展计划（此时多称为生涯管理）；从个人层面，可以理解为：员工为寻求个人的发展，而与组织共同制订和实施的既使个人得到充分发展又使企业组织目标得到实现的个人发展计划。生涯管理是在人类社会发展到一定阶段出现的一种全新的管理理念和管理模式。

第一，它是劳动者工作动机高层化与多样化的结果。由于社会经济的不断进步，人们的收入水平也有所提升，获取经济收入只是人们参与就业的目标之一。人们在参与生产劳动的过程中，同样希望丰富自己的社会经验，增加社会交往，提升自己的社会地位。他们也希望获得更多的权利，参与到管理的过程中，有更多的机会展示自己，提升自己。

第二，脑力劳动逐渐取代体力劳动，传统的过程管理模式已经不再适用于现代的经济发展，管理的效果也并不能使大多数人满意，生涯管理的方式更符合现代企业的要求。

第三，在市场经济条件下，企业的竞争压力越来越大。适应市场经济变化，更新产品的功能与品牌形象，需要企业员工能力的进一步加强，还需要企业优化员工的配置。

第四，员工希望组织可以照顾到个人的素质和兴趣特点甚至系统的素质开发与配置，为自己以后的成长与发展奠定良好的基础，这样才有可能实现人的多重发展。

传统的人事管理必须做出一定的改变才可以适应社会的发展要求。生涯管理消除了传统人事管理的弊端，将人力资源的各项内容有机地整合在一起，使人员配置得到进一步优化，从而调动员工的积极性。生涯管理这种模式可以说是人本管理最好的体现模式。

（2）能本管理模式

管理理念是支撑组织发展的核心文化精神，是组织文化的深层价值。能本管理的理念是以能力为本的。具体来说，现代形态的文化价值观，应建立在能力价值观的基础之上，要以能力价值观为主导来支撑和统摄其他价值观（如利益、效率、个性、主体性、自由、平等、民主、创新等）；而且当"权位""人情""关系""金钱""年资""门第"同"能力"发生冲突时，应让位于能力；在市场经济、知识经济和现代化建设条件下，人生的一切追求、一切活动应围绕如何充分正确发挥人的能力旋转；人要依靠能力来改变环境，依靠能力立足，并实现个人价值，依靠能力来为社会而工作；在对组织和成员的行为表现进行评定和奖惩时，应首先看其能力发挥及其为社会做出贡献的状况。

能本管理对组织与成员之间关系的要求是，组织既要引导成员通过努力来实现自身的价值，又要发挥成员的优势，为组织、国家、社会做出贡献，进一步实现个人的价值。同时也要求组织为每一名成员营造良好的环境，提供相对公平的机会，引导成员将个人目标与组织目标联系在一起，使组织与成员成为共同体，将组织的发展与个人的发展联系在一起，实现组织与个人的共同发展。

努力消除维持型组织，建立一个创造型组织，逐步实现文化创新、制度创新、组织创新和技术创新；努力消除经验型组织，建立一个学习型组织，即从组织结构、形态和制度设计到组织成员的理念、价值观、态度、心理、思维和行为，都应具有强烈的自我组织、自我调整、自我发展和自我完善的能力，使成员具有主动地驾驭组织的目标和任务，并能适应外部环境变化的意识和能力，而这些能力形成的一个重要途径，就是组织对其成员的教育和培训，使成员在组织中能得到"终身学习"和"持续培训"。因此，组织不仅要建立科学的教育培训体系，加大教育培训的力度；还要逐渐消除形式型组织，建立一个实效型组织，使组织注重实效，反对形式主义，力图增强组织的实力和活力。

能本管理对组织成员的要求是，进一步挖掘成员的潜能，优化人员配置，使成员的才能得到进一步的发挥与展现。成员可以通过不断学习来提升自己的能力，通过取得的成绩来证明自己的努力。

能本管理在用人制度上，尽量避免根据领导的喜好或者是人情关系来选拔人才。选拔人才的标准应建立在公正、公平、公开的原则上，将合适的人放在合适的岗位上才是最重要的。

（四）再造理论

1.再造理论的特点

①向基本信念挑战。

②彻底性。

③大跃进式的发展。

④从业务流程着手。

2.企业再造

（1）企业再造的核心领域——业务流程

企业再造的核心领域是业务流程，企业再造的关键技术就是重整业务流程。业务流程是企业为满足顾客需求，通过输入各种原料，以创造出符合顾客需求的产品或服务的一系列活动。在业务流程再造前，企业首先应深入分析原有的业务流程，发现其中的不足之处。其次，分析和论证业务流程的重要性、问题的严重性以及再造的可行性，以便安排业务流程再造的顺序。由于企业资源有限，不能对所有业务流程进行改造。因此，一般优先选择对顾客利益影响最大的流程进行再造，如影响产品特色、交货期限和产品成本的流程。

（2）业务流程改造的策略

业务流程改造的基本原则是：执行流程时，插手的人越少越好；顾客了解流程时，越简便越好。依据这一基本原则，企业的业务流程改造可采取以下策略。

①合并工序。企业可利用相关技术，将原有的被分割成许多工序的流程按其自然形态合并起来，以提高效率。

②共享信息。可将业务流程中一些完成工序的人员结成团队，共同完成流程改造，团队之间能共享信息，减少工序交接的问题。

③同步流程。将原有的平行式流程和连续式流程转变为同步流程。平行式流程是指划分流程中的所有工序，所有工序同时独立进行，最后将各个工序的部件进行汇总。连续式流程是指按照流程顺序完成工序，流程中的后一道工序要在前一道工序完成的情况下进行。平行式流程和连续式流程的缺点是运转速度慢，流程周期长。同步流程是指多道工序同时进行，各道工序之间可以随时沟通。企业实施同步流程能提高运转速度，缩短运行周期，有效提高流程运转的效率。

（3）业务流程改造之后的优势

①没有装配线。改造后的流程将原本被分割的工序重新组合回去或者将几道工序压缩成一道工序。在新流程中，由服务专员或团队专门解决顾客的问题和需求。通过压缩平行的工序，装配线自然消失了，同时减少了监督工作，也精简了工作人员。

②提高员工的决策权。新流程压缩了工序，组成了工作团队，垂直的等级制被压缩，减少以往需要层层上报的程序，员工拥有一定的自我决策权。

③提高工作效率。在新流程中，几乎所有的工序都可以通过信息处理系统同时进行，以缩短运行周期，有效提高工作效率。

④多样化服务。传统业务流程主要遵循标准化生产理念，以不变应万变，所有问题都以同一种模式来处理，整个业务流程刻板僵化。改造后的业务流程具有灵活应变的能力，提供多样化的服务方式。

⑤超越界限。传统业务流程中，组织内部之间和组织与外部之间有一条行为、权利的界限。改造后的业务流程为提高流程运转的效率，可超越界限行事。

⑥减少审核与监督。在传统业务流程中，许多工序被分割，需要将分割的工序进行审核和监督后重新组合。改造后的流程合并了一定的工序，减少了连接点，也就减少了审核与监督，在一定程度上避免了组织中的冲突。

⑦企业享有集权与分权的好处。通过改造业务流程，能克服传统流程管理中集权与放权的弊端。新流程管理的主要思想是放权，建立自我管理的工作团队。在新流程中，企业能通过现代信息技术实时掌握各工序的运行情况，节约了审核与监督的成本。

3.企业再造的同步工程

企业再造需要同步工程的应用，在企业进行整合业务流程的过程中，也需要整合企业的相关内容，主要内容如下。

①重新整合企业价值观。

②重新设计工作方式。

③重新设计考评体系。

（五）学习型组织

1.组织成员拥有一个共同愿景

共同愿景作为组织成员的共同的愿望，是建立在客观事实的基础之上，对未来的合理规划。它是每一个员工的个人愿景又高于个人愿景，共同愿景将不同的员工聚集在一起，为了共同的目标而努力。

2.组织由多个创造型团体组成

在学习型组织中，团体既是最基本的学习单位，也是最具创造力的单位。组织是由多个创造型团队所组成的，组织中的所有目标也是直接或者间接通过团队来实现的。

3."地方为主"的扁平式结构

学习型组织最大的特点就是尽自己最大的努力，将决策权下放到离公司管理层最远的地方，倡导决策权向组织结构的下层移动，可以让公司的最底层的员工拥有一定的决定权，有了权利，也要对自己的权利与决定负责。这样的思想组织结构趋近于扁平化。

4.组织的边界将被重新界定

学习型组织的边界建立在组织要素与外部环境要素的互动关系之上，可以超越根据职能或者是部门划分的规定边界。因此，组织的边界会被重新界定。

5.员工家庭生活与事业发展的平衡

学习型组织注重员工家庭生活与事业发展的平衡。支持员工可以充分自由地发展，员工也需要承诺组织认真工作。这样一来，组织与个人之间的界限将会变得模糊，家庭与事业之间的界限也就没有那么明确，很容易达到家庭生活与事业之间的平衡。

6.领导者的新角色

在学习型组织中，领导者的角色又有了新的定位，如设计师、仆人、教师等。在学习型组织中，需要领导者对组织的整体要素进行整合与优化，不仅要设计组织的结构、组织策略，还要设计组织的发展理念。

之所以将领导者定位为仆人，是因为领导者需要实现组织愿景，对组织的真实情况有所认识，可以准确地了解下属的真实情况，这样才可以促进每一个人学习。

学习型组织是通过组织成员与整个组织的持续学习而建立的，持续学习是组织持续发展的精神基础。它会贯穿整个学习的过程，还需要在企业再造成功之后，继续深入学习。想要做到这一点就需要营造一种有利于学习的氛围，鼓励员工为企业的长远发展多做贡献。

（六）管理创新理论

1.管理创新的内容

（1）社会整体目标创新

知识经济下要求企业管理在追求自身目标的同时，还需要与整个社会的发展目标相联系。不仅要让顾客满意、员工满意、投资者满意，还要使社会满意，这就是全方位满意的管理原则，以丰富社会整体目标。

（2）精神激励创新

在传统的工业经济管理中领导者注重物质激励，对于精神激励并不重视。根据马斯洛的需求层次理论，领导者更应注重人的精神需求。现代企业也不应该再满足于表扬、奖赏等传统的精神奖励，而应该创新精神奖励，赋予员工更多的责任与权利，使员工认识到自己的责任，充分调动自身的主动性与创造性。除此之外，还要重视精神奖励的及时性。

（3）组织文化建设创新

传统的工业管理最为重视规章制度等管理，现代知识经济管理重视组织文化管理。企业文化建设已经成为企业建设中的重要组成部分，实现组织文化管理，在知识经济时代，不管是企业内部还是企业外部原有竞争者将普遍联合，选择合作机制，在一种和谐的文化氛围中共同开拓与培育市场。

（4）知识管理目标创新

将信息与人，信息与过程，信息与信息联系在一起，实现大量的创新。通过将信息与人的认知能力结合在一起，进一步产生知识，运用信息创造知识，实现知识管理的目标。

（5）集体知识共享和技术创新

知识经济中员工的重要性不仅取决于他以前的知识掌握情况，更在于他不断学习，不断创新知识，将新的知识运用到实际中。培养员工这种潜力，不仅可以实现员工之间的知识共享与集体拥有知识，作为企业竞争的核心所在，也可以满足知识经济管理的要求。

2.管理创新的空间

（1）企业外部环境的变动导致管理创新空间的存在

企业作为市场活动的主体，在进行市场经济活动的过程中，不可避免地会与外界的企业发生联系，甚至还会影响到企业内部的资源交换与配置。同时，对原来企业的运行方式产生影响。对企业外部影响较大的因素主要有以下几种。

①市场结构的变动。

②经济周期性波动。

③政府、竞争对手及消费者。

④制度变迁和政策效应的影响。

（2）企业内部资源配置的复杂性导致管理创新空间的存在

随着社会的发展，市场完善需求的复杂化，企业内部资源配置呈现复杂与简单两种趋势。

一方面，科学技术的进步，大规模自动化设备的产生，致使产品生产规模化、简单化，对员工的操作要求并不高。

另一方面，面对市场需求的复杂性，企业只有开拓管理创新空间才可以实现销售产品的目的，才可以实现市场销售观念的转变，具体从以下几个方面得到论证。

首先，区分好作为管理对象的人与管理主体的人。企业中的人，是重要的资源要素。人既是管理主体也是管理对象。人的劳动成果只有投入资源配置的过程中与大生产的要素相结合，才可以创造出应有的价值。分工协作作为工业化提高劳动生产效率的重要手段，因为分工不同，在最终产品中难以确定每一个劳动者的劳动贡献，很容易在生产过程中出现员工"搭便车"的行为。

其次，技术的进步速度加大了学习的难度。技术进步既是企业资源配置的内在变量又是一个外在变量。技术的进步速度日新月异，技术越先进，企业的竞争优势也就越大。企业在追求利益最大化的同时，也要追求最经济的方式，节约企业的成本，追求技术创新。

最后，深化资源配置对象的发展。伴随着经济的不断发展，企业的可利用资源也在不断深化，原来不被人们重视的材料，可能成为企业生产的重要资源。

3.管理创新行为与范式

动机与运行激励作为主要的内在因素，在管理创新理论中占据重要的地位。动机就是产生某种行为的内在动力，包括心理需求与满足感。管理创新需求作为管理创新主体对某种创新目标实现的欲望，也就是管理创新主体希望自己的创新能力可以得到体现。

从一定程度上讲，创新管理需求是人的最高层次的需求。由创新管理需求产生的创新管理行动可以协调组织行为，提高活动的效率。它们之间可以平行进行，也可以交叉进行。因为不管采用哪一种模式，都是为了实现管理创新主体所设定的目标。管理创新行为没有固定的模式，但是有基本原则与规律即范式，主要包括管理创新的原则、管理创新的边界条件以及管理创新的基本模式三个部分。管理创新原则是管理创新的基准与出发点；管理创新的边界则给定了一个具体管理行为的可行域、管理创新目标的达成域；而管理创新模式则是管理创新本身的一个系统流程。实际上无论是普通的员工还是领导者，在进行创新时都需要考量以上三点，要不然只能停留在口头而不能落实到行动中。

（七）市场供应链管理

1.供应链管理概念

供应链管理是指对整个供应链系统进行计划、协调操作、控制和优化的各种活动和过程，其目标是要将顾客所需的正确的产品能够在正确的时间、按照正确的数量、正确的质量和正确的状态送到正确的地点，即"6R"，并使总成本最小。

2.供应链管理的基本思想

与传统的企业管理相比，现代供应链管理体现了以下几个基本思想。

①系统观念。

②共同目标。

③主动积极的管理。

④采取新型的企业与企业关系。

⑤开发核心竞争能力。

3.供应链管理过程

供应链管理的过程主要分为四个阶段。

①竞争环境分析。准确识别企业供应链所面对的市场特征，掌握第一手的资料。

②企业现有供应链诊断。采用合适的方法与技术进行供应链分析。

③供应链的开发与设计。通过供应链诊断找出对顾客满意度有影响的因素，重新进行供应链的开发与设计。

④供应链改进方案的实施。形成供应链管理所设定的最初目标。

4.供应链管理的方法

在时间上重新规划企业的供应流程，以充分满足客户的需要。推迟制造就是供应链管理中实现客户化的重要形式，其核心的理念就是改变传统的制造流程将体现顾客个性化的部分推迟进行，在供应系统的设计中，应该对整个生产制造和供应流程进行重构，使产品的差异点尽量在靠近最终顾客的时间点完成，因而充分满足顾客的需要。这种对传统的制造流程进行重构的做法实际上与当前流行的企业再造是一致的。

在地理空间位置上重新划分企业的供销厂家的分布情况，降低企业的经营成本。供应厂家与销售厂家的合理布局，会减少时间的浪费，更快地将生产的产品输送到消费者的手中。企业与供销厂家之间的沟通协作，可以进一步减少运输以及存储费用，降低企业的经营成本。

在供应链管理中，需要生产商对所有的供应厂家的制造资源进行统一的收集与协调。企业的供应厂家不止一家，为了更好地完成用户目标，就需要对所有的供应厂家的生产资源进行统一规划与协调，将它们视为一个整体。

二、经济管理思想的演变

（一）早期的管理思想

中国文化源远流长、博大精深。在管理方面也不例外，很多的管理思想甚至比西方要早几千年，至今仍有借鉴意义。

虽然，中国古代的生产力水平有限，但是，我国的司马迁、孙武等人都曾提出过一些重要的管理思想，只不过没有形成系统的管理体系。

18世纪的60年代之后，西方国家开始了产业革命。很多的管理思想也由此出现。例如，罗伯特·欧文提出重视人的因素的观点；亚当·斯密的"经济人"的观点等。

（二）古典的管理思想

古典管理思想主要集中在19世纪的末期以及20世纪的30年代。其主要代表人物为泰勒与法约尔。

泰勒作为科学管理理论的代表人物，最重要的管理理论集中在组织管理与作业管理这两方面。法约尔在实践中总结出了著名的"法约尔法则"，还有十三项一般管理原则。

（三）中期的管理思想

中期的管理思想主要是指1930年至1945年。管理思想的代表人物为梅奥与巴纳德，代表思想为人群关系学理论。该理论认为，员工不仅仅是"经济人"，更是"社会人"。管理者需要从社会与心理这两方面来提高员工的积极性。在企业中，一定要认识到非正式组织的作用，处理好正式组织与非正式组织之间的关系，不仅能提升劳动效率与生产效率，还能提高员工的士气。

巴纳德是组织理论的代表人物。他认为，组织是一个系统，在组织内，主管人是最重要的因素，只有依靠主管人的协调，才能维持一个"努力合作"系统；组织的存在有三个基本条件，即明确的目标、协作的意愿和意见的交流；要使组织存在与发展，必须符合组织效力和组织效益原则。

（四）现代的管理思想

现代管理思想，主要产生于1945年之后。此时的管理思想发展态势良好，出现了很多的管理学派，管理思想异常活跃。

行为科学学派的代表人物为马斯洛，著名的需求层次理论的提出者。他将人的需求划分为五个层次。还有一位代表人物是赫茨伯格，他提出了双因素论，将影响工作动机的因素分为两种，内部因素与外部因素。

权变理论学派的主要代表人物为菲德勒和卢桑斯。他们的观点是，不存在一成不变的，适用于所有情况的管理模式与方法，管理者应该根据所处的情况与现实条件，采取不同的管理模式与方法。

决策理论学派的代表人物为西蒙。该学派认为，管理的关键在于决策，决策作为一个复杂的过程，可以根据决策的性质分为程序化决策与非程序化决策，根据人的满意情况进行决策。

经验主义学派的代表人物为戴尔与杜拉克。该学派认为，管理学的主要研究内容为管理经验，该学派主张从大企业的管理经验入手，对其进行总结归纳，从而给企业的管理人员提供可实行的建议。

三、经济管理的性质与原则

（一）经济管理的性质

从微观经济层次的角度，对一系列社会现象进行深入的分析，促进政策的运行，对市场中存在的"市场失灵"等问题进行分析，制定相关的经济政策，实现收入的公平分配。还可以通过制定相关的货币政策、财政政策、收入政策等，进一步保障经济的平稳运行，政府通过对货币以及汇率制度进行标准化的管理，确保国际收支平衡。

在微观经济学中，通过对个体经济单位经济行为的研究，来体现西方经济市场机制的运行与作用，在这个过程中，发现这种经济运行的不足，改善相关问题。其主要的组成部分为：市场结构理论、生产要素收入分配理论、消费者行为理论、生产成本理论等。这些经济理论共同构成了公共部门经济学的主要研究工具。公共部门的经济学的理论发展，也应该感谢微观经济学的发展。

经济管理是指经济管理者与管理机构为了实现特定的目标，对社会经济活动进行事前分析、决策、计划、控制、监督的过程的综合。经济管理作为人们进行共同劳动的一种客观要求，既是一个复杂且庞大的过程，也是一个有机的整体。

经济管理具有双重属性，既包含自然属性也包含社会属性。管理的双重性是由生产的双重性所决定的，经济管理的自然属性是经济活动中的共性，经济管理的社会属性是经济管理的个性，这就相当于同样的管理过程中的两个方面，掌握经济管理过程中的这一特点，有利于管理者对经济管理过程中客观规律的掌握，更有利于理解经济活动，正确借鉴资本与经济管理的经验。

（二）经济管理的原则

经济管理的原则简单来说主要包括三种：①经济效益最佳；②物质利益；③遵循客观规律。

四、经济管理的内容与方法

（一）经济管理的内容

经济管理的内容为企业的决策与管理提供依据，其主要内容包括以下几个方面。

1.人力管理

人力资源管理作为经济管理中的重要组成部分，一定要加强人力资源的开发与管理。企业一定要做好员工的培训工作，提高员工的基本素质，不断挖掘企业劳动者的潜力，调动员工的积极性。相关部门建立健全人力资源开发机制，为企业人力资源管理提供相关借鉴，教育部门要做好教育工作，为企业输送更多优质的人才，促进企业发展。

2.财力管理

财力集聚的对象，就是国内社会总产品的价值和国外资金市场中的游资。财力集聚的主要渠道有财政集资、金融机构集资和利用外资。在我国目前的市场经济发展中，除了搞好财政集资，尤其应重视金融机构集资和利用外资。财政集资的主要特点是强制性和无偿性，金融机构集资的主要特点是有偿性和周转性。财力管理应坚持的原则：统筹兼顾，全面安排；集中资金，保证重点；量力而行，留有余地；维持财力平衡。

3.物力管理

物力管理包括两方面的内容，一是自然资源的保护与利用，二是物力的开发、供应与使用。

想要更好地实现物力管理，就需要遵循经济规律与自然规律。主张节约，不能浪费。结合经济发展的要求与人们的需求，开发、使用、保护好物力资源，以合理的方式使用物力，促进企业的正常运行，促进经济与社会事业的不断发展。

在设计自然资源的开发与利用的过程中，要根据可持续发展的相关要求，对自然资源进行合理的开发与利用，不能随意开发，要适度开发，合理利用，以提高资源的使用效率，保护自然环境。

4.科学技术管理

科学是人类实践经验的概括和总结，是关于自然、社会和思维发展的知识体系。技术是人类利用科学知识改造自然的物质手段和精神手段的总和，它一般表现为各种不同的生产手段、工艺方法和操作技能，以及体现这些方法和技能的其他物质设施。

制定科学技术发展规划，合理使用科学技术，努力创新科学技术，积极推广应用科研成果。注重技术改造与先进技术的引进，提升自身的创新能力，加强创新型科技人才队伍的建设，为经济管理服务。

5.时间资源管理

时间是一切运动着的物质的一种存在形式。时间资源具有不可逆性；具有供给的刚性和不可替代性；具有均等性和不平衡性；具有无限性和瞬间性。

时间资源的管理是指在同样的时间内，为了提升时间的利用率与有效性而进行的一系列的调控工作。时间资源管理的内容，简单来说，就是指对生产时间的管理与流通时间的管理。

有效的时间资源管理，需要做出明确的经济活动的目标与规划，对时间的使用有明确的规划，严格把控时间。对整体的工作程序进行深化与优化，提升工作效率。此外，还要保障有足够的时间用来休息与娱乐。

6.经济信息管理

经济信息是指反映经济活动特征及其发展变化情况的各种消息、情报、资料的统称。经济信息的特征：社会性、有效性、连续性和流动性。

经济信息的分类标准多样，不同的划分标准会出现不同的分类情况。按照经济信息的获取方式不同，可以分为常规性信息与偶然性信息。按照经济信息来源不同，可以分为原始信息与加工信息。按照经济信息所反映的内容不同，可以分为外部信息与内部信息。

经济信息管理的要求应该建立在及时、准确、适用的基础上。经济信息管理的基本过程分为收集、加工、及时传递、分类储存。

（二）经济管理的方法

组织的经济管理方法与行政方法都各自具有自身的特点。组织具有综合效应，这种综合效应是组织成员共同作用的结果。组织管理就是通过建立组织结构，明确权责关系，规定相关职务，使组织成员各司其职，彼此之间相互配合，共同为了一个目标而努力的过程。

1.经济方法

经济方法是指依靠经济组织，运用经济手段，按照客观经济规律的要求来组织和管理经济活动的一种方法。正确理解经济方法的含义需要把握以下要点：经济方法的前提是按客观经济规律办事；经济方法的实质和核心是贯彻物质利益原则；经济方法的基础是搞好经济核算；经济方法的具体运用主要依靠各种经济杠杆；运用经济方法，主要依靠经济组织。经济方法的特点是利益性、平等性、有偿性、间接性，作用范围广、有效性强。

经济方法的科学运用，在一定程度上可以体现经济杠杆的科学作用。有效地利用经济杠杆，可以加强对经济活动的管理，但是一定要认识到各种不同的经济杠杆的作用领域与具体的调节目标。经济杠杆的调节作用可以体现在社会经济生活中的各个方面，实现多种调节目标。例如，信贷杠杆是在资金分配的过程中发挥作用，可以促进社会总需求与总供给之间的平衡，还可以促进企业的发展，减少资金的占用，促进资金的合理运转，提高企业的经济利益。

2.法律方法

经济管理的法律方法，是指依靠国家政权的力量，通过经济立法和经济司法的形式来管理经济活动一种手段。法律方法的特点：权威性、强制性、规范性、稳定性。

法律方法是国家管理和领导经济活动的重要工具，在经济管理中之所以要使用法律方法，从根本上说，是为了保证整个社会经济活动的内在统一，保证各种社会经济活动朝着同一方向、在统一的范围内落实依法治国基本方略。具体来讲，就是保障国家的经济建设的大政方针，保护以公有制为主体的多种经济成分的合法权益，保障科技成果的有效应用，加强国与国之间的经济合作，保证顺利完成经济体制改革。

3.行政方法

经济管理的行政方法，是指依靠行政组织，运用行政手段，按照行政方式来管理经济活动的一种方法。行政方法的特点：强制性、直接性、无偿性、单一性、时效性。

行政方法使用之前，一般会进行深入的调查研究。注重从实际出发，尊重客观事实。行政方法一般建立在客观经济规律之上，对各级组织与领导人的权力范围有严格且明确的划分，可以正确处理各级组织的关系。裁撤冗余的机构组织，建立健全行政工作责任制，提高办事效率。尊重人民群众的利益，发扬民主，积极联系群众。

合理的经济管理组织是管理者履行各种管理职能，顺利开展各项管理活动的前提条件。建立合理的经济管理组织应坚持的基本原则：坚持有效性原则，即管理组织结构的建立，包括它的结构形态、机构设置和人员配备等，都必须讲效果讲效率；坚持权利与责任对称的原则，即各级经济管理机构和管理人员，根据所管辖范围和工作任务，在管理经济活动方面，都应拥有一定的职权，与此相对应，还要承担相应的责任；坚持管理层级及幅度适当的原则。一般来说，管理层级与管理幅度呈反比例关系，即幅度宽对应层较少，幅度窄则对应层较多；坚持统一领导、分级管理的原则；坚持稳定性和适应性相结合的原则；坚持执行与监督的分设原则。

五、经济管理的效益与评价

（一）经济管理的重要性

企业的经营活动都是为了获得经济效益而进行的，经济管理是企业管理制度中的重要一环，采取有效对策对企业经济运行进行管理，能够促进企业的健康发展。

（二）将经济管理作为企业经营管理的中心

1.加强资金管理

资金管理既是企业经济管理中的核心所在，也是衡量企业经营标准的重要参考因素。加强资金管理，提升资金的使用效率，优化资金的配置是提升企业经济管理的重要方式之一，这也是企业立足的关键所在。

2.坚持资金运转管理的思想

企业经济管理的最终目标就是保障资金的使用科学化与合理化，提高企业的经营效率。经济管理作为企业管理的关键，不只是相关的管理部门应坚持这种思想，而是企业的所有员工都应秉持资金管理的思想。

3.定期开展经济预算

企业在日常的经营管理中，根据企业实际的资金情况，对企业的经济活动以及盈利规划做出合理的设计方案，计算出有效的经济预算，为企业在以后的经营决策中提供依据。

4.强化收支管理机制

企业只能设置一个账户，不能建立多个账户，将资源打散，用来掩藏资金。也就是说，企业所有的开支与收入应该用一个账户，禁止相关部门或者个人对资金进行不合理的使用，企业资金的开支应该由专门的负责人进行管理，其他人没有权利进行支配。

5.做好成本控制

成本控制是经济管理的重要组成部分，做好成本控制就是协调各部门之间的费用分配，将最具有竞争力的产品指标进行有效的拆分，并在相关部门中严格贯彻。采用最先进的技术管理方式，做好成本控制，节约资金，加强企业的竞争力。

6.策划经济方案

在进行经济管理的过程中，相关工作人员要根据企业的真实情况，做好经济方案，既要有阶段性的经济方案，也要有全年的经济方案，做好经济预算，及时解决经济活动的困难，便于经济管理。

7.研究经济管理的结果

深入研究经济管理的结果，对经济管理具有重要的意义。可以找出经济管理中的不足，吸取相关的经验，不断完善经济管理活动，可以使企业有效地掌握资金，做好预算，促进企业的发展。

（三）增强经济管理的力度

经济管理与企业的日常经营活动相结合，增强经济管理的力度。在企业的日常经济管理活动中，经济管理的作用可以说在各个环节中都有所体现，以保障企业的正常运行，减缓资金供应的压力。

1.影响企业资金周转不畅的因素

影响企业资金周转不畅的因素主要包括：相关工作人员的经济管理的意识淡薄；客户欠款与拖款现象严重；所支持的资金的账目一直处于较高的水平。

企业要根据自身的实际情况，建立专项的管理团队，定期开展收回欠款的活动，还需要各个部门之间的相互配合，做好企业的成本预算，降低企业成本，提高企业的经济效益。

2.增强经济管理的途径

（1）做好经济规划

良好的经济规划对于企业的发展方向具有重要的指导意义，经济规划做得好，就会提升企业的经济效益，增强企业的经济管理。因此，想要做好经济规划就需要从以下几个方面着手。

①掌握企业具体情况，对资金的流通规律有基本的认识。

②应该进行充分科学调研，依法经营。

③厘清投资过程，科学民主地进行经济管理。

④建立风险预警机制。

（2）体现经济监督

企业想要维持正常的运转，就需要建立健全经济监督机制，成立管理领导小组，加强经济管理监督工作，反对不良经济行为。经济管理人员一定要具备高度的责任感，对不良的经济行为坚决抵制，发现问题，及时与有关人员沟通，坚守自己的职业道德，保障职工的合法权益。

（3）科学分配企业盈利

盈利的分配直接关系到员工的切身利益。科学分配企业的盈利，可以调动员工的工作热情，还可以促进企业的整体发展。目前来讲，大部分企业的分配原则都是采用平均分配，这从一定程度上，挫伤了企业员工的生产积极性，也使得企业的运行陷入一种不良循环。

根据经济管理的内容，企业的领导可以采用多种形式来改善盈利的分配，体现杠杆的调节作用，使企业的运行达到一种相对平衡的状态，提升员工的积极性，让企业朝着更好的方向运行。

要想全面提升企业经济管理的引导效果，就需要建立一个科学、全面、有效、可实行的经济管理体系，不只是依靠某一个部门或者是某一部分人员，而应该是企业的全体部门与全体职工。一起努力致力于做好管理决策，提升员工素质，利用最为先进的技术，做好成本控制、资金规划，提升经济管理的效率。除此之外，还要加强企业员工的相关培训，不断提高企业的管理水平，提升企业的经济效益，为企业的发展作出贡献。

第二节　现代经济发展概述

一、现代经济发展的本质与规律

（一）现代经济发展的本质

从全球经济场的角度来看待人类社会经济的发展，有助于对经济发展的全新认识。立足于全球经济场，沿着人类历史的进程，很容易发现，近代人类社会经济的发展过程实质上就是工业化、城市化的过程。20世纪七八十年代以来技术的大发展，加速了现代化过程，人类社会的进步已经成为工业化、城市化和现代化的发展过程。目前，中国和一些发展中国家正是处在三者的叠加发展过程中。相应地，人类社会的各种政治制度、经济制度、经济体制及其经济机制都只不过是这个过程中不同的实现方式而已。如果同意这一观点，现代发展经济学的研究目的就变得更加明了，现代发展经济学就是要揭示在其过程中，生产要素、经济要素以及经济结构等在不同时期、不同阶段、不同制度作用下对经济增长、经济发展的作用及规律。

1.经济增长与经济发展的区别

为了有助于深刻了解现代经济发展的本质，我们先来了解经济增长与经济发展这两个基本概念。

经济增长是经济学家常用的概念，更一般地来探讨，经济增长的含义是指，在一定时间内，一个经济体系生产内部成员生活所需要商品与劳务潜在生产力之扩大（亦即生产可能曲线向外扩张）。生产力的成长主要决定于一个国家自然资源禀赋、资本数量累积与质量提升、人力资本累积、技术水准提升以及制度环境改善。因此，经济增长决定生产力之诸多因素的扩展与改善。

一个国家走向经济和社会生活现代化的过程可称为经济发展。经济发展不仅意味着国民经济规模的扩大，也意味着经济和社会生活质量的提高；不仅涉及物质增长，而且涉及社会和经济制度以及文化的升级演变；同时又是一个长期、动态的进化过程。一般而言，经济发展包括三层含义：一是经济量的增长，即一个国家或地区产品和劳务的增加，它构成了经济发展的物质基础；二是经济结构的改进和优化，即一个国家或地区的技术结构、产业结构、收入分配结构、消费结构以及人口结构等经济结构的变化；三是经济质量的改善和提高，即一个国家和地区经济效益的提高、经济稳定程度、卫生健康状况的改善、自然环境和生态平衡以及政治、文化和人的现代化进程。

经济增长或社会财富增长是生产力发展的重要标志之一。经济增长不是单纯的国内生产总值（GDP）增长，而是经济增长速度和经济增长质量的统一。从产出方面看，经济增长以社会产品数量增加和质量提高为标志，这就是经济增长速度。产品质量不变而数量增加属于经济数量绝对增长；产品数量不变而质量提高属于经济数量相对增长。从投入方面看，经济增长以资源消耗的相对减少为标志，这就是经济增长质量或经济效益。如果社会财富产出总量不变而资源消耗总量减少，或者社会财富总量增加较多而资源消耗总量增加相对较少，就是经济增长质量提高或经济效益提高，把投入与产出联系起来考察，经济增长就是以最少的资源消耗生产出最多的社会财富，这是经济增长的确切含义。

经济增长与经济发展具有明显的差别。经济增长理论是西方经济学理论体系的重要内容之一。在西方经济学理论体系中，没有把经济增长与经济发展区分开。经济发展的特殊本质是"人本位"，以社会经济主体共同全面发展为目的。经济增长的特殊本质是"物本位"，以社会财富增长为目的。经济发展和经济增长是在不同的经济理论体系基础上确立起来的经济范畴。经济发展是指整个国民经济的演进过程，而经济增长仅是指社会财富生产的增长，比经济发展的涵盖范围小得多。经济发展与经济增长是整体与部分之间的关系，经济发展包括经济增长，经济增长是经济发展的内容之一。

经济增长作为生产力发展的总量目标，不包括经济结构优化的目标，不包括经济利益关系协调的目标，不包括社会消费水平的发展目标和分配格局的调整目标，因此解释不了经济结构失衡的问题。产业结构、区域结构、城乡结构、内外结构等方面的经济结构目标，属于经济发展的重要内容。经济发展的内容，不但包括物质产品生产与消费的增长，也包括精神产品生产与消费的增长；不但包括经济数量的增长，也包括经济效益的提高；不但包括经济总量的增长，还包括经济结构的优化；不但包括社会财富生产的增长，还包括社会财富分配的合理化以及消费水平的提高；不但包括经济效益和生态效益的提高，还包括社会效益的提高。

2. 现代经济发展的过程分析

经济发展是在经济增长基础上，一个国家经济与社会结构现代化的演进过程。考察人类社会发展的过程，可以发现，近代人类社会发展的最显著的标志就是工业化和城市化的发展，这两个方面的发展推动着人类社会发展的进程。由于技术大发展，加快了各行各业的现代化水平，因此，人类现代社会经济的发展其实质就是工业化和城市化、现代化的过程。如果明白了这一点，经济问题就变得简单明了。由此，可以通过考察社会发展的进程看到这一点。

（1）工业化过程

史学界大都认为，公元1500年前后的一系列重大事件，如地理大发现、文艺复兴等，导致西方资本主义的发展，从而引起了遍及全球社会经济的重大变化。特别是地理大发现直接诱发了商业革命，工业化对西欧资本主义起了最有力的催化作用。工业化过程推动了人类社会文明的进程。

西方国家近代经济发展的事实证明，农业的率先发展，换言之农业革命的率先发生，是产业革命得以出现的前提。这是因为从新石器时代人类进入农业文明后，直到17世纪产业革命的前夕，农业生产和技术的发展极为缓慢。17世纪欧洲农业水平同两千年以前（同罗马时期的农业发展水平）几乎没有区别，许多地方甚至更低。农业无法为非农经济特别是工业经济的长足发展提供劳力和市场。

没有国内农业的率先发展，不可能出现工业长足的发展，也不可能完成产业革命。因为在农业劳动生产率没有大幅度提高的情况下，发展工业如果转移农业人口，将急剧减少农产品的供应，其结果为：一方面无法保证对工业部门的农产品的供应；另一方面减少农村市场对工业品的购买力，从而将会从供给和需求两方面限制工业的发展。

一国不可能通过进口农产品来实现产业革命，因为要以国外农产品取代国内农产品，进口国的工业生产率必须大幅度地超过农业生产率，使得这一生产率差额足以支付进口农产品所需花费的运输费用，而这一点即使在产业革命开始以后的相当长的时间里也无法做到。因为在产业革命的前夕和初期，工业劳动生产率不高，而国际运输费用却因工业和运输水平低下而非常昂贵。

在西方产业革命时期，农业革命的先导和基础作用还突出表现在提供劳动力、提供市场、提供资金和提供企业家四个方面。

农业革命是人类历史上第一次人口革命的基础，使人口发展从高死亡率、高出生率的传统阶段进入低死亡率、高出生率的近代阶段，从而使人口迅速增加。人口增加一方面增加了劳动力的供给；另一方面扩大了对工业品的需求，从而为工业生产的发展扩大了市场。产业革命初期，由农业革命所造成的对工业品的需求，首先是衣着需求；其次是铁制农具需求，从而为纺织工业和钢铁工业的发展提供了广阔的市场。在西方国家工业化初期，首先是纺织工业；其次是钢铁工业，成为当时最兴旺、发展最快的工业部门，而农村市场乃是其主体市场。由此可见，在工业化的前期，无论轻、重工业均以农村为主要市场。

农业革命为产业革命提供企业家和资金，表现得最明显的是纺织工业。农业革命促使农民向非农产业转移，其最接近的产业便是纺织工业。因为在男耕女织的前工业化社会里，纺织是农家生产的重要组成部分。同时，在产业革命前期，纺织工业的设备比较简陋，投资额不大，家境较殷实的农民不难涉足其中。

工业发展并不等于工业化过程的开始，当资金、技术积累到适当程度的时候，工业发展加快，工业化进程开始。工业化最基本的前提是技术积累达到一定程度和阶段。工业化创造两种需求：一是社会需求；二是工业本身发展的需求。工业化程度越高，门类就越齐全，工业层级和门类的扩张按照一定的规律进行。

（2）城市化过程

"城市化"这一术语出现在150多年前。西班牙的一位工程师塞尔门写的一本书是《城市化的理论问题》，其在书中第一次使用了"城市化"一词。西方的城市化运动自工业革命开始，到20世纪六七十年代，城市化已达到很高的水平，城市已经成为西方人口的主要聚居区。西方城市化的高水平已经成为西方国家发达程度的重要标志。城市化的经济目的是通过规模经济、集体消费，提高公共服务的水平。人口密度是公共服务的函数，人口集聚是提高公共服务效率的前提，唯有大规模的空间集聚，才能降低公共服务的平均成本，获得递增的报酬。

城市作为独立的、高效的经济运行实体，有力地推进着社会、经济、文化的发展。城市能够非常有效地将一定区域内的经济人力、组织、文化、技术等资源聚合在一起，并加以合理的配置，以达到最优化的运行方式，使城市运行进入良性发展。社会的发展已经不是仅依靠产业的推动，城市本身已经成为推动社会经济发展的重要驱动力。现代西方城市的功能不是其生产水平有多高，而是要有能力组织起社会生产。在整个社会的经济运行中，城市更像是一个组织者、管理者、指挥者。城市规模是影响城市发展的重要因素，规模过小则不具备足够的聚合力，无法有力地吸引各种资源，对其周边地区的带动作用也不明显。城市的规模越合理，其运行效益越高。

西方城市的发展，是工业化的结果。工业的不断发展，增加了对土地和人口的需求，随着工厂的增多和规模的扩大，城市也在扩张，进而促进多种需要和多个产业的发展。工业化要求人力、资本、技术聚合，使城市这种最适合的发展模式脱颖而出，工业化与城市化在相互推动中不断发展。20世纪90年代以来，随着以国际互联网为代表的网络技术的发展，城市化进入新的发展阶段。城市化并不仅是人口由乡村向城镇的简单集中，它反映的是整个社会结构的变化，它包含非农产业的集中，生活空间的转化和观念意识的转化。西方社会在城市化的初期，主要是在工业革命后，城市在高速发展的同时，也出现了许多问题，如交通紧张、环境污染、住房紧张等。

（3）现代化过程

现代化常被用来描述现代发生的社会生活以及文化变迁的现象。一般而言，现代化包括了学术知识上的科学化、政治上的民主化、经济上的工业化、社会生活上的城市化、思想领域的自由化和民主化、文化上的人性化等。也有人认为，现代化是发展中的社会为了获得发达的工业社会所具有的一些特点，而经历的文化与社会变迁的包容一切的全球性过程。

现代化是人类文明的一种深刻变化，是文明要素的创新、选择、传播和退出交替进行的过程，是追赶、达到和保持国际先进水平的国际竞争。现代化的核心是"人性的解放"和"生产力（效率）的解放"，由于这一现象是从欧美等西方社会开始，有时也被称为"西方化"，但并不专属于西方社会。现代化也可以被理解为四个过程：技术发展、农业发展、工业化、都市化。现代化的另一个方面是技术的大爆炸，它使人类思想以惊人的速度和数量增长和传递。不同文化之间的差别在缩小，而专业技术领域上的差别却在扩大。

一般而言，18~21世纪，世界现代化可以分为两大阶段：第一次现代化是从农业社会向工业社会、农业经济向工业经济、农业文明向工业文明的转变；第二次现代化是从工业社会向知识社会、工业经济向知识经济、工业文明向知识文明、物质文明向生态文明的转变。这里所讲的现代化着重于技术进步所引起的生产和生活所有方面以及各种手段的现代化，因为它的进步促进了需求和生产的急剧增加，即经济增长和社会发展。

（二）工业化发展与规律

工业化是由农业经济转向工业经济的一个历史过程，当今世界各国发展经济，工业化是其必经之路。

1.工业化时期需求变动

工业化过程存在双重需求，即工业本身的需求和市场需求。工业发展除了为社会提供产品需求之外，本身也需要机器设备、厂房建设、动力支持等，工业化发展还需要大量土地，需要运输设备等，同时需要大量人力资源。工业化时期，社会需求无论在总量和结构上都有空前的增长，其决定因素很多，如地理位置、自然条件、社会风尚等，但最主要的因素有：生产技术发展、人口城市化、市场发展、政府行为。

（1）生产增长与技术进步

人类社会经济发展史证明，没有大量的需求就没有大量的生产，而形成大量生产的必要条件是产品的价格能够为工农阶层所接受，从而使工农的需求成为有效的需求。工业化过程中形成的现代工业、现代农业和现代运输业不仅提供了数量日益增大、品种日益增多的产品，而且大幅度地降低了成本，降低了价格。其中特别值得一提的是，耐用消费品工业的发展向市场提供了大量的缝纫机和自行车，汽车和冰箱也开始出现。现代农业的发展则使谷物、肉类的生产在一定程度上摆脱了土地报酬递减法则的制约。国内外贸易的发展对商品价格的降低也起了一定的作用。

（2）人口增长与农村人口城市化

工业化时期欧洲人口的增长从两个方面影响需求：一是人口数量的增大直接扩大了需求；二是农村人口城市化改变了消费的模式，从而改变了需求的模式。与农村居民需求相比，城市居民的需求有两个特点：一是自给自足的实物需求变成货币支付需求；二是需求更趋于多样化，如对公共设施、公共卫生和文化教育的需求增加。这两大特点既标志着人们需求质的提高，也标志着需求量的增大。

（3）市场体系与市场机构的发展改进

市场的改进包括统一的国内市场以至统一的国际市场的形成，统一的民族国家的形成，市场销售机构如批发市场、零售贸易机构（百货商店、合作商店、联号商店、廉价商店）的出现，全国性报纸刊物上的商品广告的作用，通信工具的改进，货币工资之取代实物工资等，所有这些均直接或间接地促进了市场的发展。

（4）政策行为对消费需求的刺激作用

工业化时期政府政策对消费需求的影响有直接和间接两种。政府政策行为对消费需求的直接影响是指社团消费的增长，包括政府行政费用的增长等。随着工业化和城市化的发展，政府相关部门用于行政管理、公共设施、公共卫生、文化教育、社会保障方面的开支与日俱增。间接影响是指政府的法令、政策的作用，如消费的等级限制，对消费品管理限制，譬如撤除关卡，税收减免包括关税减免，直接税和间接税的设置和完善。这些政府法令政策措施的颁布和实施，虽然其中有些项目对消费增长有抑制作用，如税收的增加，但总的说来，其对消费需求的促进作用还是主要的。

2.第三产业的发展规律

西方国家工业化时期的重要经济现象之一是第三产业的迅速发展。第三产业被认为是国民经济中除去农业（称为基础产业）和工业（又称第二产业）以外的所有产业。第三产业即服务业有三个基本特征：产品具有无形性、生产单位多为劳动密集型小企业、从业人员带有较强的专业性，且以女性、个体经营者和兼职人员为主。对第三产业内部行业的分类不尽一致。例如，比较通用的分类法是将第三产业分为：①交通、通信；②商业、金融、保险；③科学、教育、文化、卫生；④政府和防务；⑤狭义的服务行业（饮食、旅游、修理等）。还可以将第三产业分为：①社会服务业，即交通、通信和公用事业（教育、公安、国防司法）、社会福利卫生事业；②商业服务，即商业、金融、保险等；③个体服务，即家务、手工个体服务，个体专业服务者如律师、医师等；④社团服务，如职业团体；⑤文化娱乐。

服务业的发展过程相当漫长。在产业革命前的西方经济中，服务业已经萌芽，包括细小规模的商业、政府、专业服务者和颇具规模的家庭仆役业。而当时的所谓专业服务者主要是从事法律和医疗等行业。产业革命开始以后，服务业得到与工业同步的发展，其主要分为两种类型：一是生产性服务业，如交通运输、教育、商业，这类服务业被视为生产活动的中间环节，故又称中间服务业；二是消费性服务业，主要是指文化娱乐业，这类服务业的发展与经济增长及人们实际收入的增长有直接关系，而且当收入增长时，人们对这类服务的需求比对商品的需求增长得更快。

从长期看，第三产业的发展有两大特点：一是生产率的增长速度低于第二产业的增长速度，从而具有降低国民经济增长率的趋势；二是其对劳动力的吸纳能力强，并且比较稳定，从而对西方国家的就业结构产生向第三产业倾斜的影响，并对就业率起某种稳定作用。

（三）城市化发展与规律

城市的核心是"市"，城市化的核心是"市场化"。一般而言，城市化的含义分为广义和狭义。从广义的角度来看，城市化是社会经济变化过程，包括农业人口非农业化、城市人口规模不断扩张，城市用地不断向郊区扩展，城市数量不断增加以及城市社会、经济、技术变革进入乡村的过程。从狭义的角度来看，城市化仅指农业人口不断转变为非农业人口的过程。

城市化是指人类生产和生活方式由乡村型向城市型转化的历史过程，表现为乡村人口向城市人口的转化以及城市不断发展和完善的过程。城市化也意味着城镇用地扩展，城市文化、城市生活方式和价值观在农村地域的扩散过程。一般地，工业化可以产生多重需求：工业自身需求和市场需求（换言之满足市场需求）。正因为如此，工业发展能促进经济增长和社会发展。城市化一般滞后工业化，工业发展到一定程度加速工业化，进而促进和带动城市化发展。在现代社会经济发展中，城市化阶段是一国社会发展和经济增长深刻变革的时期。

随着产业革命的兴起，机器大工业和社会化大生产的出现，开始涌现出许多新兴的工业城市和商业城市，城市人口比例迅速增长。国际上城市化有两种不同的发展模式：一种是紧凑型模式，在有限的城市空间拥有较高密度的产业和人口，节约了城市建设的用地，提高了土地的配置效率；另一种是松散型模式，人口密度偏低，交通能源消耗要比紧凑型模式多很多。

城市化的本质是社会经济结构变革的过程。加快城市化进程的本质并不是无限制地扩大城市规模，根本上要使全体国民享受现代社会的一切城市化成果并实现生活方式、生活观念、文化教育素质等的转变。即实现城乡空间的融合发展，主要表现在产业融合、就业融合、环境融合、文化融合、社会保障融合、制度融合等，以期真正实现城市和农村人口的共同富裕、共同发展、共同进步。

城市化可以拉动和促进消费，已经成为公理。无论如何，城市化进程的重要表象是人口的迁移，人口的流动必将产生对居住的需求以及连带多种需求，城市化过程会对城市房价带来较大的变化和影响。

另外，从制度经济学的角度，经济增长的关键在于制度因素，土地、资本、劳动力等要素在有了制度时才得以发挥其功能。城市化作为伴随社会经济增长和经济结构变迁而产生的社会现象，同样与制度安排及制度变迁密切相关。如果缺乏有效率的制度或是提供不利于生产要素聚集的制度安排，就会阻碍要素的流动、产业结构的升级、规模效应和聚集效应的有效发挥，就会妨碍城市吸引和扩散效应的实现，从而阻碍城市化进程的正常进行。

技术进步推进了工业和工业化发展，工业化拓展加剧了城市化发展。工业化是城市化的动力，城市化又为工业化创造条件，城市化进程中，既要充分考虑工业化对城市化的支撑，又要充分考虑工业化对城市化的要求和配套，城市化的关键是统筹城乡社会经济发展。

二、经济制度与经济发展的联系

从全球经济场的角度来看，近代人类社会经济发展的实质是工业化、城市化和现代化的过程。劳动、资本、土地、技术等都是促进经济增长的基本要素，进而诸如制度、体制、机制等都是影响社会经济发展的重要因素。

（一）制度在经济发展中作用

人类社会发展进步，离不开先进的制度，研究经济发展与增长，更离不开制度。制度学派对经济增长提出了全新的观点，认为资本积累、技术进步等因素本身就是经济增长；经济增长的根本原因是制度的变迁，一种提供适当个人刺激的有效产权制度体系是促进经济增长的决定性因素。从当代社会经济发展的本质来看，制度是促进当代经济发展的重要因素之一。

现代西方经济学可分为主流经济学和非主流经济学。非主流经济学流派很多，制度经济学是其中特别引人注目的一支。从方法论角度而言，制度学派以研究"制度"和分析"制度因素"在社会经济发展中的作用为标榜，并以此得名。制度学派以研究"制度"而得名，制度学派采用历史归纳方法和历史比较方法，强调每一个民族或每一种经济制度都是在特定历史条件下进行活动或发展起来的，他们认为经济增长的根本原因是交易费用的降低，而降低交易费用的关键在于制度变迁。

制度经济学认为制度在经济发展过程中起决定性作用，人类社会历史的变迁，制度变迁才是根本的变迁。制度是一个社会的游戏规则，也因此成为塑造经济、政治与社会组织的诱因架构。所谓制度包括了正式规则（宪法、法律、规定）与非正式的限制（惯例、行事准则、行为规范），以及上述规则与限制的有效执行。制度加上技术，决定了构成总生产成本的交易及转换（生产）成本，从而影响经济的表现。由于制度与采用的技术之间有密切的关联，所以市场的效率可以说是直接取决于制度层面的架构。

在不同制度下，经济发展各因素的组合方式和发挥出来的生产力是截然不同的。人是经济发展中起主导作用的能动因素，但人的积极性以及创造性的发挥却是由制度决定的。制度对经济增长的作用是显而易见的，现代经济增长中的许多新问题，如公共政策对经济增长的影响、国际贸易对经济增长的影响和经济市场化对经济增长的作用等，都可在制度经济学理论中找到解释。

制度对经济增长的作用是显而易见的。在经济学中，制度经济学派把制度本身作为经济增长的一个独立因素或者独立变量来考虑，以此来研究它对经济增长的作用以及作用的程度。但是这里所考虑的制度对经济增长的影响，是把制度看成影响经济增长的众多因素之一，换言之是作为众多变量中的一个来加以考虑。

制度是规范人类的活动规则、程序和习俗的集合。每一个基本经济形态都有自己的基本经济制度，过渡时期有过渡性经济制度，亚经济形态也有相应的经济制度。在基本经济制度变迁的同时，经济活动各个领域的制度也发生着变化；同一个基本经济形态的基本经济制度，可能会有几个变种。

（二）经济体制影响经济发展

1.经济体制的功能与分类

经济体制是指在一定区域内（通常为一个国家）制定并执行经济决策的各种机制的总和。经济体制通常也指一国国民经济的管理制度及运行方式，它是一定经济制度下国家组织生产、流通和分配的具体形式。换言之，是一个国家经济制度的具体形式，诸如投融资体制、金融体制、税收体制、财政体制等。

经济体制就其直接含义而言是一定的经济（包括生产、分配、流通）的组织形式、权限划分、管理方式、机构设置的整个体系。社会的经济关系，包括了参与经济活动的各个方面、各个单位、每个个人的地位及其之间的利益关系，需要通过这样的体系表现出来。

经济体制除了指整个国民经济的条条（纵向）管理体制（诸如农业体制、工业体制、商业体制、交通体制、电信体制等），还应该包括横向的管理体制和方式（譬如各省、市、县政府及地方的管理体制）。由此，我们可以大致看出：经济体制主要包括所有制形式、管理权限、管理方法、经营方式等。经济体制的三个基本要素是：所有制关系、经济决策结构、资源配置方式。

（1）经济体制功能

现代社会是一个复杂的利益体，必须通过各种形式把它们联系起来，而能够承担起这个责任的就是纵横交错的各种体制。由此来看，体制实际上是一个国家管理社会经济的所有机构和职能的综合，这种机构包括了横向的体制，也包括了纵向的体制，也就是常说的条块结合。显然这种体制具有各自不同的功能，这些功能主要表现在：确定经济行为主体的权利范围，对整个社会的经济活动起协调作用；确定经济主体共同遵守的行为规范，对经济当事人不符合社会整体效率的行为发挥约束作用；确定利益分享规则，对经济主体行为发挥激励功能；确定信息交流结构，对经济运行发挥信息功能。很显然，和谐顺畅的体制至关重要，换言之，社会经济机构的合理组织、科学设置是很重要的。

（2）经济体制分类

①按资源占有方式或所有制形式划分经济体制，这是通常采用的方式，这种方式往往用于区分社会基本制度或经济制度。

②按所有制划分经济体制，这种划分往往与意识形态联系在一起，即"所有制+运行机制+意识形态=某种主义的经济制度"。

③按资源配置方式分类。瑞典的艾登姆按照资源集中配置还是分散配置，把经济分成三类：完全集中的模式；完全分散的体制模式；中间模式。经济体制包括决策结构、信息结构和动力结构三方面，并以决策作为主要标准，把经济体制分成：传统体制、分散市场、集中市场、计划市场、分散计划、集中计划等。

④按资源占有方式与资源配置方式的组合分类。经济体制是资源占有方式与资源配置方式的组合,资源占有方式可抽象为公有制与私有制两种,资源配置方式可抽象为计划配置与市场配置两种,这样就可把经济体制划分为四大类:公有制计划经济体制;私有制计划经济体制;公有制市场经济体制;私有制市场经济体制。这四类体制可以基本反映现实体制模式。但私有制计划经济体制在现实中没有相应的体制实例。资本主义私有制基础上的市场经济国家在引入计划机制中并未放弃市场机制,因而这类体制可称为私有制为主导的计划市场经济体制。

2.经济体制变革与经济增长

经济制度的变革主要表现在:所有制形式和结构、分配方式、消费方式等,而这些方面的变革又同时要求经济体制进行相应的变革,因此我们的改革是在不触动社会主义基本制度的前提下进行的体制变革,比如,价格体制、商业流通体制、投资体制、外贸体制等。经济制度变革在先,经济体制变革紧随。经济体制改革极大地解放了生产力。

在未来的发展中,必须从规模化和集约化的角度来考虑企业、产业的发展和规划以及基本建设,更加节约成本和具有竞争力。这就要求企业集团化、规模化,产业集群化,城市集群化。按照城市集群化的要求,城市基础设施的建设也要在更大范围考虑,才能形成城市集群,城市基础设施集约发展,才能有实力发展从而减少浪费。这就要求行政体制要相应变化,层级减少,环节减少,管理细化。譬如实行大部制改革加大了管理跨度,必须减少层次和缩小中间层级的管理范围,只有这样才能加快发展,减少摩擦,从而减少成本。体制性改革的目标必须如此确立。

(三)经济机制影响经济发展

当代社会各种经济体都存在多种经济机制,经济机制的各个组成部分是有机联系的。西方社会主要靠市场机制发挥作用。中国社会由于自然经济、商品经济、计划经济、市场经济在社会主义制度下同时并存,互相交错,机制还不能充分发挥作用。从全球化的角度来看,市场化推进和市场配置资源成为当今世界的主流,中国正在推进市场化进程,经济机制的着力点是要建立有利于转变经济发展方式的体制和机制,以提高市场配置资源的效率。

1.经济机制的分析

对于人们普遍看好的市场经济,最重要的是产权制度。建立市场经济制度,就必须建立与其相适应的产权管理体制和市场机制。产权公有制需要与之相适应的管理体系和激励经济增长的机制,同样以产权私有为重要内容和特征的市场经济制度也需要与其相适应的一系列运行机制。

在不同的经济制度下，经济机制的外延和内涵不尽相同。经常情况下制度、体制和机制对经济增长的促进作用是很难分清楚的，因为它们本身就是相互关联，甚至互为表里、互为载体，但是也有明显的区别。

国民经济是一个有机的整体，具有内在的构造和特定的联结方式。在国民经济这个大系统中，有物质生产部门和非物质生产部门、并存在生产、流通、分配、消费四个环节，各部门各环节之间，不仅存在有机的联系，而且具有特定的功能。如物质、资金和信息的交换，各部门各环节之间的协调平衡，以及相互联结和调节的功能。

在经济学中，经济机制就是指这样的一定社会经济机体内各构成要素之间相互联系、相互作用、相互制约的关系及功能。它存在于社会再生产的生产、分配、交换、消费的全过程。经济机体的各个组成部分和环节有机结合，通过互相制约和影响，作用于经济机体的运行和发展。各构成要素都自成系统，各自都有特定的方式运行。如价格机制、竞争机制、用人机制等。

价格机制通过价格的变动来推动和影响经济的运动；税收机制通过税种、税率的变化和减免税收的政策来制约和影响经济运动。各构成要素都自成系统，各自都有特定的运行机制。由于经济机制是在经济机体的运行过程中发挥功能的，因此它又称为经济运行机制。

实际上，经济机制包含了经济组织、经济杠杆、经济政策等项内容，生产关系是经济机制赖以建立的基础，经济规律制约和支配着经济机制。如何使它们的功能在运行过程中发挥最佳的总体效应，使得社会经济机体具有自我组织、自我调节、自我发展的性能，就需要对经济运行机制加以认真研究。

2.市场机制内容与功能

市场机制是市场经济内在的作用机制，它解决生产什么、如何生产及为谁生产这三大基本问题。多数经济学者认为，市场机制是市场经济的核心，它能实现稀缺资源的有效配置。

一般认为，市场经济中各市场要素互相适应、互相制约共同发挥作用形成的市场自组织、自调节的综合机能即为市场机制。其动力源于市场主体对其个体利益的追求，通过传动系统转换为企业目标与社会经济目标；传动是由市场信息、交通运输以及各项服务来实现的；调节则是通过价值规律、供求规律以及竞争规律作用下的价格、工资、利率变动来完成的。市场机制包括调节机制与竞争机制两个方面。调节机制是市场体系的平衡力，二者共同作用以求保证市场的效率与均衡。市场机制是一个经济机制体系，包括竞争机制、供求机制、利益机制、价格机制等。

事实上，市场机制从不同的角度可以有不同的理解。这里有三个透视角度：

第一，从市场机制运行的一般内容可以将之细分为三个过程：①是商品市场的价格机制；②是金融市场的信贷利率机制；③是劳动市场的工资机制。第二，从市场机制运行的原理上划分，可分为动力机制与平衡机制。动力机制包括利益机制、竞争机制；而平衡机制包括供求机制、价格机制与调节机制。动力机制是市场活力与效率的源泉，平衡机制是各市场主体相互协调生产与消费资源配置相互协调的保证机制。第三，从市场机制不同的作用方式看可细分为供求机制、竞争机制与风险机制。供求机制是价格与供求关系的内在联系、相互作用的原理。竞争机制是竞争与价格、供求相互作用原理，它通过经营者利益的驱动，保证价格供求机制在市场上充分作用，从而调节经济活动。风险机制是指风险与竞争及供求共同作用的原理，在利益的诱惑下，风险作为一种外在压力作用于市场主体，与竞争机制同时调节市场的供求。

（1）市场机制的内容

①动力机制。所谓动力机制，是市场内各利益主体、各要素相互协调、相互制约形成的推动企业发展、社会经济增长的动力作用原理。市场动力机制是以二重传导的方式作用的。社会经济首先将宏观目标，如经济增长、供求平衡等通过市场传导给企业目标。个人追求个体利益最大化的原始动力转化为追求企业盈利目标的动力，而企业目标又统一于社会经济基本目标之下，社会原始动力资源得到有效利用并合理通过市场配置，这也是市场经济快速发展的秘密所在。

②平衡机制。平衡性是市场机制的重要表现方面。所谓平衡性，是市场各主体、各要素相互影响、相互作用下不断调整适应使供求趋向平衡，使资源合理配置的作用原理。市场主体为了各自利益相互博弈，产生竞争，形成竞争机制；市场供求关系影响价格，形成价格机制。在市场机制的调节作用下，市场整体上会在博弈中逐步趋向平衡。市场机制由价格机制、供求机制、竞争机制、风险机制共同构成。具体而言，价格与供求在动态中不断调节，供求态势影响价格的变动，反过来价格的变动又影响供求变化，供给者和需求者为了各自的利益相应调节自己的行为，两者在市场上通过不断的无限多的动态组合趋向平衡。

（2）市场机制的功能

市场机制与计划方式相比，具有：自由调节性、自平衡性、动态相关性、发展性。纵观整个经济发展史，从市场产生到当前的现代市场经济是一个由封闭走向开放的动态发展过程。在这一过程中市场机制的内涵、功能日益丰富并随之加强，最终成为微观与宏观经济的纽带及资源配置的基本方式。市场机制是一种能够自发促进经济增长与资源优化配置的经济运行方式。市场机制的特点决定了市场机制的功能。市场机制自调节、自平衡、动态相关性的特点决定了市场机制具有一种动态的自组织、自平衡的调节能力。市场机制的发展性特点，显示了市场机制对资源的充分利用及刺激功能。

①调节功能。市场经济中价格是反映市场商品稀缺程度的信号，商品生产者为了实现利益的最大化就要依据市场信号，按平均利润率规律要求作出决策，生产那些价格高，有利可图的也是社会稀缺的产品，其稀缺程度愈高就会使价格与利润愈高从而愈加吸引生产者的投资。与此同时，生产者减少生产那些价格低、相对社会过剩的无利可赚的产品。产品愈过剩，价格愈低就会愈无人进入且快速退出生产。这样在不断的动态平衡调节中，市场机制具有促进供求总量与结构的平衡，优化资源配置，调节宏观比例关系的功能。

②激励功能。市场机制对经济具有特殊的促进效率与财富增长的功能。首先，市场机制的特殊之处在于创造了一种有效率的组织制度与市场规律，使个人的谋利方式与社会财富效率增长相结合；其次，市场机制使个人资源可以从社会资源角度有效分配，一切稀缺资源以价格为媒介通过市场在全社会进行有效配置，发挥其最大效用；最后，市场环境迫使市场主体的能量得到最大程度的发挥。

市场机制作为一种特殊的激励经济增长机制，其巧妙之处在于把个人追求与社会利益结合起来，对盈利方式严格规范，同时最大范围地利用社会现有资源，并最大限度发挥各自的效能，从而有效刺激经济的增长。

三、生产、结构要素与经济增长

（一）生产要素与经济增长

1.经济增长的三个要素

经典经济学理论把劳动、资本、土地看作一切社会生产所不可缺少的三个要素。从经济增长的源泉和动力来看，劳动、资本、土地是经济增长的决定力量。但是，需要特别说明的是，劳动、资本、土地这三个要素在不同的时期，换言之，在不同的经济阶段对财富的创造和财富的分配所起的作用是不一样的。

劳动创造价值，没有劳动就无法创造出社会财富。劳动力是劳动的提供者，劳动力要素是最活跃的要素，主要来源于区域内自有劳动力和外来劳动力，如迁徙和打工等因素。

资本要素主要来源于家庭储蓄、企业储蓄和政府储蓄，总收入减去总消费等于储蓄，储蓄和劳动的有效结合形成资本，从而实现价值增值。

自然资源要素对经济的增长影响也很大，如土地的肥沃程度、矿产的种类及丰富程度、气候等因素。所谓土地既可以作为劳动资料，也可以作为劳动对象。土地作为生产要素，不仅包括土地本身，还包括石油、煤、铁等各种矿藏以及森林、野生动植物等一切自然资源。土地作为一种劳动资料或劳动对象本身并不会产生价值，只有与资本和劳动结合起来才能创造出财富。

劳动、资本、土地的数量决定产出，换言之，生产要素的数量决定一个区域或国家的产值和经济规模。土地、资本和劳动力是近代社会的三大基本生产要素，在这三类要素中土地是根本，没有土地任何生产都将是无本之木。

资本要素向来被视为经济增长的发动机，区域经济发展的资金主要来源于本地区资本积累和区域外资本的净流入。资本积累与经济增长率成正比，资本积累的多少是决定经济增长率高低的关键。可见，资本存量的多寡特别是资本增量的快慢，往往成为促进或阻碍经济增长的重要因素。

在生产要素中，人力资本特别是技术水平的提升以及制度的良好演进会通过劳动和土地使用效率的增加显现出来；资本是土地和劳动结合的纽带，资本的作用类似润滑剂，会加速劳动和土地产出的交换和分配，刺激产出的增加。长期来看，资本的作用是中性的。只有三要素的有效结合与运作，才能使我们的社会财富得以不断增长和积累。推动经济发展，必须充分尊重客观经济规律，高度重视生产三要素在经济发展中的决定作用。

2.生产增长取决于要素增加

劳动、资本和土地是生产的必要条件。因此，生产的增长取决于这些要素的性质。生产增长是这些要素本身增加的结果，或是其生产力提高的结果。从而，生产增长规律肯定是生产要素规律的结果；生产增长的限度肯定是生产要素规律确定的限度，不论是怎样的限度。研究经济增长，先要考察这三种要素所起到的作用，换言之，要考察生产增长规律对劳动的依赖，以及对资本的依赖和对土地的依赖。

通常情况下，生产不是固定不变的，而是不断增加的。生产只要不受到有害的制度或低下的技术水平的阻碍，总是趋于增加状态。生产不仅受到生产者扩大其消费欲望的刺激，还受到消费者人数不断增加的刺激。随着生产的增加，三个要素对经济增长贡献的大小，在不同的国家或不同的阶段是有差别的。一般而言，在经济比较发达的国家（或阶段），生产率提高对经济增长的贡献较大。在经济比较落后的国家（或阶段），增加资本投入或劳动投入对经济增长的贡献较大。

在不同的时期，由于稀缺的程度不同，生产要素对经济增长的促进作用也是不一样的。随着生产的增加，工业化开始加速，同时对于住宅的需求也有所增加，在这种情况下，既需要劳动的增加又需要资金的增加。因此，一般而言，在经济发展的初中级阶段，对于劳动、资金等要素都有大量的需求。

在经济和社会发展进入城市化快速阶段，对资金的需求是巨大的。但是在城市化进入快速阶段以后，对于钢铁、水泥、电力这些基本要素的需求逐步开始下降，社会经济中也拥有了巨量的货币，在这种情况下，对劳动、资本的需求开始下降，土地需求成为工业化、特别是城市化阶段的稀缺要素。

可以看出，一个国家或者一个地区在不同阶段，对于劳动、土地，以及资本的需求是不一样的，如果能够认识到这些需求变化的规律，在这个过程中按照不同阶段增长的需要提前作出合理的安排，就能够做到科学发展。

3.技术进步对经济增长作用

科学技术是知识形态的生产力，它一旦加入生产过程，就转化为物质生产力。科学技术在当代生产力发展中起着决定性作用，技术进步已成为推动经济增长的主要因素。技术进步通过两种途径来推动经济增长：一是技术进步通过对生产力三要素的渗透和影响，提高生产率，推动经济增长；二是在高科技基础上形成的独立的产业，其产值直接成为国民生产总值的组成部分和经济增长的重要来源。

在工业化、城市化过程中，人们开始寻求更高层次的需求，实际上是对现代化以及精神方面的需求。在这种情况下，社会对技术要素的需求进一步提高。人类社会的每一次重大进步都是与科学技术的进步密切相连的。比如18世纪蒸汽机的发明和19世纪电力的应用，极大地促进了工业的快速发展，加速了社会经济的发展。另外，像的航海、航空、航天领域的发展加速了科学技术的进步，同时也加速了社会经济的发展。所以，国家经济的发展从长远而言必须重视科学技术的发展，与科学技术相关联的是人才的培养和发展教育。

（二）结构要素与经济增长

在经济发展中，结构变化如何影响经济增长这一问题已经引起人们越来越多的关注。按照经典的经济学理论，商品产生的基本原因是私有制和分工。从人类的发展过程中我们可以看到，每一次人类社会大的变革和发展都是由分工引起的。人类社会发展史上的第一次大分工是农业与畜牧业的分工，第二次是农业与手工业的分离，第三次是出现了不事生产而专门从事商品交换的商人。每一次分工都标志着人类文明的进步、经济的增长和社会的发展。现代社会，社会越发展，分工就越细，进而经济结构、产业结构就会越来越细分。

1.经济结构要素与经济增长

改革开放40多年以来。中国经济结构发生了深刻变化。在产业划分上，人们固有的概念都是三个产业。按照通常的统计划分，第一产业是指农、林、牧、渔业。第二产业是指采矿业，制造业，电力、燃气及水的生产和供应业，建筑业。除此之外的产业全归属于第三产业。产业结构的划分应该随着经济与社会的发展而不断丰富完善，除第一产业、第二产业外，而把其他的都划入第三产业不合理也不科学。

实际上，随着新的科研成果和新兴技术的发明应用，会不断地涌现出新的行业。像现在非常发达的信息产业，堪称一个独立的产业。但不管怎么划分，每个产业的发展和新兴产业的出现都标志着人类向更高的文明阶段发展。人类发展的阶段越高。精神享受的要求就越高，而文化产业也就越发达。经济越发展，分工就越细，结构就越丰富。实际上这是个可逆的相互作用过程。即反过来，结构越细分，就越利于经济增长，文明的程度就越高。

但是，经济结构是一个内涵非常广泛的概念，它一方面反映各种经济成分、要素互相联结、互相作用的方式及其运动变化规律；另一方面也是各类经济行为体在各个不同的经济领域按照一定的方式活动、构造具不同效能的经济侧面，进而介入经济生活的直接体现。任何一个社会的经济结构都是在多方面因素共同作用下的结果。就经济结构的组成而言，它会涉及产业结构、分配结构、就业结构、供给结构、需求结构等。然而，无论是任何社会制度，也无论社会生产力处于何等发展水平，只要经济行为是社会性的，都必然是在一定的经济结构之中活动，并同经济结构形成互动的关系。经济发展或增长的过程，实际上也就是经济结构不断演化升级的过程，其原因主要表现在以下几个方面：

（1）经济结构与经济增长是两个不同侧面

经济结构和经济增长是反映社会经济活动的具有较强关联性的两个不同的侧面。如果把经济增长视为经济总量不断扩大的过程，那么一定时期的经济总量实际上又等于所有结构的总量的话，那么经济增长也就等于结构总量的增长。从动态的角度看、分析经济增长根本无法离开经济结构这一前提，任何增长都是在一定经济结构条件下的增长，经济结构会从多方面对经济增长产生影响。因此，各类要素在不同经济空间的集聚如果符合社会经济发展方向，符合外部各项需求，那么这种经济结构就会对经济增长带来有利的影响，经济增长速度自然就会快一些，各类资源就会得到高效利用；反之，经济结构就会对经济增长造成阻碍，导致经济增长放慢或停顿，最终导致社会资源的损失和浪费。

（2）经济结构影响经济增长的方式

经济增长方式主要是指生产要素的组合使用的方式方法，它决定着生产力系统的整体效能和发展状况。在不同的经济结构形态之下，对要素的占有要求各有不同，各种要素间的相互替代水平亦不同，经济增长的源泉构成也势必会有所不同。美国学者彼特按照经济增长主动力的属性，把经济增长分为"要素（劳动力、土地及其他初级资源）推动"的增长、"投资推动"的增长、"创新推动"的增长和"财富推动"的增长。这四种不同的增长形式都是要在一定的经济结构条件下才会出现的。

（3）经济结构影响经济增长的效率

经济结构变化影响到经济增长的效率还可以从另外一方面来看，即效率与微观的与投入和产出相关的经济变量。直白地说，也就是投入产出率。投入产出既同经济结构的需求结构有关，又同经济结构中的供给结构有关，如投入会影响需求的水平，产出会影响供给的水平，需求和供给又与社会的收入水准和分配结构紧密相连。因此，如果经济结构中的各个组成部分能够相互协调，各要素能量可得到充分释放，那么"经济增长价格"便会相对降低，经济增长质量相对也高。

（4）经济结构影响经济增长的周期

经济周期的波动是渗透于经济各部门的，如制造业、贸易、金融业等。所以说经济结构会影响到经济增长周期是因为经济结构变化始终是以资本投入、技术创新等因素增减为条件的，社会生产力构成（包括中间要素投入结构、产业固定资产的结构和技术结构）显然会对经济增长周期产生影响。从资本投入的角度看，无论是企业增大存贷投资，还是机器设备投资，或是房屋建设投资，乃至大型基础设施投资，如公路交通、水运码头、铁道隧道等，都必然引起总需求变动，导致生产和就业的增加，为经济增长增添新的上升动力，改变经济增长的曲线，或者延长增长的上升时间。而经常在经济长波下降阶段出现的重大技术创新，可为社会创造出新的增长快的产业，借此则可克服下滑趋降波段的低速增长，把社会经济带入另一个具有较高增长速度的时期。

（5）经济结构影响经济增长的稳定性

受全球经济一体化的影响，现代社会的经济结构越来越多地表现出了世界性的特征，各种社会经济体系之间的联系越来越多，相互间的依赖性越来越强。在这样的条件下，社会经济结构的开放度、该社会在世界产业分工中所处的位置及经济专业化程度、产业转换的弹性大小等方面，都会对经济增长的稳定性带来影响。如果社会的出口商品在需求方面有高度收入弹性的话，经过一段时间后，其出口增长会表现为快过国民收入的增长；如果社会经济增长依赖的是易于受外部经济影响的产业，那么这一社会的经济增长稳定性就会较弱。

2.公共财政支出结构要素与经济增长

财政政策作为政府宏观调控的重要政策工具，是政府在实现经济增长方式转变和产业结构升级中最直接的表现方式。由于积极财政政策属于总需求的范畴，而经济增长属于总供给的范畴，积极财政政策与经济增长之间需要通过一定的机制传导才能有效释放效应。从宏观调控的角度来看，积极的财政政策一般包括扩大政府支出和减税两方面的内容。财政具有资源配置、收入分配和经济稳定三大职能。而且，政府职能主要通过财政职能来实现。从各国财政职能来看，财政都或多或少发挥了经济增长的职能。

（1）经济建设支出影响经济增长

经济建设支出是一种生产性的支出，一定的经济建设支出为私人部门的经济活动提供必要的外部条件，可以提高其产出能力。但是过多的经济建设支出就会排挤私人部门支出，并与私人部门争夺有限的社会资源，从而阻碍经济的增长。

我国的经济建设支出比重仍有上升的空间，而最关键的是其内部结构需要优化，对于一般的竞争性领域公共支出要逐步退出，以集中有限的资源强化国民经济的关键领域和重要产业的投资，以促进产业结构与技术结构的升级。这样经济建设支出的效率才能从根本上得到提高，最大限度地满足经济发展需要，使公共支出发挥促进经济增长的作用。

（2）文教支出影响经济增长

内生增长理论认为，人力资本形成是长期经济增长的关键因素之一；而贝克尔教授在其经典著作《人力资本》一书中曾指出，个人的教育和训练就像企业的设备投资一样，是最重要的人力资本投资。社会文教支出形成了政府对人力资本的投资，从理论上而言，它可以提高劳动者的素质与技能，推动生产率的发展，因此社会文教支出的增加可以对经济增长产生正的影响。从社会健康发展的需要出发，需要在规范收支的同时，优化公共支出结构，从总量和比重两方面提升社会文教支出的重要性，从而满足未来的发展需要和促进经济的更快增长。

（3）行政管理支出影响经济增长

从标准的资源配置理论而言，社会总资源最终是用于投资或消费。当社会有效需求不足时，增加政府消费性支出能扩大社会总需求，提高现有生产能力，特别是提高现有资本存量的利用率，进而提高利润率，对经济增长产生一定的拉动作用。但同时现代经济增长理论认为，投资是经济增长的主要推动力之一，消费性支出过多的增加会挤占生产性支出应有的份额、导致社会总投资减少，可能会阻碍经济的增长。

行政管理支出是一种纯消耗性的支出。行政管理支出是政府履行其职能的财力保障，因此，在我国公共支出结构的优化过程中，行政管理支出的比重迫切需要调整，有些方面要严格控制。由于使用的数据不一致和回归误差，公共支出结构对于经济增长的测算有差异，但是不论哪一种测算更精确，有两点是一致的，即一方面财政支出可以影响经济增长是毋庸置疑的；另一方面财政支出结构需要优化。

四、投资、消费、贸易与经济增长

经济增长最终要靠消费拉动，但消费拉动经济增长的前提是要不断地增加投资。消费是一个衣、食、用、住、行不断升级换代的过程，当一个过程完成以后，就向下一个更高的阶段发展，即由一个成熟消费阶段向更高级消费阶段升级的过程，这个过程还要求技术不断地升级，同时要求不断地增加投入。

（一）投资与经济增长

改革开放40多年来，中国经济之所以能够保持高度增长，除了制度、体制和机制变革的因素，很重要的原因在于：一是不断引进、消化、吸收先进的科学技术，为经济发展奠定必要的技术基础；二是在发展中增量发行了很多货币，为投资拉动经济提供可能。经济增长的过程同时也是一个货币增加供应的过程，有时货币的增长甚至可以超过投资增长或者经济增长。

进入21世纪以后，社会整体正处在一个由衣、食、用向住、行，由低层级消费向更高层级消费快速转化的过程中，而在这个转化升级过程中蕴藏着巨大的投资空间。只有进行大量的投资，不断提高投资率，才能把这些投资转化成资本，转化成企业的利润，转化成就业和收入，转化成生产生活资料的消费，才能够有效推动社会保障、就业等问题的解决，同时这也是有效应对、化解金融危机，实现经济持续又快又好发展的根本措施。经过投资发展，经济就可能达到一种相当高的程度。因此，探讨投资与经济增长的关系及其规律非常重要。

1.理论关系

（1）投资率的计算方法

投资率通常指一定时期内资本形成总额（总投资）占国内生产总值的比重，一般按现行价格计算。国际上通行的计算方法为：

$$投资率 = \frac{资本形成总额}{支出法GDP} \times 100\% \qquad （1\text{-}1）$$

此外，社会上还存在另外两种计算投资率的方法：

$$投资率 = \frac{固定资本形成总额}{支出法GDP} \times 100\% \qquad （1\text{-}2）$$

$$投资率 = \frac{社会固定资产投资完成额}{生产法GDP} \times 100\% \qquad （1\text{-}3）$$

上述三种投资率的计算方法存在如下差异：①从分母来看，涉及生产法GDP和支出法GDP。理论上，生产法GDP与支出法GDP应该相等，但在实际核算中，二者并不完全一致。②从分子来看，式（1-2）的分子是固定资本形成总额，把它与存货变动合在一起，便是资本形成总额，即式（1-1）的分子。式（1-3）的分子是全社会固定资产投资完成额，它是我国固定资产投资统计的核心指标，它与固定资本形成总额在口径上有一定的差别。由于这种方法的资料容易获得，因而社会上也有很多人采用式（1-3）计算投资率。

固定资产投资对GDP增长的贡献率，是指当年固定资本形成额年度实际增量占当年GDP实际增量的比重，该指标是从需求角度分析固定资产投资增长与GDP增长之间的关系。具体公式是：

$$固定资产投资对GDP增长的贡献率质献率 = \frac{当前固定资本形成年度实际增量}{当年GDP实际增量} \times 100\% \quad (1-4)$$

固定资产投资对GDP的拉动率=固定资产投资的贡献率×GDP增长速度 （1-5）

上述指标都反映了投资与GDP之间的关系。投资率反映了当年投资总量与GDP总量之间的比例关系，贡献率和拉动率则反映了当年投资增量与GDP增量之间的比例关系。投资贡献率在本质上决定于投资率，因此在某种程度上对投资率的分析也适用于投资贡献率。

（2）投资与GDP的关系

投资增加，必然会增加有效需求，由此引起经济增长或GDP增加。经济学家瓦西里·列昂惕夫（w. Leontief）被西方主流经济学界认为是投入产出分析方法的创始人。投入产出分析方法为研究社会生产各部门之间错综复杂的交易提供了一种实用的经济分析方法。列昂惕夫因发展了投入产出分析方法及这种方法在经济领域产生重大作用，而备受西方经济学界的推崇。

实际上，马克思创立的剩余价值学说就是采取了投入产出的理论形式。根据剩余价值原理，资本家首先垫付一笔货币（称为垫付资本），实际上就是投入、预付。投入的货币资本分成两部分，其中用于购买生产资料的一部分，称为不变资本；另外一部分用来购买劳动力，称为可变资本；垫付总资本为可变资本+不变资本。如果不变资本和可变资本每年周转1次，那么资本在1年内投入的生产资料成本在数值上等于不变资本；1年内投入购买劳动力的成本即劳动者工资在数值上等于可变资本；1年内产出商品的价值即销售收入，则销售收入超过成本的部分，就是剩余价值。

西方主流经济学的投入产出理论正是基于马克思的剩余价值理论。在生产过程中投入两种要素：企业家投入货币资本，劳动者投入人力；资本和劳动者都从产出中获得回报：资本的回报是利润，劳动者的回报是工资。

在英国经济学家卡恩运用乘数概念测量新增投资引起的就业增量占总就业量之比后，凯恩斯在《就业、利息和货币通论》一文中提出了投资乘数理论，用以分析投资变化对国民收入变化的影响。凯恩斯学说着眼于国民经济短期的稳定运行，认为通过扩大政府投资可以弥补私人投资和消费的不足，从而达到提高国民收入、促进经济增长的目标。新古典综合派发展了凯恩斯学说，提出总需求是由消费、投资、出口共同决定的。从短期看，可以通过扩张性的财政政策和货币政策，刺激投资需求，促进经济增长。

新凯恩斯主义的哈罗德—多马模型强调了投资在供给方面对国民经济持续增长的作用，认为高投资率可带来高经济增长率。索洛和斯旺建立的新古典增长模型认为，较高的投资率对短期的经济增长确有促进作用；但是从长期看，经济增长主要依赖于技术进步。内生增长理论用包括人力资本投资、研究与开发费用等在内的投资新概念，替代了传统意义的投资概念，再次得出高投资率带来高经济增长率的结论。从上述经济理论的主要观点看，扩大投资对促进GDP增长能够发挥重要作用。

一定的投资增量将会引起总收入和就业的连锁反应和联动作用，从而导致总收入的增量几倍于投资的初始值，这一倍数即为投资乘数。因此，在欧美主流宏观经济学里有不少关于"乘数"的概念，如投资乘数、消费乘数、政府购买乘数、货币乘数、税收乘数、外贸乘数等。可以看出，对投资乘数的正确估算将不仅使我们掌握经济运行的实际状态，也将对政府在调控经济中采取适当的政策产生积极意义。

2.高投资率

投资率主要反映的是一定时期内生产活动的最终成果用于形成生产性非金融资产的比重。高投资率，既会带来经济的高速增长，也会给经济带来负面影响，降低经济增长的质量和效率。通过深入研究投资与生产之间的关系，可以更好地分析经济的状态、增长类型和运行质量。其中：经济状态包括冷、热、适中等；增长类型包括投资拉动型、消费拉动型、外需拉动型等；运行质量包括投资回报情况等。

消费是拉动经济增长的主要动力，投资是经济增长的重要拉动力。高投资率有其必然性、合理性和积极作用。从一个较长时期看，高投资率是带动经济增长、增加财政收入、扩大就业的重要手段。较高的投资率是一个国家经济起飞必不可少的重要条件之一。另外，只有在一定阶段具有高投资率，才有可能为消费结构明显升级提供积累。

虽然高投资率有其必然性、合理性和积极作用，但高投资率仍有不合理和不可持续的一面。经济发展最终目的是消费，而不是单纯的投资，从长远看，投资增长过快，消费增长过慢，会加大资源约束与环境保护的压力。必须加快转变增长方式，以提高投资的效益，合理调整投资与消费两者之间的比例关系。

支撑高投资率的主要因素有三个：一是投资回报率虚高；二是高储蓄率；三是外资流入量大。这三个因素相互关联，都有着不稳定性。譬如，由于基础设施、房地产和一些重化工业的大规模投资，引发了对钢材、水泥、能源、化工等相关行业产品的需求，使这些行业的产品价格猛涨，投资回报率提高，形成了供不应求的局面，这种局面和高投资回报率，又会刺激上述行业的投资，新一轮投资又会对基础设施和上述相关行业产品形成新的需求。如此形成了一个自我封闭循环，一旦这种循环的某一环节出现问题，投资回报率就会迅速降低，对钢材、水泥等行业产品的需求将很快下降，进而导致这些行业生产能力过剩，相关企业的还贷能力明显下降，银行的呆账、坏账也会上升，经济增长的稳定性就会受到影响。此外，投资率长期过高，还会增加资源与环境保护的压力，也会使经济运行绷得过紧，扭曲经济结构。

一般而言，投资是扩大再生产、提高生产能力的重要手段，较高的投资率不仅可以直接带动生产的增长，还会带动居民消费的增长。表面上，在国内生产总值一定且净出口保持基本稳定的情况下，资本形成总额和最终消费额是此消彼长的。一个国家（或地区）的GDP如果用于投资的部分多了，投资率就会提升，那么可用于消费的部分就减少了，消费率就相对降低了。实际上，由于保持较高的投资率，投资中一部分直接转化为工资或其他的劳动报酬，一部分会直接转化为消费。一些国家和地区为保持经济较快的增长，维持较高的投资率水平。但当经济发展到一定水平后，投资率会逐步趋缓并下降，消费率逐步提升。此时，经济增长也由投资拉动为主转为以消费拉动为主，此后消费率则保持较高水平。

正确认识高投资率的风险，并在这一前提下保持经济的健康稳定发展，是宏观经济调控的一个重要任务。在一个只有消费品和资本品两种商品的简单经济中，如果生产要素越来越多地用于生产资本品，则一定意味着资本品比消费品具有更高的相对价格；也只有资本品比消费品具有更高的相对价格时，才可能导致更多的社会资源流向资本品的生产和提供，使最终实现的产出组合在生产可能性边界上向资本品那一端靠近，从而使资本品产出在总产出中所占的比例更高。

城市化会带来较高的投资率。换言之，在城市化过程中，将有更多的产品用于投资，而不是消费，将有更多的生产资料用于生产资本品，而不是消费品。在市场经济中，是价格机制在指引市场将更多的社会资源配置到生产资本品的领域。既然城市化将影响资本品和消费品的相对价格，也就能影响一般物价水平，从而使城市化过程中的物价波动具有自身的特征。城市化导致资本品价格上涨，而消费品的相对低价格又会刺激消费需求，消费需求的扩张连同城市化带来的投资需求扩张，将导致总需求扩张；总需求扩张将带来普遍的物价上涨，物价的普遍上涨又将受制于宏观调控，而宏观调控最先起作用的领域是资本品市场，将导致资本品价格下降。

资本品价格下降将产生三个效应：一是抑制生产资源向资本品领域流动，使更多的资源转向消费品的生产领域，从而降低资本品的供给，增加消费品的供给；二是提高消费品的相对价格，降低对消费品的需求，这两个效应的同时作用将使消费品的价格下降，进而带动一般物价水平的下降；三是将重新导致对资本品的需求增加，加上物价的普遍下降所造成的宽松的宏观经济政策环境，资本品价格又将重新上升，又将有更多的资源配置到资本品的生产领域，新一轮的城市建设重新开始。如此循环往复，城市化过程中的物价波动和整个宏观经济波动都具有不同的特点。

综上，城市化中的总需求膨胀是必然的。这种总需求膨胀既可能是单纯的投资膨胀，也可能是投资和消费同时膨胀。不过，如果投资需求增长过快，资本品的相对价格过高，则可能出现一些低效率的现象，并且可能导致过多的资源配置到资本品领域，这也将带动消费品价格快速上涨，从而过快出现总需求的过度膨胀，最终导致严厉的宏观调控，影响经济稳定增长。一旦认识到城市化过程中价格波动和需求膨胀的特征，宏观调控就有了明确的方向。首先，资本品比消费品有更高的相对价格是城市化过程中的一个正常的现象，宏观政策没有必要通过刺激消费、抑制投资来消除两者的价格差异。正确的宏观经济政策原则应该是既要维持资本品和消费品比价的逐步上升，又要避免比价的过快上升和拉平比价的企图。其次，一旦出现资本品价格过度上涨而消费品价格基本不动的情况，则既不能认为经济已经出现了过热而采取全面的紧缩政策，又不能忽视资本品价格过度上涨即将带来的危害。

此时，宏观经济政策的作用方向应该是对基础设施和房地产投资需求的适度抑制，而不应该针对资本品生产领域和生产资本品的投资领域采取紧缩政策，如对钢材、水泥等行业的紧缩，在某些情况下，甚至可以对资本品的生产领域和生产资本品的投资领域采取鼓励政策。再则，经济一旦出现了下滑倾向，通过财政政策直接进行基础设施建设等扩大固定资产投资需求的宏观政策将能比货币政策更直接、更有效地刺激经济重新进入城市化过程中的正常经济增长轨道。

（二）消费与经济增长

经济的增长最终要靠消费拉动。在消费市场不断趋向成熟的过程中，居民消费率逐渐趋向黄金结构。经济增长最终要靠消费拉动。在通常情况下，消费与居民收入水平呈正相关。中国的消费潜力巨大，市场具有无限性。但是，如何才能提高人均收入，如何才能将巨大的潜在需求变为市场的现实，问题却显得非常复杂。

1.消费率

消费率（又称最终消费率），通常指一定时期内最终消费（总消费）占国内生产总值的比率，一般按现行价格计算。用公式可表示为：

$$消费率 = \frac{最终消费}{支出法GDP} \times 100\% \tag{1-6}$$

其中，最终消费包括居民消费和政府消费。

社会上也有人用社会消费品零售总额代替最终消费，用生产法GDP代替支出法GDP计算消费率，但这种方法低估了消费率。这是因为实际中，社会消费品零售总额与最终消费存在较大差异，它仅与最终消费中的商品性货物消费相对应，服务性消费以及实物性消费、自产自用消费和其他虚拟消费都不包括在内，不能全面反映生产活动最终成果中用于最终消费的总量。

消费率反映了生产活动的最终成果用于最终消费的比重。通过观察消费与生产之间的关系，可以研究经济的增长类型和运行质量，揭示其发展规律。

2.恩格尔系数

恩格尔系数，是指食品支出总额占个人消费支出总额的比重，用公式表示：

$$恩格尔系数 = \frac{食物支出金额}{总支出金额} \times 100\% \tag{1-7}$$

德国统计学家恩格尔根据统计资料，总结出了一个消费结构变化的规律：一个家庭收入越少，家庭收入中（或总支出中）用来购买食物的支出所占的比例就越大，随着家庭收入的增加，家庭收入中（或总支出中）用来购买食物的支出比例则会下降。简单而言，一个家庭的恩格尔系数越小，就说明这个家庭经济越富裕。反之，如果家庭的恩格尔系数越大，就说明这个家庭的经济越困难。除食物支出，衣着、住房、日用必需品等的支出，也同样在不断增长的家庭收入或总支出中，所占比重上升一段时期后，呈递减趋势。推而广之，一个国家越穷，每个国民的平均收入中（或平均支出中）用于购买食物的支出所占比例就越大，随着国家的富裕，这个比例呈下降趋势。国际上常常用恩格尔系数来衡量一个国家和地区人民生活水平的状况。

（三）对外贸易与经济增长

通常人们习惯称进出口是拉动经济增长的马车之一，实际上，在全球统一的经济场中，一国的出口相当于投资，进口相当于消费。这里我们仍然按照通常的习惯来研究进出口与一国经济增长的关系。国际上计算外贸依存度的通行方法是计算一国进出口贸易总额占国内生产总值（GDP）的比重，它通常用来衡量一国或地区的经济对国际市场的依赖程度。外贸依存度同时考虑进出口因素，都是我们分析中国经济外向情况的一个方面。有些经济学者在计算外需对中国经济的拉动作用时，认为只有净出口才算是外需，得出中国的外需对中国GDP贡献不大，他们认为这只不过是大进大出，真正的外需（净出口）对GDP的贡献很少。

仅计算出口对经济的影响显然是不全面的，中国的事实是进口也对经济有极大的影响。但是进口对于经济的影响不能简单从数字来分析，需要分析进口结构，譬如进口的是附加值高还是附加值低的产品，对此会有不同的增长结论。中国经济的增长有许多影响因素，对外贸易只是其中的一个因素。

1.对外贸易及其表现形式

对外贸易或国际贸易是指世界各国之间货物和服务交换的活动，是各国之间分工的表现形式，反映了世界各国在经济上的相互依存。从国家角度可称为对外贸易，从国际或世界角度，可称为国际贸易或世界贸易。就各国而言，对外贸易最通常的表现形式就是进出口。

全球化促使世界市场的形成，促进了国际交换的发展。世界交换的迅速发展，导致了世界货币的出现。只有对外贸易，只有市场发展为世界市场，才使货币发展为世界货币。国际贸易和国外投资的发展，逐步形成了适应资本主义生产方式的国际货币体系，最后形成了资本主义经济体系和相应的经济秩序，为国际贸易的发展奠定了基础。与此同时，随着商业资本的发展和国家支持商业资本政策的实施，产生了从理论上阐述这些经济政策的要求，逐渐形成了重商主义的理论。

长期以来，人们在分析对外贸易是如何影响经济增长的时候，总是把注意力集中在出口上，认为只有出口才对经济增长起推动作用。这种认识正是来源于早期的国际贸易理论——重商主义。重商主义认为贵金属（货币）是衡量财富的唯一标准。一切经济活动的目的就是获取金银。除了开采金银矿以外，对外贸易是货币财富的真正来源。因此，要使国家变得富强，就应尽量使出口大于进口，因为贸易出口才会导致贵金属的净流入。一国拥有的贵金属越多，就会越富有、越强大。因此，应该竭力鼓励出口，不主张甚至限制商品（尤其是奢侈品）进口。

随着全球经济形势的变化，人们逐渐注意到进口对经济增长的作用。特别是现代经济增长理论从长期供给角度分析，认为经济增长的主要因素是要素供给的增加和全要素生产率的提高两大类。全要素生产率的提高包括产业结构优化、规模经济、制度创新、知识进步等，而这些因素则与进口和利用外资有着密切的关系。

2.国际贸易存在的主要原因

国际贸易存在的原因很多，但主要表现在以下几个方面：

（1）各国的生产要素供给存在差异。世界各国由于各自的先天条件不同，所以生产要素的供给状况也不尽相同。各国产品所需投入的要素比例又存在差异，有些产品需要集中使用土地，有些产品需要密集使用资本，有些产品需要大量劳动力，还有些产品则需要高科技含量。因此，土地丰富的国家，有利于发展土地密集型产品生产，如种植业和畜牧业；资本和技术丰富的国家，有利于生产资本和技术密集型产品，如汽车和计算机；而劳动力资源丰富的国家，有利于生产劳动密集型产品。若各国按其所长，分工生产相对优势产品，而后进行贸易，则可以互通有无，调剂余缺，而且能促进生产资源的有效利用，增加产品总量，提高经济福利和生活水平。可见，国际贸易很有必要且对各国都有利。

（2）由于制度、文化等贸易壁垒，国际间生产要素缺乏流动性，生产要素在国与国之间不像在一国内部那样容易流动，所以才会发生商品和劳务的国际贸易，以弥补国际间生产要素流动性相对缺乏的不足。

（3）各国的科学技术存在差异。由于各种原因，世界各国的科学技术水平有高有低，技术水准高的国家有利于生产技术密集型产品，而技术水准低的国家凭借现有技术根本无法生产或必须花费巨大的代价才能生产某些产品，因此唯有通过国际贸易，以彼之长补己之短，才能促进经济繁荣，提高生活水平。

从历史的角度来看，国际贸易是市场化的进一步发展。市场化的水平是随着社会的不断发展而逐步提高的。在封建社会，市场只是局部的，而随着资本主义商品经济的发展，市场化的水平不断提高。目前，随着经济的全球化以及非市场经济国家的逐步对外开放，世界正在向统一市场逐步迈进。尽管距离真正世界统一的市场还比较遥远，不过，从整体上来看，世界各国之间的市场统一化态势已经基本形成。

第二章　现代经济发展与增长理论

第一节　现代经济发展理论分析

中国近现代史贯穿着两个最基本的问题：一个是要求民族独立，另一个是要求以工业化为核心的现代化。这两个问题是相互影响，相互依存的，中国现代经济发展理论正是在对这两个问题的思考和研究基础上随着经济现实的发展而发展的，其发展过程是演进的、连续的、渐进的。中国现代经济发展理论作为一份宝贵的思想财富，其不少思想成果对经济发展、改革开放具有重要的理论价值，有必要对其特点加以总结，并能在这些特点之中得到一些感悟，为中国今后的发展铺垫更为坚实的理论基石。

（1）以马克思主义基本理论为指导。在马克思基本经济理论基础上，众多的马克思主义经济学家进行了辛勤的工作，取得了很多有价值的研究成果，这些成果是对马克思经济理论的进一步丰富，进而逐渐发展为马克思主义经济理论体系，它不仅科学合理地解读了资本主义经济，与此同时，也是进行中国特色社会主义建设的科学指导。

中国现代发展经济理论主体是以马克思主义基本原理为指导思想，并在不断的实践中丰富，这就是所谓的"马学为体"的学术原则，"体"，在中国古代哲学语言的含义是"根本的、内在的"意思。中国现代发展经济理论主体必须坚持"马学为体"，就是要始终坚持马克思主义经济学是中国现代发展经济理论的根本和主导。同时中国现代发展经济理论主体在其研究方向上，毫不动摇地坚持唯物史观的指引，遵循着马克思主义的理论道路前进；在内容上，毫不动摇地以马克思主义经济学体系中的基本范畴、科学原理为主体，在不断面对新的历史条件时进行拓展和创新；在处理中、外多元经济思想之间的关系上，毫不动摇地坚持马克思主义经济学的指导地位。

中国现代发展经济理论主体以"马学为体"，在发展中国现代发展经济理论主体的时候，必须牢牢地把握"马学为体"的思想，只有这样才能使现代发展经济理论朝着一个更科学合理的方向发展，反之，如果不加选择地盲目地接受西方现代经济学，这样很可能就会使其陷入一个停滞不前的境地，很难再促进其实现更大的发展。

中华民族争取民族独立和解放的百年历史，昭示着中国马克思主义理论指导中国实践的巨大力量；中国人民实现民族复兴和发展的征程，彰显了中国马克思主义理论指导中国实践的光辉前景。坚持和发展马克思主义理论，对于推进中国特色社会主义伟大事业，具有十分重大的意义，这也是中国发展经济理论的指导思想。

（2）以中国的实际情况为基本内容。中国现代经济理论主要是研究以辛亥革命以来我国人民在实现国家富裕的过程中的经济理念、特点和规律性的科学。在中国新民主主义革命与中国特色社会主义经济建设过程中这些理论逐步得到发展。中国现代经济发展理论主体部分的研究，主要以中国发展的实践问题——实现现代化为核心，是马克思主义中国化的基本体现形式。

中国在发展经济的过程中所积累的经验对其他国家具有很强的指导意义，这些所谓的中国版的发展经济学在世界范围内都会产生很重要的影响。自中华人民共和国成立以来，我国在进行经济建设的各个时期的指导思想以及发展思路都在不断地更新。改革开放40多年来，在党的领导下全国人民在进行现代化建设过程中积累了大量宝贵的经验，这些宝贵的理论更是对社会主义发展理论的又一次丰富完善。

中国现代经济发展理论以我国的基本国情为依据，通过对生产力与生产关系的科学分析来得出进行经济建设的环境、进程、条件、特点，并从中抽象出"现代化"这一概念的科学含义，进而形成了结合我国基本国情的具有中国风格的中国现代经济发展理论，它能够为我国现代化建设进行科学的合理的指导。

（3）实行发展战略与实际政策相结合。中国现代经济发展理论的基本内容大多具有很强的政策取向，是我国经济政策制定的基础，也是我国制定经济发展战略的主要理论依据，它所具有的强烈政策内涵，使得能够在中国现代经济发展理论中获得各个方面的政策启迪，理论与政策相结合表现得尤为明显，是其主要特色之一。

第二节 新古典经济增长理论机制

同其他经济学分支一样，经济增长理论的研究对象也是极其复杂的经济系统，所以，在进行经济增长问题研究时，我们要将经济系统分解为若干个子系统，然后将子系统组织成一个分析框架。

经济增长理论旨在解释或（和）预测经济增长事实。因此，经济增长理论分析框架的选择要有利于理解经济增长事实，尤其是其主要特征。在经济学家看来，经济增长事实的主要特征有两个：一是经济增长是一个长期动态过程。经济增长的动态性是显然的；至于长期性的理解，要注意与短期经济波动，也就是经济周期区别开来。经济周期多由总需求方面的因素引起；经济增长则主要是总供给方面因素变动的结果。二是经济增长是"（移动的）均衡状态"，具体而言，它是经济活动参与人最优化决策及其交互作用的结果。至此，经济增长事实可以被概括地表述为：它是经由经济活动参与人最优化决策行为及其交互作用，而达成的长期结果，这一结果被称为均衡状态。

正是基于对经济增长事实的这种理解，经济学家通常以经济行为人的最优决策行为为中心来组织经济增长理论的分析框架。这一框架包括以下四个层次：

第一层次是经济行为人决策前的经济环境。这一层次的内容，一般以"假设条件"出现在经济理论当中，它是经济理论的逻辑起点。经济增长理论中的假设条件主要包括市场结构、生产函数和效用函数等。

第二层次是经济学家用数学中的最优化决策理论分析经济行为人的自利行为。在经济增长理论中，经济行为人的自利行为包含时间因素，换言之，经济行为人的决策是动态最优行为。这一决策的结果被称为决策的动态和比较动态分析：前者指经济环境不变时，动态最优决策的结果；后者则指经济环境变化时，动态最优决策如何做出反应。这种分析用经济环境来解释经济行为人的最优决策及其变动。

第三层次是经济学家用均衡概念分析不同经济行为人的自利行为交互作用所产生的结局。在经济增长理论中，这一层次分析得到的结果，一般被称为均衡的动态和比较动态分析：前者主要说明经济环境不变时，经济行为人自利行为交互作用的结果；后者则分析经济环境变化时，交互作用结果如何变化。这三个层次的分析都被叫作实证分析。

第四层次是与价值判断有关的所谓规范分析，在这个层次上，经济学家会提出诸如"什么是对社会最好的经济状况"这类问题。具体到经济增长理论，经济学家进行规范分析的通常做法是，将一个分散经济的均衡解同一个假想的仁慈计划者最优化问题的结果进行比较。

不难发现，在运用上述分析框架之前，还需要解决以下问题：经济社会有哪些经济行为；他们又各自要做哪些决策；我们称为"经济行为人及其决策的认定"问题。一般地，由于经济增长是宏观经济现象，所以，经济增长理论遵循宏观经济学的传统，将经济行为人分为四类：厂商（生产者或企业）、居民（消费者或家庭）、政府和国外部门。当然，更多的时候，只考虑仅有厂商和居民的两部门经济。甚至，在作出了不存在宏观经济短期问题的假设之后，可以认为经济中只有一种组合单位，即家庭—生产者。

至于厂商和消费者各自的最优决策及其交互作用，可以表述为一般均衡结构：首先，家庭拥有经济中所有的投入和资产（包括企业的所有产权），并在其收入中选择储蓄与消费的比例。每个家庭决定要生多少孩子，是否加入劳动力市场以及工作多少时间。家庭进行这些决策的目的是使其效用最大化。其次，企业雇用诸如劳动和资本之类的投入，而且利用这些投入来生产卖给消费者或其他企业的产品。企业拥有持续演变的技术，使得它们能够将投入转化为产出。企业的目标是利润最大化。最后，企业向家庭或其他企业出售产品，家庭向企业出售投入，这就构成了市场。需求和供给决定了投入和所生产出的产品的相对价格。

长期以来，关于经济行为人及其决策的认定，经济增长理论都遵循着上述传统，这一传统的主要特点有两个：一是生产者与消费者的分离是事先给定的；二是生产者与消费者都以"总体"形式存在。前者沿袭了新古典经济学的分析方法，也就是所谓"马歇尔传统"；后者则刻上了宏观经济学分析方法的印记。然而，不得不正视的事实是：面对复杂的经济系统，这两种方法都存在着或多或少的缺点。换言之，如果能够放松这两个假定，那么经济增长理论的解释力应该能够得到提高。

一、新古典经济增长理论的索洛—斯旺模型

（一）索洛—斯旺模型的基本假定

1.完全竞争的市场结构

索洛—斯旺模型是在完全竞争条件下展开的。在这里，"完全竞争"被理解为一个市场结果，它符合如下主要的假设条件：①许多厂商。市场中存在许多的厂商、多到每一个厂商的产出占到整个市场的份额是微不足道的。②产品同质。产品同质在这里指消费者认为不同厂商的产品是相同的、无差别的。③信息完全。买者和卖者拥有包括产品价格和质量在内的全部相关市场信息。④进出自由。厂商可以在任何时候不需要任何成本迅速地进入或退出某一行业。⑤无交易成本。

无论是卖者还是买者，都不会因为参与市场交易而产生成本。⑥无外部性。每家厂商都承担自己生产过程的全部成本，同时，得到其全部收益。

关于完全竞争的假设的认定，经济学家之间还存在一定的差别，但是，这种差别不是实质的，这是因为上述这些假定之间并非彼此独立的。例如，和人们的理解不同，有一些经济学家（卡尔顿和佩罗夫）将"价格接受者（Price-taker）"假定也列入其中，而没有"许多厂商"这一假定。但是，两者并不矛盾，因为有了假定"许多厂商"和"产品同质"，就势必有"价格接受者"这一推论。其实信息、交易成本和外部性之间本身就存在着密切的关系。

不可否认价格接受者假定是完全竞争的最为主要的含义，因此，在一定意义上，两者可以不加区分。但是，注意到两者之间的差别是有意义的，至少对于经济增长与发展理论是这样的。两者最主要的差别是，完全竞争比价格接受者假定更为严格。换言之，完全竞争条件下的买卖双方一定是价格接受者，反之，则未必。新经济增长理论中的"边干边学"模型就是一例。当边干边学带来技术进步时，外部性就出现了，换言之，完全竞争的条件遭到了违背。但是，厂商仍然是价格接受者。

2.关于经济行为人及其决策认定

有了完全竞争假定之后，如何认定经济行为人就不太重要了。我们既可以认为经济行为人是彼此独立的家庭与生产者，也可以将它看成集两者于一体的一个组合单位，甚至还可以将它理解为一个被传统计划经济思想所认为的仁慈的社会计划者。因为在"无交易成本"和"信息完全"的假定下，这些形式的经济行为人都可以做到配置有效率，只要他们是理性的。从这一点看来，20世纪二三十年代关于市场社会主义的大辩论中，兰格-勒纳-泰勒定理所表述的市场社会主义与市场经济可以具有等效性的观点，就有了"几分道理"，认为它存道理是因为，如果信息是完全的，那么，计划经济就同市场经济一样能够保证资源配置有效率。加上引号的原因则是，这一条件（也就是信息完全的假设）根本无法得到满足。与计划经济相比，市场经济在搜寻信息方面具有更强的能力，因此，在信息不完全的条件下，它的资源配置效率更高。

在此，可以将经济行为人理解为一个集消费者与生产者于一身的组合体。一方面，作为消费者，他拥有生产要素，并决定消费和储蓄之间的比例；另一方面，作为生产者，他控制着将投入转化为产出的技术，进行生产活动决策。

3.单部门生产技术和其他若干假定

在经济增长理论中，所谓"单部门"并不是说经济中真正只存在一个（最终品或者中间品）生产部门，而是指经济中的所有生产部门（包括最终品部门和中间品部门）都使用同样的生产技术。也可以按如下方式来理解单部门技术假设：

整个经济只生产一种组合商品（a single composite commodity），它既可以用于消费，也可以用于投资，并且，在消费和投资之间可以不花费任何成本地进行相互转换。有了单部门生产技术假定，所有资源都被充分利用的假设就有了依据；换言之，正是有了资源被充分利用的假定，我们才可以使用单部门技术假定。

其他假定主要有：①储蓄率是外生给定的。有了这一假定，经济行为人就不必进行储蓄与消费比例决策了。②所有要素都得到了充分利用，换言之，经济中不存在经济周期问题。③资本折旧率是外生给定的，并保持不变。④劳动是外生的，并假设其以不变的速度增长。

（二）索洛–斯旺模型的生产函数

本来，生产函数也应该算作一个假设条件，但是，由于它在经济增长理论中所起的作用较为重要，所以可将它独立出来。

1.生产函数的投入与产出

根据是否包含技术进步和（或）人口增长，索洛-斯旺模型所使用的生产函数可以被区分为三种情形。在同时存在技术进步和人口增长的条件下，索洛-斯旺模型使用的生产函数一共有四个变量：产出（Y）、资本（K）、劳动（L）和"知识"或"技术"（A）。经济通过组合一定量的劳动、资本和技术来生产一定的产出。生产函数可以写为：

$$Y（t）=F [K（t），A（t）L（t）] \qquad (2-1)$$

这里t表示时间。这一生产函数有两个值得注意的特征：

第一，时间是通过K、L和A，而不是直接进入生产函数的。换言之，只有当生产过程中的投入改变时，产出才会随时间改变。而要想从既定的投入中生产出更多的产出，就只有等到技术进步，即A的增加。用数学语言来讲，在这里，技术是作为变量，而不是作为函数法则进入生产函数。这里的技术是要素增加型而不是非要素增加型，这里所讲的意思是，函数（2-1）不同于下述函数：

$$Y（t）=F [K（t），A（t）L（t） \qquad (2-2)$$

在生产函数的使用方面，许多经济增长文献在没有讲明缘由的情况下，就直接从函数（2-2）过渡到了函数（2-1），这种做法容易让人误以为技术进步只表现为要素增加型，而不存在非要素增加型。式（2-2）构成了存在工艺进步情况下总体生产函数的最一般形式，但在文献中广泛采用的却是另外一个公式。在这个方法中，技术进步被说成是增添要素的。在这个公式中，总生产函数可写作这里的式（2-1）。

第二，A和L是以相乘的方式进入生产函数的被称为有效劳动，以这种方式进入生产函数的技术进步被称为劳动扩张型或哈罗德中性。之所以哈罗德中性技术常常被用于经济增长模型中，是因为它被证明与稳态经济增长是相容的。

如果不存在技术进步，但存在人口增长那么，生产函数就要采取如下形式：

$$Y=F（K，L）\tag{2-3}$$

进一步，假若技术进步和人口增长都不存在，生产函数就要被写为以下样式：

$$Y=F（K）\tag{2-4}$$

2.生产函数的规模报酬

在索洛—斯旺模型中，生产函数的规模报酬是被假定为不变的。所谓规模报酬不变是指这样一种情形：当所有的投入都改变相同的比例时，产出也改变相同的比例，当某个生产函数规模报酬不变时，是指它满足如下条件：

对于式（2-3）而言，有：

$$F（cK，cL）=cF（K，L），c\geqslant0\tag{2-5}$$

对于式（2-1）而言，则有：

$$F（cK，cAL）=cF（K，AL），c\geqslant0\tag{2-6}$$

看得出，我们是将上式中的AL当成一个整体（一个要素）来对待。

规模报酬不变假设可以被看成另外两个暗含的假设的结果。一个是所考察的经济规模已经足够大，以致能从专业化生产中获利的机会不再存在。换言之，当经济规模较小时，随着投入的增加（经济规模的扩大），生产的专业化水平有可能进一步提高，进而导致要素的生产效率提高，这样，产出的增加就会比要素的增加幅度更大一些。另一个是除了劳动、资本和技术以外，其他的要素（如土地）并不重要。如果土地很重要的话，那么，由于土地很难做到不停地增长，规模报酬不变就很难得到保证。这里要强调的是，导致要素在生产中不重要的原因有两种：一是生产中可以不需要某一种要素；二是生产中需要某一要素。但是，经济所拥有的该要素数数量特别大，可以做到不对生产活动产生限制作用。

有了规模报酬不变这一假设，我们可以将生产函数写成集约形式（Intensive Form），如果令式（2-3）中的c=1/L，则该式就可以写成如下集约形式：

$$y=f（k）\tag{2-7}$$

这里，y=Y/L，y=Y/L。类似地，对式（2-1）而言，只要令c=1/AL，那么，它就可以变成：

$$F（K/AL，1）=（1/AL）F（K，AL）\tag{2-8}$$

K/AL为单位有效劳动所拥存的资本数量，（F（K、AL））/AL=Y/AL，是单位有效劳动所拥有的产出水平。我们可以将单位有效劳动产出写为单位有效劳动资本的函数。

从上述生产函数的集约型式，我们可以看到规模报酬的直观含义：可以将一个经济分解为L（或AL）个规模相等的小经济，并且，这种形式的分解可以一直进行下去。这样一来，就有了两个非常重要的结果：①这一经济的厂商数量就是未定的，因此，可以将它看成符合完全竞争经济的"许多厂商"假定；②对整个经济的讨论就可以被简化为对一个代表性厂商的讨论。

最后，关注一下规模报酬与生产可能性集合之间的关系。同生产函数一样，生产可能性集合也可以用来表示生产技术。如果一个生产可能性集合是凸的，那么，它所代表的技术就不可能呈现规模报酬递增。因此，可以称所有规模报酬不递增的技术为凸技术。

3.生产函数的要素边际报酬

关于要素的边际报酬，索洛—斯旺模型有两个假定，我们以式（2-3）为例来加以说明。对于式（2-1）而言，也有着同样的性质，只需要将AL当成一个整体来看就可以了。

第一，对于所有的K>0和L>0，每一种要素的边际报酬为正且递减，即：

$$\partial F/\partial K>0，（\partial^2 F）/（\partial K^2）<0 \qquad (2-9)$$

$$\partial F/\partial L>0，（\partial^2 F）/（\partial L^2）<0$$

第二，随着资本（或劳动）趋于零，资本（或劳动）的边际产品趋于无穷大；随着资本（或劳动）趋于无穷大，资本（或劳动）的边际产品趋于零：

$$\lim_{k\to 0}（F_k）=\lim_{L\to 0}（F_L）=\infty \qquad (2-10)$$

$$\lim_{k\to \infty}（F_k）=\lim_{L\to \infty}（F_L）=0$$

这一性质被称为稻田条件。

一般地，在经济增长理论中，当一个生产函数同时具备规模报酬不变、边际报酬递减和稻田条件时，它就被认为是新古典生产函数。换言之，新古典生产函数的性质由式（2-5）或（2-6）、（2-9）和（2-10）给出。

新古典生产函数的三个性质的直观含义是：①生产过程同时需要两种要素，换言之，两种要素之间的相互替代性是有限的，也就不存在完全的相互替代；②两种要素之间存在一定的比例关系，一旦这一比例得不到满足，数量较多的要素的边际产出就会在数量较少的要素的制约下出现递减；③随着这一比例的进一步扩大，数量较多要素的边际产出一直会递减至零，正是这三个性质给出了新古典生产函数的法则。

有了以上的假定，我们现在可以对模型进行分析了。为了让分析清晰一些，根据所采用的生产函数的不同，将分析由易到难分为三种情形：不存在人口增长和技术进步、存在人口增长但不存在技术进步和同时存在人口增长与技术进步。

二、新古典经济增长理论的拉姆齐模型

与索洛-斯旺模型相比，拉姆齐模型的最大特点是它放弃了储蓄率外生给定并保持不变的假定，取而代之的是，认为储蓄率是消费者（家庭）跨时期效用最大化决策的结果。这样，拉姆齐模型就自然要涉及动态最优化问题。在求解动态最优问题时，拉姆齐使用的是古典变分法，凯斯和库普曼斯使用的则是控制论中的最大化原理。因此，准确地讲，这里所讲述的模型是经过凯斯和库普曼斯改进之后的拉姆齐模型。

在讨论拉姆齐模型时，我们将主要关注最大化原理在经济增长理论中的运用方式，这是因为：一方面，最大化原理将被广泛使用；另一方面，就基本内容和主要结论而言，拉姆齐模型与索洛—斯旺模型几乎没有差别。在这里，将讨论一个包含人口增长和外生技术进步的拉姆齐模型。除了放弃储蓄率外生给定这一假设以外，索洛模型的其他假设在这里被悉数保留。为了保证稳态的存在我们仍然假定技术进步是哈罗德中性的。

由于市场结构是完全竞争的，所以，经济行为人及其决策的认定就是无关紧要的了。不过，为了熟悉不同条件下模型的分析方法，这里假设经济行为人是彼此独立的消费者和厂商。换言之，我们要讨论的模型描述的是一个拥有竞争性家庭和企业的分权经济。

（一）拉姆齐模型的经济均衡条件

通过对索洛模型的探讨可以知道，对经济进行动态分析的关键是要找到决定资本变动路径的基本微分方程。而寻找基本微分方程又总是从经济均衡条件入手。经济均衡条件的集约型式：

$$\dot{k}=f(\hat{k})-\hat{c}-(n+g+\delta)k \qquad (2\text{-}11)$$

不难发现，上述方程含有两个变量：资本和消费。为此，我们必须设法找到消费与资本之间的关系，并利用这一关系将其中的消费给代换掉。在索洛模型中，储蓄率被假设已知，正是这个已知且不变的储蓄率提供了消费与资本之间的关系，用公式可写为：

$$\hat{c}=(1+s)\times f\hat{k} \qquad (2\text{-}12)$$

然而，在这里，储蓄率不再是外生（不变）的，所以，我们还得去寻找消费与资本之间的关系。寻找这一关系包含两个步骤：先是通过消费者（家庭）跨时期效用最大化行为，找到利率与消费之间的关系，然后经由厂商利润最大化行为，得到利率与资本之间的关系。为了行文方便，可以称这两种关系分别为"利率-消费函数（曲线）"和"资本需求函数（曲线）"。综合这两步，通过利率就可以找

到消费与资本之间的关系。

进一步，由于假设经济不存在经济周期，所以，经济均衡条件决定着消费与资本之间的此消彼长的关系。只要联立利率-消费函数与经济均衡条件（也就是决定资本路径基本微分方程），并消去消费，就可以得到利率与资本之间的关系。与刚才经由厂商利润最大化行为得到的利率与资本关系（资本需求函数）不同，现在的利率与资本之间的关系是通过家庭效用最大化行为得到的。故此，可以称这一关系为"资本供给函数（曲线）"。

（二）拉姆齐模型的消费者最大化行为

既然利率-消费函数是家庭效用最大化决策的结果，那么，先要就家庭的决策背景作出假设。

1.家庭决策的目标函数

家庭决策的目标函数是家庭的效用函数。函数是瞬时效用函数，也常常被称为幸福函数，它把人均效用流与人均消费流联系在一起。关于这一函数，一般有两个假设条件：①假设它是递增且凹的函数。这一假设的直观含义是，家庭偏好相对平均的消费模式，而不是那种在某一时期消费非常多，在另一时期又消费特别少的消费模式。②假定它满足稻田条件。

2.家庭决策的约束条件

家庭所面临的预算约束体现的是这样的事实：家庭收入要么用于消费，要么用于储蓄；换言之，家庭的收入总是等于消费加上储蓄。储蓄主要以各种资产形式而存在，这样一来，家庭面临的约束表现为家庭收入总是等于消费加上资产增量。在不存在经济周期的假设下，一个经济的储蓄总量总是等于其资产总量因此，我们将不加区分地交互使用"储蓄"和"资产"这对概念。

家庭所拥有的资产可以被区分为资本和贷款两种形式。前者表示家庭将其储蓄直接投资于生产，后者表示家庭让渡其储蓄（收入）的使用权。通俗而言，可以将前者理解为家庭用其储蓄直接投资办厂，或者购买企业的股票；后者则可以被看成用储蓄来购买企业债券，或者存入银行。不过，在完全竞争条件下，这两种资产所能获得的收益率必定相等，从这一点出发，将资产区分为两种形式就不再有任何意义了。

家庭收入有两个来源，一个是资产的收益（资产收益率×家庭总资产）；另一个是劳动收入（工资×劳动人数）。由于是在完全竞争条件下，所以，对于家庭而言，工资和资产收益率都被认为是给定的。至此，写出家庭预算约束的条件已经具备，但是，还要注意到另外一个问题，那就是到底是写出家庭在每一个时点所面临的约束，还是写出家庭在某一段时期所面临的约束。前者被称作流量预算约束，后者被叫作跨时期预算约束。

3.家庭效用最大化问题

家庭效用最大化问题有两个显著特征：①它是一个时段最大化问题。这就是说，它要求解的是一段时期而非瞬时最大值。②它存在跨时期因素。所谓"跨时期因素"，在我们所讨论的家庭效用最大化问题中，它表现为家庭对某一时刻消费所作出的选择会对将来的选择产生影响。正是这两点决定了这一最大化问题的动态性。如果只是最大化某一时点的效用，那么，它只能是静态问题。进一步，即使是最大化一段时期的效用，但是，如果不同时点之间的选择互相独立的话，那么，最大化一段时期效用问题就可以被转化为最大化每一时点的效用问题。从这一点出发，它也就在实质上是一个静态最优问题。

（三）拉姆齐模型的厂商最大化行为

可以通过厂商利润最大化行为来确定资本的需求函数。与家庭最大化行为相比，厂商最大化行为要容易理解一些。这是因为，尽管同家庭一样，厂商面对的也是一个时期最大化问题，但是，这一时期最大化问题不存在跨时期因素，这样一来，时期最大化问题就可以被转化成时点最大化问题。

关于厂商的决策行为，可以做如下描述：①决策目标。无疑，厂商的目标是利润最大化。②决策背景。为组织生产，厂商需要拥有一定的生产技术，并从消费者也就是家庭那里租用资本和劳动，并给家庭支付利息和工资。③决策内容。需要厂商作出的决策包括两个，即生产多少和如何生产。但是，由于假定不存在短期经济波动，产品的销售就不存在问题。这样，如何生产的问题就成了需要厂商作出的唯一决策，具体而言，就是需要厂商决定劳动和资本的需求量。

总而言之，与索洛-斯旺模型相比，拉姆齐模型有两点不同：一是储蓄率在拉姆齐模型中是内生的，而在索洛-斯旺模型中它却是外生的；二是在拉姆齐模型中，不会出现在索洛-斯旺模型中经常出现的过渡储蓄现象。这第二点是第一点的必然结果。

除此之外，拉姆齐模型与索洛模型有着共同的结论：在不存在人口增长和技术进步时，无论是总量还是人均量，经济增长率均为0；当存在人口增长而不存在技术进步时，总量经济增长率等于人口增长率，而人均经济增长率仍然等于0；当同时存在人口增长和外生技术进步时，总量经济增长等于人口增长率加上技术进步率，人均经济增长率等于外生技术进步率。

三、新古典经济增长理论的形成机制

关于新古典增长理论的两个基本模型——索洛—斯旺模型和拉姆齐模型逐一

的仔细分析，新古典增长理论所涉及的经济增长与发展机制就很清晰地呈现了出来。那就是在规模报酬不变条件下，要素积累或外生要素增加型技术进步导致非结构型增长。关于这两个形成机制的说明，分为静态和动态两种情形来进行。无疑，经济增长与经济发展是一种从成因到结果的不断循环的过程。所谓静态分析就是从这一循环活动中，人为地切断某一次过程与其前、后过程之间的联系，而集中考察这一次过程。与之相反，动态分析的重点则是考察多次过程之间是如何前后相联的。

（一）形成机制的静态分析

1.结果分析

就结果而言，所有的新古典经济增长模型都只讨论了非结构型增长，这一点是很清楚的。一方面，新古典经济增长理论都是明确地将经济增长定义为人均产出的增加，而并不包括经济结构的转换；另一方面，所有新古典增长模型也确确实实只关注人均产出的增长问题。

2.成因分析

在成因方面，新古典理论没有涉及需求方面的因素（其实，差不多所有的增长理论都是如此）。本来，一个经济社会的产出增加应该受到供给和需求两个方面因素的影响。一方面，供给方面的因素，比如，技术水平和生产要素数量等只是决定着一个经济潜在的产出水平，也就是最大的可能产出水平；另一方面，需求方面的因素，主要是经济社会的有效需求的大小决定着实际产出水平的大小。这是因为潜在的产出水平是不是能够成为实际的产出水平，关键是要看厂商是否愿意将其变成现实。而导致厂商将可能产出变成实际产出的唯一条件是，它所生产的产出能够被售卖出去，并且，它还能够从这些产出的售卖中收回所有的要素价格；换言之，就是经济社会不存在有效需求不足（也就是经济周期）。换言之，在一个经济的潜在产出水平之内，该经济的实际产出水平仅由其有效需求的大小决定。

在经济增长理论中，一以贯之的做法是假设经济周期不存在，从而排除了需求方面因素对经济增长的影响，它们这样做的理由是，供给因素是长期的，需求因素是短期的，应该将它们区别开来，分别加以讨论，并且，在分析长期因素时，假设短期因素不对产出决定产生作用；同样，分析短期因素时，假定长期因素不起作用。

在供给方面因素中，新古典增长理论没有讨论非要素增加型技术进步、内生的要素增加型技术进步和制度变革。其一，在所有的新古典增长模型中，代表非要素增加型技术的生产函数的法则都是相同的，且没有发生改变。其二，无论是索洛-斯旺模型，还是拉姆齐模型，所引入的技术进步都是外生的，同时是要素增加型的。其三，至于制度因素，新古典经济增长理论根本就没有涉及，究其原因不外乎两点：一是所有新古典增长理论都是在完全竞争条件下展开的，因此，制度就不对宏观经济长期变动结果产生影响；二是按照经济学传统，在讨论宏观经济问题时，常常假设微观资源配置问题得到了解决，既然如此，制度也就不需要涉及了。

3.动因分析

新古典增长模型的经济增长的动因如下：

第一，缺乏人口增长和外生要素增加型技术进步的索洛-斯旺模型。在这一模型中，由于劳动和技术都被假设不变，所以导致经济增长的要素只能是资本。由于有单部门技术假设，资本的生产函数就与消费品的生产函数相同。同时，模型又假设生产函数存在资本边际报酬递减，这样，在长期稳态中，资本的增长率会下降到0，从而使得经济增长率等于0。总之，在该模型中，主要经济变量的总量和人均量的增长率都等于0。

第二，存在人口增长，但缺乏外生要素增加型技术进步的索洛—斯旺模型。因为引入了人口，从而引入了劳动增长，这一模型的经济增长动因就是资本和劳动两种要素的积累了。在这两个因素中，人口（劳动）增长是外生的，而资本增长则是内生的，所以，当资本增长超过劳动增长之后，资本边际报酬递减规律就会再次发生作用，从而使得经济总量的增长率等于人口增长率。同时，经济变量的人均量增长率则仍然等于0。

第三，引进外生技术进步之后，导致经济增长的原始动因就是资本、劳动和技术三个因素了。由于假设技术进步是劳动增进型的，所以，劳动的增长就会因为技术进步的存在而突破自然的限制，进而使得人均经济增长率大于0。至于拉姆齐模型，它的增长动因与包含外生技术进步的增长模型是一致的。

综上所述，新古典增长理论的增长成因包括：其一，在新古典增长理论中，推动经济增长的原始动因是可积累要素（也就是资本）；其二，在凸技术的假设条件下，只要生产活动需要不可积累要素（比如劳动），那么，可积累要素的边际生产能力，迟早要受到不可积累要素的制约而出现递减，从而终止经济增长过程；其三，在不改变生产函数法则的前提下，要使经济增长能够持续下去，唯一的办法便是不可积累要素能够增长，比如，外生的劳动增进型技术的引进就满足了这一要求。

（二）形成机制的动态分析

对形成机制进行动态分析的主要目的是要说明经济增长与发展过程是如何持

续下去的。换言之，动态分析的主要目的是要说明每一期的经济增长与发展成因是如何被上一期经济过程决定的。关于新古典增长理论所讨论的形成机制，先简要表述如下：

在新古典增长理论中，经济增长与发展的成因是内生要素（资本）积累和外生要素增加型技术进步。本来，经济增长与发展的成因包含总供给和总需求两个方面的因素。由于新古典模型都假设不存在经济周期问题，所以，总需求方面的因素就不再在经济增长与发展中起作用；进一步，新古典理论模型又都是在完全竞争假设下展开的，因此，总供给方面的制度要素也就不影响经济增长与发展。换言之，在新古典理论中，能够导致经济增长与发展的成因就只有总供给方面的要素积累和技术进步。还有，新古典增长模型都是在一个给定的用以描述生产过程的不变生产函数下展开的，这就说明在新古典理论中，非要素增加型技术进步又往往或直接或间接地假设不变。最后，新古典增长理论一般只考察了资本和劳动两种生产要素。在这两种生产要素中，新古典模型又通常假设劳动的增长是有限度的。

下一期的资本积累来自上一期产出。经济行为人（厂商）之所以愿意将资本投入生产过程是因为他可以从这一笔投资中获得最大化的利润；换言之，厂商是否能够从投资中获取利润决定着他是否进行投资；而从投资中获得利润数量的多少则决定着厂商投资数量的大小，在只有资本和劳动两种生产要素而技术外生的条件下，一个生产过程的产出就只能被分解为工资和利润两个部分，并且两者之间是一种此消彼长的关系。这样一来，要想资本积累一直持续下去，就必然要求资本所获得的利润总是大于零；而要使资本积累不减少的话，就需要利润不减少，也就是工资不能侵蚀利润。

这里，需要仔细说明"工资侵蚀利润"这一经济现象，这一现象发生与否，是关系到经济增长能否持续的关键性因素。利润和工资的决定取决于两方面的因素：一是生产要素的生产能力；二是生产要素的供求状况。前者可以由要素（资本和劳动）各自在生产过程中所提供的产出的多少来表示；后者则可以用要素的超额需求（等于要素的需求减去供给的差额）来代表。利润和工资与这两者都呈正比。比如，劳动在生产过程中的产出越多，工资就应该越高；同样，如果劳动的超额需求越大，工资就应该越高。

如果利润和工资等于各自在生产过程中所提供的产出，那么就不存在工资侵蚀利润的现象。比如，某一生产过程的产出为100，其中，劳动提供的产出为70，资本提供的产出是30。如果这时工资和利润分别是70和30的话，那么就不存在工资侵蚀利润现象；但是，如果劳动得到的工资是75的话（这时，利润自然就会减少至25），那么我们就断定发生了工资侵蚀利润现象。这一现象之所以能够发生，是因为相对于资本而言，劳动变得更加缺乏，换言之，就是劳动的超额需求要大于资本的超额需求。总之，一旦劳动所得的工资大于了其在生产中所提供的产出，工资侵蚀利润的现象就会发生，其原因则是劳动变得更加缺乏。

　　然而，在新古典理论关于生产函数的假设条件下，随着资本的积累，工资增加而利润减少（也就是资本边际报酬递减）的现象一定会出现，并且，这一递减过程一直会持续到资本的边际报酬等于零为止。正是因此，新古典经济增长理论模型都预期，长期中经济的主要变量都保持不变，即增长率等于零。在新古典增长理论模型中，决定资本边际产出递减的假设条件主要有三个。换言之，如果这三个条件中的任何一个不成立的话，那么，资本的边际产出都有可能不再递减。这三个条件是：生产函数的规模报酬不变、不可积累要素（劳动）在生产中不可或缺（也就是资本对劳动的替代弹性不大于1）和劳动供给是非弹性的。

　　（1）规模报酬不变。如果劳动在生产中不可或缺，并且其供给又是非弹性的，那么，生产函数规模报酬不变的假设就足以保证资本的边际报酬递减。这是因为，规模报酬不变的含义是，当劳动和资本按照相同的比例增加时，产出将按两种要素的增加幅度增加。用一个例子而言，规模报酬不变说的是，当劳动和资本同时增加一倍时，产出也将增加一倍。而资本边际报酬指的是，当劳动保持不变，增加一单位资本所能带来的产出的增量。这样，就是当资本增加一倍而劳动不增加时，产出的增加量一定小于一倍。资本边际报酬递减由此产生。

　　即使仍然保持劳动在生产中不可或缺，以及劳动供给非弹性的假设，但是，如果生产函数规模报酬递增的话，那么资本的边际报酬就有可能不递减。比如，资本和劳动都增加了一倍，规模报酬递增假设告诉我们，产出的增加将大于一倍（不妨假设为二倍）。在此背景下，当资本再增加一倍而劳动保持不变时，产出增加就会小于两倍，不过，它也有可能增加一倍。这样，对于增加了一倍的资本而言，资本的边际报酬就是不变的。在规模报酬不变时，随着资本的增加，资本的边际是递减的；而在规模报酬递增条件下，资本的边际报酬与资本数量无关，换言之，资本的增加并不导致资本的边际报酬递减。

　　导致资本边际产出递减的原因可以理解为是，资本增加导致劳动工资占到整个产出的份额在增加，从而"侵蚀"了资本利润占到整个产出的比例。资本增加对决定工资两方面因素都会产生影响：一是资本增加使得单位劳动占有或者使用的资本数量增加，从而提高了劳动的生产率，劳动产出随之增加；二是在原有的工资水平下，资本的增加势必导致对劳动的需求增加，而劳动供给被假设是非弹性，这样、劳动市场的重新均衡只能是通过工资的增加来实现。为了方便行文，可以称资本增加带来的工资增加为"产出增加效应"，称劳动需求引发的工资增加为"需求增加效应"。如果这两种效应正好相等的话，那么，劳动需求增加导致的工资增加额就正好由劳动生产率提高带来的产出增加给出，从而，不需要通过"侵蚀"资本所得来得到。这时，劳动得到的工资增加了，同时，它所提供的产出也增加了。

造成资本的边际报酬递减的原因是，资本增加导致的劳动产出增加效应小于需求增加效应。在规模报酬递增条件下，资本增加导致的劳动产出增加效应要大于规模报酬不变时的同样效应，进而，规模报酬递增时资本的边际报酬可以不递减。

（2）劳动的不可或缺性。这一条件还可以被表述为：资本与劳动之间的替代弹性不大于1。一般地，根据大小，可以将资本与劳动之间的替代弹性划分为三类：第一，资本与劳动之间具有完全弹性；第二，资本与劳动之间完全无弹性；第三，资本与劳动之间为单一弹性。显然，以上三种替代弹性是三种极端情形。

（3）劳动的非弹性供给。如果劳动供给是富于弹性的，换言之，随着资本的积累，劳动也能够按照相同的幅度增加的话，那么，资本的边际产出就不会递减，原因在于富于弹性的劳动供给可以满足资本积累对劳动需求的增加，从而，工资可以保持不变。所以，工资侵蚀利润的现象就不会发生。

第三节　新兴古典经济增长理论机制

一、新兴古典经济学的认知

（一）新古典经济学与新兴古典经济学的差别

20世纪80年代，以罗森（Rosen）、贝克尔（Becker）、杨小凯、博兰德（Borland）和黄有光等为代表的一批经济学家，用非线性规划（超边际分析）重新将古典经济学中关于分工和专业化的思想变成决策和均衡模型，形成了一股用现代形式化的分析工具复活古典经济学的思潮。在这些经济学家看来，他们的理论比新古典经济学更新，也比新古典经济学更古老，因此，他们将自己的理论称为"新兴古典经济学"（New Classical Economics），以区别于主流的新古典经济学（Neoclassical Economics）。新古典经济学与新兴古典经济学之间的差别主要表现在以下三点：

（1）新兴古典框架中没有纯消费者和纯生产者的绝对分离，而新古典框架则以此分离为基础。这就意味着厂商不是预先给定的，只有消费者—生产者是预先给定的角色。而厂商与消费者的分离以及市场的出现都是消费者—生产者最优选择的结构。换言之，新兴古典框架将经济组织的拓扑性质的出现给内生化。新产品、新产业的出现以及生产过程迂回链条加长等经济结构变换就可以得到分析而这些特征是新古典框架无法分析，而不得不舍弃的内容。

（2）新兴古典框架用专业化经济，而新古典框架用规模经济概念来表征生产条件，进而解释经济增长与发展专业化经济不同于规模经济，它与每个人生产活动范围的大小有关，而不是厂商规模扩大的结果。所有人的专业化经济合起来是分工经济。这个假定与交易成本假定以及每个人既是消费者又是生产者的假定结合起来，就会产生专业化经济与减少交易成本两难冲突。这种两难冲突可以解释社会分工水平，而社会经济的增长与发展又要通过分工水平的发展来加以解释。

（3）新兴古典框架中每个人的最优决策永远是角点解，而新古典框架中的最优决策大多是内点解。因此，新古典框架使用的是边际分析法，而新兴古典框架使用的超边际分析法。所谓超边际分析是，先对每一个角点进行边际分析，然后在角点之间进行总收益-成本分析，换言之，它所使用的数学工具是非线性规划而不是古典数学规划。总之，对每个角点的边际分析解决给定分工水平结构条件下的资源配置问题；在角点之间进行的总收益-成本分析则是要决定每个人的专业化水平和模式，而所有人的这类决策决定着分工水平。

（二）分工经济的认知

假设经济社会有两个人，每个人都拥有设定的生产函数和时间约束。在此情形下，分工指的是一种生产结构，其中至少有一个人只生产一种产品，而两个人的生产结构不相同。分工水平的增加指的是至少有一个人的专业化水平增加，而其他人的专业化水平不变或也增加，或者不同专业种类数的增加。

分工的发展表现在三个方面：一是生产者的专业化水平的提高；二是专业种类数（也就是产品种类数）的增加；三是迂回生产的链条加长。在这三种表现形式中，专业化水平的提高较好理解，它指的是生产者增加其劳动（要素）投入某一产品生产过程的比例。当然，随着这一比例的不断提高，生产者的生产活动范围势必逐步缩小。产品（工具）种类数的增加和迂回生产链条的加长这两种表现形式需要仔细辨别，因为迂回生产链条的长度与中间产品种类数有关，但是两者不是一回事。

迂回生产链条是指相联结的两个产品之间的投入产出依赖关系。比如，锄头是粮食生产的投入，拖拉机也是粮食生产的投入，而机床是拖拉机生产的投入，但是锄头与拖拉机之间没有投入产出关系。这样，当粮食生产仅依靠劳动，也就是没有锄头和拖拉机时，粮食生产链条仅有一节。如果拖拉机生产出现了，那么，一方面它当然是新产品出现了。这里的新产品首先是拖拉机；其次是生产拖拉机所需要的机床。另一方面粮食生产链条也同时因为拖拉机的出现和加入而加长了两节。

现在，人们会用劳动去生产机床，再用机床去生产拖拉机，然后用拖拉机去生产粮食。粮食生产链条由一节增加到了三节。这个时候，如果再有锄头生产的出现，那么，它当然是增加了用于生产粮食的中间产品的种类数，但是，它并没有像拖拉机那样同时加长粮食生产链条，这是因为，锄头和拖拉机是同时处于粮食生产第二个环节的两种中间品，显然，它们之间并不存在投入产出关系。不过，如果先出现的是锄头的话，那么，锄头的出现就会将粮食生产的链条由一节加长到两节，然后出现的拖拉机就会进一步将粮食生产链条加长到三节。总之，生产链条的加长一定会同时带来新产品的增加，而新产品的出现未必总是能够导致生产链条的加长。

分工的三种表现形式都能够提高劳动生产率（也就是全要素生产率），但是，它们发挥作用的机理有所不同。第一，对于专业化水平的提高而言，它提高劳动生产率靠的是人们在不断重复同一种生产活动时的经验积累，也就是所谓边干边学；第二，产品种类数增加和生产链条加长提高劳动生产率依靠的是，通过将一定量的劳动（要素）分散到更多的产品生产活动之中去，从而，延缓劳动（要素）边际报酬递减规律发挥作用的速度。比如，如果将所有的劳动都直接投入粮食生产过程中，那么，随着劳动投入的增多，劳动边际报酬势必递减，并且，劳动增加越多递减速度越快。但是，如果将同样数量的劳动分别投入机床、拖拉机、锄头和粮食生产中，那么，每一种产品生产中分得的劳动数量要远远小于整个劳动的数量，因此，在每一种产品生产过程中的劳动的边际产出就一定大于全部投入粮食生产时劳动的边际产出，换言之，专业化水平提高是通过要素型技术进步来提高生产率；而中间产品种类数的增加和生产链条的加长则是依靠非要素增加型技术进步来提高生产率。

二、新兴古典经济增长理论的杨—博兰德模型

（一）杨—博兰德模型的假设条件

设想一个经济社会拥有众多天生相同的消费者—生产者（比如，有M个）。为此，我们需要对这群人的消费和生产活动作出假设。

1.假设消费偏好

先假设这些消费者—生产者的消费偏好由一个具有正贴现率的科布—道格拉斯效用函数给出，这里，要注意的有两点：第一，科布-道格拉斯效用函数说明，这些消费者-生产者在消费偏好方面，具有消费多样化的倾向。换言之，他们的消费偏好符合边际效用递减法则。第二，正贴现率则表示，在当前消费与将来消费

两者之间，这些消费者—生产者更喜欢当前消费。

2.假设生产技术

模型中的消费者—生产者可以生产四种产品：粮食、锄头、拖拉机和机床假设生产机床和锄头只需要劳动，而生产拖拉机需要劳动和机床，生产粮食既可以只用劳动，也可以用劳动和锄头，还可以用劳动和拖拉机，也能够用劳动、锄头和拖拉机。

进一步假定每一种产品的生产都存在专业化经济；而生产粮食时，不但有专业化经济，还有迂回生产和多样化经济效果。比如，若不用锄头和拖拉机，即使是在专业化条件下，生产粮食的效率也较低；如果用一种工具，效率就会比不用工具时高一些；一旦两者工具都在粮食生产过程使用，比如，用拖拉机耕大田，用锄头挖田角，效率就会更高一些。另外，如果只用劳动生产粮食，则没有一点生产的迂回性。若使用锄头，则生产中就有两个链条，即生产锄头之后，再生产粮食。若用拖拉机生产粮食，则生产中就有三个链条：生产机床，用机床生产拖拉机，用拖拉机生产粮食。同增加使用中间产品（工具）一样，迂回生产链条加长会导致生产率的提高。

（二）杨—博兰德模型的消费者—生产者决策

在杨—博兰德模型中，消费者—生产者的最为重要的决策是选择自己的专业化水平。一旦所有消费者—生产者选择了各自的最优专业化水平，整个经济社会的分工结构就随之被决定。社会分工状况又决定着劳动生产率，进而，影响整个经济的增长与发展。消费者—生产者在选择自己的专业化水平时，面临如下两个相互关联的两难冲突：

第一个冲突是专业化产生的加速学习过程的动态效应与交易成本之间的冲突。如果一个人把有限的时间分散在很多生产活动中，则他从事每个生产活动的时间就都很少，因此他学习和积累经验的过程就非常缓慢。另外，所有的人都这样做，则每个人都会重复每一个活动的学习过程，也不会比别人学习更多的知识和技能。相反，如果每个人专注某一种生产活动，则在这个活动中的经验积累会创造显著的熟能生巧的动态效应，所以，每个人就可以在较短时间内，在此生产活动中，积累非专业化时需要很久才能积累起来的经验。

若不同人选择不同的专业，则又可以避免重复学习，每人就都可以在同样时间内，在自己的专业上学习到比他人以及自己在自给自足时更多的技能。这种动态效应，可以用较短时间的专业化取得长时间非专业化积累的知识，因此整个社会获取知识和积累知识的能力加强。总之，专业化水平的提高能够充分利用生产技术上的专业化经济、中间产品多样化以及迂回生产的经济效应，从而，提高经济的生产能力。

然而，在提高经济生产能力的同时，专业化水平的上升也不可避免地导致交易成本的增加，这源于每一个消费者-生产者都偏好消费的多样化。专业化水平提高之后，每一个消费者-生产者所能生产的产品数量要减少，这时，他们都会增加从别人处购买自己所不能生产的产品，以满足自己的消费多样化偏好。交易规模的扩大势必导致交易成本的增加。

第二个冲突是第一个冲突的自然延伸，它表现为当前消费与未来消费之间难以兼顾。分工的动态效应一般都是增加未来的生产率和消费，而分工导致的交易成本则需要当前的消费来支出。并且，由于效用函数含有大于0的贴现率，所以，每一个消费者-生产者都更加偏好于当前消费。

（三）杨—博兰德模型的分工演进与经济增长

在初始阶段，人们对各种生产活动都没有经验，所以，他们生产率很低，从而支付不起由于专业化带来的交易成本，这时，他们只好选择自给自足。在此情形下，杨-博兰德模型认为，边干边学、熟能生巧的学习过程是突破自给自足经济，并最终导致经济增长的原始动因。

具体而言，在自给自足生产中，通过边干边学，每个人都会在自己所从事的活动中积累起一些经验，因此生产率慢慢得以改进。这时，就能够负担起一点交易成本，于是专业化水平得到提升，尽管可能非常有限。升高后的专业化水平反过来又会加速经验积累和技能改进的学习过程，使得生产率进一步提高。这样，每个人在权衡专业化的将来收入与当前交易成本后，认为能够支付更多的交易成本，因而可以进一步增加专业化水平，由此产生一个良性循环过程，从而不断推动经济增长与发展。在专业化水平不断得到提升的过程中，中间产品种类数会不断增加，迂回生产链条也会不断加长。

三、新兴古典经济增长理论的形成机制

关于新兴古典经济学的经济增长理论的形成机制，要说明如下两点：一是它的形成机制与发展经济学主要模型是相同的，即非要素增加型技术进步导致结构型增长；二是与其他发展经济学模型相比，它在讨论这一形成机制时所处的特殊条件。

杨—博兰德模型给出的经济增长的原动力是分工，而分工本身就体现为非要素增加型技术进步。同时，由于分工导致的新产品、新产业的出现，劳动等生产要素自然就会从旧产品和旧产业转向新产品和新产业。这是利润平均化过程的必然结果。随着生产要素在旧、新产业之间的转换过程的完成，整个经济结构转换

过程就得以结束。因此，新兴古典经济增长理论讨论的宏观经济长期变动结果是结构型增长。

模型所描述的经济增长得以持续的根本原因是专业化带来的递增报酬，使得工资的增长可以由劳动生产率增长来加以保证，从而，不需要借助工资侵蚀利润现象。这样，经济中的资本积累也就能够不断进行下去。

与发展经济学主要模型相比，新兴古典经济增长理论的特别之处有以下两点：

第一，在发展经济学主要模型中，非要素增加型技术进步都是外生的，三新兴古典经济增长理论则将它内生化了。从发展经济学模型中可以看到，所有模型都是事先给定两个拥有不同技术水平的部门，也就是所谓"二元经济"。至于这个二元经济从何而来，无从知晓。而在新兴古典经济增长模型中，不同的分工模式就对应着不同的技术水平（生产函数），当经济由一个分工模式跳跃到另一个更高级的分工模式时，生产函数（也就是非要素增加型技术）随之发生改变。也正是因此，在新兴古典经济增长模型中，可以看出经济组织拓扑性质变化（新产品、新产业的出现等）；而在发展经济学模型中，只能看到，生产要素在给定的旧、新产业之间转换这一经济组织非拓扑性质的变化。

第二，发展经济学模型讨论经济发展时使用的仍然是规模经济的概念，而新兴古典经济增长模型使用的则是专业化经济和分工经济的概念。这一点的意义在于，与主流现代经济增长理论和发展经济学主要模型相比，新兴古典经济增长理论注意到了专业化和分工对经济增长与发展的推动作用。当然，新兴古典经济增长理论对专业化和分工的作用有些夸大。

第三，新兴古典经济增长理论引入了制度因素，这一点，无论是相对于现代经济增长理论，还是古典发展经济学模型而言，都是其独到之处。

经济增长理论模型涉及的形成机制是，要素积累和要素增加型技术进步导致非结构型增长；而发展经济学模型所讨论的形成机制是，非要素增加型技术进步引起结构型增长。当然，不同增长模型和不同发展模型讨论同一个形成机制的条件各不相同。这些不同条件主要表现在两个方面：一是生产函数是规模报酬不变的，还是规模报酬递增的；二是技术进步是外生的，还是内生的。

增长模型不能讨论非要素增加型技术进步和结构型增长的原因是，它们在分析中都采用了不变的生产函数，非要素增加型技术规定着生产函数的法则，而采用不变的生产函数来分析增长过程，就等于否定了经济增长可以由非要素增加型技术进步引发。与之相反，发展经济学模型之所以能够讨论非要素增加型技术进步和结构型增长，也正是因为它们都放弃了生产函数不变的分析法。

比如，在刘易斯模型中，存在现代部门和传统部门两个不同生产函数，而发展过程就是二元经济向一元经济转变，这一转变过程一定伴随着生产函数法则的变化。再比如在杨—博兰德模型中，存在事前和事后生产函数的区分。罗默的内生技术进步增长模型是一个有意思的例子，该模型所采用的生产函数是介于变与不变之间的。如果我们将生产函数中的资本当成一个整体来看的话，那么，该模型使用的生产函数就是不变的；如果我们将资本看成不同的生产耐用品的话，那么，该模型使用的生产函数就是可以变化的了。也正是因此，罗默内生技术进步模型涉及非要素增加型技术进步，但是，由于采用了不变的（总量）生产函数，所以，结构型增长没有能够体现出来。

在讨论经济增长与经济发展时，到底应该采用不变的生产函数，还是应该采用可变的生产函数，这是一个难于选择的两难问题，一方面，采用不变生产函数可以发展一个近乎完美的模型，无论是演算还是分析都比较容易，但是，它不能用来讨论非要素增加型技术进步和结构型增长；另一方面，采用可变的生产函数可以分析非要素增加型技术进步和结构型增长，但是，它也存在两点的不足：一是演算和分析十分困难，因此，几乎不可能建立一个统一的分析框架；二是与第一点有关，它能够分析的经济结构变化是相当有限的。

有鉴于此，罗默内生技术进步模型所采取的折中方法是比较可取的，一方面，它具有比较强的可操作性。这一点已经在罗默模型中得到证明。另一方面，非要素增加型技术进步在带来产出增加的同时，一定会导致经济结构变化。因此，罗默模型在分析产出增加时已经包含了对经济结构变化的分析。当然，非要素增加型技术进步的表现形式不一定要拘泥于新中间品的出现。关于非要素增加型技术进步表现形式的认定，将在经济增长与经济发展理论的进一步发展过程中扮演十分重要的角色。

第三章　现代企业经济发展与策略

第一节　企业发展认知及其影响

　　企业是指在市场经济条件下，以赢利为目的，从事独立的商品生产、商品流通和服务等经营活动的经济组织。企业是一个历史性概念，是商品经济发展到一定阶段，机器大工业代替了工场手工业之后而产生并逐步发展起来的，是现代社会的基本经济细胞。现代企业既是一个封闭系统，又是一个开放系统。企业主要由人、财、物、信息、目标五个要素组成。这五个要素组成的企业系统，可以抽象地看作一个转换机构。这个转换机构的功能是将输入转换为输出。

一、企业发展的内容与原则

（一）企业发展的内容

　　企业发展过程中的核心在于人才，人才建设是企业发展的重要保障。企业的发展不能脱离团队，建设团队就不能离开人才，总的而言，人才建设是企业发展过程中的核心。同一个行业的企业，成功或者失败的原因是它们所拥有的专业人才队伍不同。人人都可以购买先进设备，都可以运用先进的理念和先进的模式，只有人才不能随时随地获得。企业在发展过程中不能只重视公司规模，要加强人才建设，企业发展要以人为本，建设人才队伍。

　　企业发展的立足之基是正直、诚实与守信的现代化商业道德。对人力资源和人力资本而言，这是顾客对企业产生的信任感，也是企业获得信任的一种利益。其余几种是指：员工对企业的信任、合作伙伴对企业的信任、股东对企业的信任及社会对企业的信任。员工对企业产生的信任是所有信任的基础，同时，也是根本所在。只有员工足够信任企业，企业的股东才会更加信任企业，合作伙伴才会对企业充满信心。这样一来，顾客才会对企业产生信任，社会也会提高对企业的信任度。

企业的使命是对企业发展方向的阐述，然而，更重要的是能够让所有员工都清楚企业真正的价值所在，可以主动接受使命，并完成使命。如果企业感觉这是自身应该做的事，就会主动在利益的驱动下完成这件事。对于企业而言，要将员工看作自己的家人，让员工感觉到企业就像是第二个家庭，让员工有一种归属感，全心全意地为企业服务。与此同时，还可以将这种理念作为企业文化传播，如果企业可以做到对待所有员工就像自己家人一样，则员工所获得的不只是学习和成长的机会，还有精神层面的提高，员工在企业中投入的感情会大于这种归属感。为社会服务的行业，势必能够培养出为社会服务的人才队伍。拥有如此核心价值的企业，会发展得越来越好。

（二）企业发展的原则

企业的发展，要想获得成功需要大量的"外力"支撑。这些"外力"在企业发展的过程中至关重要。企业要想获得可持续发展，要站在长远发展的立场上，与时俱进，同时，制定出一个有针对性的战略规划。按照具体的发展情况对战略进行完善，最终获得预期的利润。

企业的发展要把人才发展作为头等战略。在发展的过程中要选用人才，并且制定较好的激励制度。同时，还要重视个人以及团队吃苦性的培养，提高人才在工作中的积极性以及责任感；还要凝聚人心并且汇聚力量，让人才具有高昂的斗志，激发团队的积极性和力量。

企业的发展要以核心价值观作为原则。企业要在竞争的过程中取胜，主要就是充分地发挥自身的特长，并对自身的缺点进行改正。对于企业而言，如果想要发挥优势就要运用有价值的战略。价值链截取战略思想是指，对企业已有资源的优势进行集中，选择比较能为企业制造价值的经营，做好精细化研究。

核心价值观是企业经营发展的基础动力，展现的是企业自身的基本责任与基本需求，这是企业进步的精神支柱，有助于企业的进一步发展。企业价值观的基础是社会主义核心价值体系，同时，还是核心价值体系的一种展现，对企业发展起着凝聚人心、鼓舞士气以及锻炼人才的作用，也是企业所有员工共同进步的思想基础，是推动企业实现科学发展的主要推动力。

企业的发展要想获得稳中求胜的效果，就要制定规范化的原则。在不同阶段，企业的发展目标都是不同的。刚开始的时候，考虑的应该是扎扎实实，在对问题进行深入分析的前提下，需要做到积极发展，扩大经营。与此同时，熟悉经营流程之后，要按照具体的情况有针对性地处理，使管理经营逐渐规范化。

二、企业发展对社会的影响

企业是参与经济活动的重要单位。顺利地开展市场经济活动不能确立企业本身的生产以及销售活动，经济活动一旦从企业生产与销售活动中脱离出去，也就成了无源之水、无本之木。可以将企业经营活动概括成企业在发展过程中，充分运用生产经营条件，投入组织和生产要素，获得商品与劳务产出，获得投入产出最大的经济效益。企业活动的主要目的是营利，在这一目的的推动下开展生产经营的所有活动，并向社会提供一定的商品和服务。就企业而言，这是推动社会经济发展的重要力量，通过生产和服务，人们的物质及精神需求得到满足。企业经营利益和社会效益对社会经济的进一步发展产生直接影响，企业的经济利益与社会效益共同促进社会的发展。

此外，企业还是履行社会责任、创造社会效益的原动力，是社会经济迅速发展的关键所在。企业可以说是国民经济发展的细胞，能够在投入物质资本的过程中创造更多的经济价值，推动社会经济的进一步发展。企业要想在社会当中得以发展，并且获得较高的效益，就要和自身发展情况相结合，不断创新，以与社会发展方向相适应。在市场竞争越来越激烈的环境当中，企业中的人员素质对社会经济的发展产生直接影响。

企业是解决就业问题的重要力量，是有效增加农民收入和促进新农村建设的重要力量，同时，也是科技创新的主要动力。企业在发展过程中，要有很多劳动力共同推动生产工作，因此是解决农村富余劳动力问题的重要途径。企业经营的发展和进步能够推动新农村经济的发展，推动新农村建设。落实社会主义核心价值观，就需要构建和谐的企业，推动企业改革的进一步发展，营造一个较好的经济环境，在此基础上，建设和谐发展的社会。

企业还是社会生产及商品流通的承载者。经济活动开展的过程也就是生产与流通的过程。如果生产与流通从企业中脱离出去，社会经济活动也就会中断和停止。企业生产的实际情况与经济效益会对国家经济增长造成影响，还会提高人民群众的物质生活水平。总体而言，企业的发展不能脱离社会，社会的发展也离不开企业。

企业的发展可以推动社会经济效益的迅速提高，确保市场领域中有广泛和充分的竞争，最终推动国民经济的可持续发展，这是建立社会主义市场经济体制的主要内容。在这一过程中，竞争发展的基本条件是指有充足的企业为了市场的发展不断奋斗。企业得以生存及发展的基础是社会市场，同时，也是企业发展需要服务的对象。对于企业而言，它们是社会主义市场经济得以公平、公正发展的基础力量，也是市场的维护者，能在一定程度上推动社会经济的进一步发展。企业的健康发展和持续进步有助于消除市场弊端，进而推动市场机制的平稳发展。企业本身的竞争及发展不只是经济繁荣的核心，同时，还是国家安全的重要基础，需要激发企业的潜能，社会经济才会繁荣。企业的进一步发展是确保社会经济健康发展的重要基础，也是提高社会经济效益的重要因素之一。

第二节 企业经济发展战略制定

企业战略的制定指通过对企业内外部环境因素的分析和组合来确定企业的使命、指导思想、目标、战略和政策的管理过程。企业使命、目标、战略和政策的选择应以能够有效地发挥企业的长处、克服弱点、利用机会、避免威胁为基本原则。企业战略制定过程是由分析阶段、制定阶段和评价优选阶段三部分构成，具有新颖、复杂、模糊和开放的特点。战略制定是企业最高决策机构按照一定的程序和方法，为企业选择合适的经营战略的过程。

一、规定企业的使命

规定企业的使命是有效地建立企业目标和选择企业战略的必要前提。企业使命的确定要靠对企业内外环境的分析，同时，企业使命的确定又为企业内外环境分析规定范围。

企业使命可以定义为使企业区别于其他同类企业的关于企业目的的陈述。企业的使命陈述就是企业存在原因的陈述，有时又称企业信条，或企业目的、企业哲学、企业经营原则、企业经营范围等的陈述。虽然并不是所有的企业都有文字的使命，或者公开发表自己的使命陈述，但是越来越多的企业将确定企业使命陈述（无论公开发表与否）看成企业战略的一个重要组成部分。

（一）企业使命的特点

企业的使命陈述是较宽泛的，其具体原因有两个：第一，宽泛的企业使命陈述可以在不牺牲企业管理者的创造性的情况下，允许选择。如果企业使命对于企业经营范围的规定过分狭窄，会使企业在多变的环境中错过许多机会。第二，企业使命陈述宽泛以便调和企业各种利益相关者的差异。企业有许多利益相关者或集团，包括雇员、管理者、股东、顾客、竞争者、供应者、特殊利益集团、政府、工会和一般大众等。这些集团的利益是各不相同的，有的关心工作的稳定、提升的机会和收入的增长，有人关心企业是否遵纪守法，按时按数纳税和支持政府的行动，还有的关心股票价格、股息分配，更有人关心社区发展、环境保护和平等就业。企业肯定不能对他们的要求予以同等的重视，因此使命陈述要含糊地表明对各种利益集团的重视程度。过分清楚会造成不必要的矛盾。

企业使命陈述应该比较全面。它不仅要从各个方面定义企业，而且要能够综合地反映企业各个利益集团的要求。否则就不能为企业制定目标、选择战略提供有效的指导。

（二）企业使命陈述的编写

企业使命陈述的重要性表现在它是企业战略计划中最引人注目，易为公众所了解的部分，也是最能指导和激励企业各个利益相关集团的部分。因此，对企业使命陈述的主要要求是保证它能够简要地包括所有的基本内容。掌握编制企业使命陈述的最好方法是大量研究各个企业的使命陈述，并进行评价。一个好的企业使命陈述应主要包括：顾客；产品或服务；市场；技术；企业对经济目标的态度；企业的基本信仰、价值、观念、愿望；自我意识；对公众印象的关注；利益协调的有效性；激励程度。

二、确立企业战略指导思想

战略指导思想概述了建立目标、选择战略和实施战略的框架结构，它是指导企业战略行为的总则，它有助于企业中的一切部门和员工按相同的基本准则来行动，它是由一系列观念或观点构成的，是对企业生产经营过程中发生的各种重大关系的认识和态度的总和。

现代企业的战略指导思想主要是指在市场经济条件下，为满足社会需求，完成企业的使命，谋求企业的生存和发展，以及履行对社会责任等重大问题时的指导思想，从这一基点出发，现代企业领导和员工应树立战略观念、市场观念、竞争观念、创新观念、效益观念及人才观念。确立企业在某一时期的战略指导，就是要通过对企业内外部环境的分析，通过对未来的预测和把握，予以明确的阐明。

三、建立企业战略目标

目标是企业要达到的目的，以及何时取得成果，它确定企业及其下属各职能部门的一切主要活动项目。而那些影响企业总的发展方向和生存的目标，称为"战略目标"。建立企业的战略目标对企业的成功和失败具有十分重要的意义：目标给企业的发展指明方向；目标为效绩评价提供标准；帮助管理者有效地从事管理职能工作；减少企业的不确定性；减少企业内部的冲突，增加协同作用；为分配企业的资源提供依据。

企业的战略目标是三个多目标体系，通常是用定性和定量的指标体系来表示。

企业发展战略一般都涉及一个较长的发展时期，因此必有其长远的发展战略目标。但在这种较长的发展时期中，由于企业的内部条件和外部环境在经过一定的时期后发生较大的变化，因此企业的长期发展过程就要划分为若干阶段，不同阶段具有不同的目标。当然各阶段战略目标之间要相互衔接。

企业作为一个整体应有其总体战略目标。但企业作为一个系统在结构上是有层次的，在企业发展过程中，企业内各层次子系统都有其追求的子目标。当然子系统与子系统的目标间需要有一定的协调性，下层子系统目标应服从上一层系统的目标，并最终与企业总体目标相一致。

企业的长期战略目标必须支持企业的使命，不能含糊和抽象，凡在企业的成就和成果直接影响企业的生存和繁荣的那些方面，都需要建立战略目标，使总目标系统既具有综合性又具有完整性。

四、制定与战略相适应的企业政策

企业政策就是一个企业对其预期行为的阐述，意味着一个企业为实现其目标而进行的决策提供指导。为了实现企业战略和完成企业战略的转变，企业高层管理者必须制定与战略相适应的政策。

（1）政策是企业决策的一般指导原则，它对战略选择以及战略实施过程中的各种决策提供指导。公司政策可以为分厂或分公司战略制定提供指导，并通过分厂或分公司的目标和战略的实现来加以执行。各分厂或分公司又可以提出自己的政策来指导各职能部门的战略选择。政策为企业战略实施中的具体决策和行动提供依据、限制，明确哪些行动和方法可以用或不可以用。

（2）政策也为企业战略的实施提供了方法、程序，因此被认为是战略实施的工具。

（3）政策也是一种行为规则和规范，它使企业职工和管理者都明白企业对他们的期望内容，因此制定正确的政策会增加企业战略管理成功的可能性。政策为整个企业的管理控制、各方面的合作提供了基础。

第三节　企业经营管理与决策行为

一、企业经营管理

现代市场经济的不断推进和强化，对企业经营管理产生了极其深远的影响，而加强企业经营管理重要性也越来越显著。在现代市场经济下，加强企业经营管理，可以满足企业实际发展所需，不断提高企业市场竞争实力，促进企业更好、更快地发展。

（一）企业生产与质量管理

1.企业生产管理

企业生产的产品要适应市场，能够为目标用户所接受，能为他们带来各种实际的利益。在任何企业，生产管理都是最基本和最重要的一项基础性工作。生产是通过劳动把资源转化为能满足人们某些需求的产品的过程，需要指出的是：生产过程的输出不仅指有形的实物产品，还包括无形的产品——服务。生产管理是对企业生产系统的设置和运行的各项管理工作的总称，又称生产控制，它包括对生产活动进行的计划、组织、指挥、协调与控制。随着社会的发展，生产管理的内涵和外延扩展了，它将凡是有"投入—转换—产出"的活动都纳入其范围，不仅包括工业制造企业，而且包括服务业、社会公益组织及市政府机构。同时其内容不再局限于生产过程的计划、组织与控制，还包括生产战略制定、生产系统设计、生产系统运行等多个层次的内容。

生产过程组织与控制是企业生产管理的重要内容，它研究了企业怎样从空间上和时间上合理地组织产品生产，使生产过程能以尽量少的劳动消耗和劳动占用，生产出尽可能多的符合市场需要的产品，即缩短生产周期，提高生产效率，从而获得更好的经济效益。

2.企业质量管理

企业质量管理需要采用统计方法对企业生产过程的各个阶段进行监控，从而达到保证与提高质量的目的。采用统计控制的方法进行质量管理，强调全过程的预防。质量管理是全系统的，要求全员参加、人人有责，强调用科学方法来保证达到目的。

质量管理中的统计工具是现场监控过程中所采用的重要的统计方法。常用的统计方法有：控制图方法、分层方法、排列图方法、因果分析图方法、散布图方法、调查表方法、直方图方法，它们通常称为质量管理的七种基础工具。之后，用于质量管理的七种新工具被提出，包括：关联图方法、亲和图方法、系统图方法、矩形阵方法、矩阵数据分析表方法、过程决策程序图方法、箭线图方法等。

（二）企业物流与供应链管理

1.企业物流管理

物流管理是指在社会再生产过程中，根据物质资料实体流动的规律，应用管理的基本原理和科学方法，对物流活动进行计划、组织、指挥、协调、控制和监督，使各项物流活动实现最佳的协调与配合，以降低物流成本，提高物流效率和经济效益的过程。物流管理内容包括：第一，对物流战略及计划的管理，主要有长远计划（物流远景规划）和年度计划；第二，对物流活动诸要素的管理，包括运输、储存、包装、配送、装卸、流通加工等环节的管理；第三，对物流系统诸要素的管理，即对人、财、物、设备、方法和信息六大要素的管理；第四，对物流活动中具体职能的管理，主要包括物流计划、质量、技术、经济等职能的管理。

2.企业供应链管理

供应链管理是指人们在认识和掌握了供应链各环节内在规律和相互联系的基础上，利用管理的计划、组织、指挥、协调、控制和激励职能，对产品生产和流通过程中各个环节所涉及的物流、信息流、资金流以及业务流进行的合理调控，以期获得最佳的组合，实现最大的效率，迅速以最小的成本为客户提供最大的附加值的活动。供应链管理是在现代科技条件下、产品极其丰富的情况下发展起来的新的管理理念，它涉及各种企业及企业管理的方方面面，是一种跨行业的管理，使得不同企业作为贸易伙伴为追求共同经济利益的最大化而共同努力。

供应链管理是一种集成的管理思想和方法，它包含了整个供应链过程中的产品制造、运输、分销及销售等所有环节。因此，供应链管理的内容一般被认为是供应链计划中的五项基本活动及其相应的长短期计划，以同步化和集成化为指导思想，以高质量的信息基础为依托，围绕着整个供应链来满足不同客户的需求。具体而言，它包含的五项基本活动如下：

（1）采购活动。在采购活动过程中，短期主要考虑的问题包括从厂家或是供应商那里购买什么规格和质量的原材料，何时送达何地；而从长远来看的话，更应该考虑的是要与哪个或哪些供应商建立战略合作伙伴关系。

（2）生产制造活动。在生产制造领域，从短期考虑，就要根据市场需求及时安排生产，更好地利用企业的资源等；从长期考虑，如何进一步考虑如何扩大市场份额，是生产特定的单一产品还是种类齐全的所有产品，以及该在哪里建设什么样的工厂，才能在全球范围内对客户需求做出快速回应等。

（3）运输配送活动。在运输配送活动中，则要设计好最佳运输路线和运输方案等近期计划，尽量降低运输成本。如果考虑企业的发展，则应该规划是否可以将此项业务外包，以及在全球范围内该如何建立适宜的运输网络，减少客户的等待成本，为客户提供更方便、更快捷的服务。

（4）存储活动。存储活动主要考虑的就是如何储存和保管产品，做到"零库存"或是少量的"安全库存"，以及怎样制订订单的履行计划及全球化营销网络。

（5）销售活动。销售活动支撑着整个供应链有条不紊的运营，是企业利润的主要来源。在这个活动过程中要考虑到问题：第一，应该按照怎样的顺序来完成对客户的承诺；第二，采用怎样的销售方法对企业是最有价值的；第三，是否有必要进行特别的促销和推广活动；第四，现有的生产和分销网络能否应付销售高峰。

从上述五项基本活动中不难看出，供应链管理还需要高效的信息系统提供计划和决策等支持功能。

二、企业经营决策行为

管理就是决策，正确决策对于一个企业的生存与发展有着至关重要的作用；现代管理的重心在于经营，经营的重心在于决策。

（一）企业经营决策原则

（1）信息准确原则。信息准确原则是指为进行决策所收集的信息，必须全面准确地反映决策对象的内在规律与外部联系。信息的准确性是指信息要能够真实地反映经济发展的客观规律；信息的全面性是指要从多渠道收集各种信息并对其进行必要的综合整理和筛选，以便能够全面地反映所要研究的问题。此外，还须注意信息有效性与经济性的问题。

（2）可行性原则。可行性原则是指决策方案必须与企业现实的资源条件相适应。必须认真研究方案的可行性，采取定性与定量相结合的方法，对每个方案进行可行性分析，以保证决策方案行之有效。

（3）对比优化原则。决策总是在若干个有价值的备选方案中进行比较并选择一个，选择的最优方案应力求以投入少、收益大为上。

（4）系统性原则。系统性原则是指决策过程中，要运用系统分析的理论方法，对决策对象进行全面的分析和论证，在决策过程中兼顾各种利益关系，协调各种矛盾，以获得整体功能最优的效果。

（5）科学性原则。企业的决策必须建立在科学性原则的基础上，必须有科学的依据，要遵循科学的决策程序，确定科学有效的决策标准，采取科学的决策方法，建立科学的决策控制系统，做好决策工作。

（6）利用"外脑"原则。决策方案要在民主的基础上制订，要充分发挥职工和"专家"智慧，广泛利用"智囊团"在决策过程中的作用，实行民主化决策。

（7）创新性原则。决策与企业的生存和发展密切相关，涉及诸多情况与问题，进行决策时，既要有技术经济分析能力，又要有创新精神和创新观念，勇于开拓，这样才能制定和选出合理方案。

（8）追踪监控原则。追踪监控原则是指在决策方案付诸实施过程中，必须及时进行信息反馈，密切注视环境变化，采取措施及时有效地纠正发生的各种偏差。

（二）企业经营决策程序

决策是一项复杂的活动，为了提高决策的有效性，应遵循一定的程序。

1. 识别问题环节

识别的问题是指企业在经营活动中现实和标准之间的差距。识别问题的目的是鉴别出那些与预期结果产生偏离的问题，换言之需要确定决策的对象（针对什么进行决策）。管理者所面临的问题是多种多样的，有危机型问题（需要立即采取行动的重大问题）、非危机型问题（需要解决但没有危机型问题重要和紧迫）、机会型问题（如何适时采取行动能为企业提供获利的机会）。识别问题是决策过程的开始，以后各个阶段的活动都将围绕所识别的问题展开，如果识别问题不当，所作出的决策将无助于解决真正的问题，因而将直接影响决策效果。

2. 诊断原因环节

识别问题并不是目的，关键还要根据各种现象分析出问题产生的原因，这样才能考虑采取什么措施、选择哪种行动方案。在诊断原因时，切勿将问题的表象视为问题的本身，导致针对问题的细枝末节寻找解决的办法。发现问题，找出问题产生的原因是正确决策的基础。可以通过调查分析找出问题产生的主要原因，如企业内外的什么变化导致了问题的产生，哪一类人与问题有关等，也可以利用相关的诊断分析工具逐步发现原因并分清主次。

3. 确定经营目标环节

决策者在找到问题及其原因之后，应该分析问题的各个构成要素，明确各构成要素的相互关系并确定重点，以找到决策所要达到的经营目标。企业的经营目标要有可行性，尽量减少目标个数，放弃那些根本达不到的目标，可把相似的目标、次要的目标合并为一个目标。合理的决策目标应该是可以衡量其成果、规定其时间和责任的，如在一定产量和销量价格的限制下，确定利润目标；在有限的人力、物力、财力条件下，确定最佳工期等。

4. 拟定备选方案环节

在收集了相关资料和确定决策目标后，就要拟订解决这些问题的方案。决策者应尽可能地拟订多种备选方案，因为备选方案越多，解决办法就越趋完善。备选方案应是整体详尽性与相互排斥性相结合，以避免方案选择过程中的偏差。制定备选方案的过程就是一个发挥创造性的过程，拟订的备选方案应是可行的方案。只有这样，在评价和选择方案时才能保证最终选定方案的最优性。在企业实际运作中，由于决策条件的复杂性，要把所有的可行方案都设计出来是不可能的，因为不可能全部掌握决策时所需要的信息，所以很难考虑到所有的可行方案，就现有的条件和能力，设计出来的备选方案越详尽，就越能保证备选方案的质量。每个方案的总体设计、主要措施应该是有区别的，所以必须坚持相互排斥性。只有这样，在选择时才便于从众多备选方案中选择一个。如果各个备选方案的内容几乎是相同的，就失去了选择的意义。

5.评价与选择方案环节

方案评价就是根据确立的决策目标、各备选方案的预期结果等对各方案的可用性和有效性进行衡量。决策者通常从以下三个方面评价和选择方案:

(1)方案的可行性,即企业是否拥有实施这一方案所要求的资金和其他资源,包括人力、财力、物力、时间、信息和其他自然资源。该方案是否符合法律要求或企业伦理、是否同企业的战略保持一致、能否使员工全身心地投入到决策的实施中去等。

(2)方案的有效性和满意度,即方案能够在多大程度上满足决策目标,是否同企业文化和风险偏好一致等。要强调的是,在实际工作中,某一方案在实现预期目标时很可能会对其他目标产生积极或消极的影响。因此,目标的多样性在一定程度上增加了决策的难度,这又从另一角度反映出决策者分清决策目标主次的必要性。

(3)方案产生的结果,即方案本身的可能结果及其对企业其他部门或竞争对手现在和未来可能造成的影响。比较各可行方案,不仅要对积极结果进行比较,也要对其产生的消极结果进行比较。不仅要把每个行动方案同决策目标进行比较,而且要把它同其他方案进行比较。

6.实施与监督环节

通过多方案比较,选出最佳的决策方案之后,就进入了实施执行的阶段,也就是决策的最后阶段。决策的目的是付诸实施,如果不能有效地组织决策的实施,整个决策就失去了意义。方案在实施之前,要保证实施的条件和资源。同时,决策方案的实施过程也是一个不断反馈的过程。在实施的过程中要发现制订时所忽视的地方和方案本身的不足,这就需要边实施、边检查、边改进。如果是环境发生变化,那就需要重新制定新的决策,而这一步骤又成为下一轮决策的起点。

第四节　企业市场营销策略分析

一、企业市场营销的产品策略

在市场营销中,要根据不同产品制定不同的营销策略。产品线是决定产品组合广度、长度和关联性的基本因素,动态的最优产品组合正是通过及时调整产品线来实现的。因此,对产品线的调整是产品组合策略的基础和主要组成内容。

(1)产品线扩展策略。产品线扩展是指企业把产品线延长而超出原有范围。产品线扩展策略有三种形式:①向上扩展,是指企业的产品线由原来的低档产品,通过向上策略,准备进入高档产品市场;②向下扩展,是指那些生产高档产品的企业，可能决定生产低档产品，从而使用向下扩展策略；③双向扩展，是指生产中档产品的企业在市场上可能会同时向产品线的上下两个方向扩展。

（2）产品线填充策略。产品线填充策略是在现有产品线的经营范围内增加新的产品品种，从而延长产品线，所以同产品线扩展是有区别的。采取这一策略的动机主要有：增加盈利；充分利用过剩的生产能力；满足经销商增加产品品种以增加销售额的要求；阻止竞争者利用市场空隙乘虚而入；企图成为领先的完全产品线企业。

（3）产品线现代化策略。有的企业，其产品线长度是适当的，但其产品多年以来一直是老面孔，所以必须使产品线现代化，以防被采用产品线的竞争对手击败。

（4）产品线号召策略。企业可以在产品线中有目的地选择一个或少数几个产品品种进行特别号召，一般有三种情形：①对产品线上低档产品品种进行特别号召，使之成为"开拓销路的廉价品"，以此吸引顾客。一旦顾客登门，推销员就会想方设法地影响并鼓动消费者购买高档产品。②对优质高档产品品种进行号召，以提高产品线的等级。③当企业发现产品线上有一端销售形势良好，而另一端却有问题时，可以对动销较慢的那一端大力号召，以努力促进市场对动销较慢产品的需求。

（5）产品线削减策略。产品线常常被延长，而增加新品种会使设计费、工程费、仓储费、促销费等费用相应上升，因此，企业可能会出现资金短缺和生产能力的不足。于是，管理当局就会对产品线的盈利能力进行研究分析。从中可能发现大量亏损的产品品种。为了提高产品线的盈利能力，需将这些产品品种从产品线上削减掉。在企业中；这种产品线先延长而后被削减的模式将会重复多次。

二、企业市场营销的价格策略

（1）撇脂定价策略。撇脂定价策略是一种高价格策略，是指在新产品上市初期，价格定得很高，以便在较短的时间内迅速获得最大利润。撇脂定价策略的优点是：新产品初上市，竞争者还没有进入，利用顾客求新心理，以较高价格刺激消费，开拓早期市场。由于价格较高，因而可以在短期内取得较大利润。定价较高，在竞争者大量进入市场时，便于主动降价，增强竞争能力，同时也符合顾客对待价格由高到低的心理。这种方法的缺点是：在新产品尚未建立起声誉时，高价不利于打开市场，有时甚至会无人问津。如果高价投放市场销路旺盛，很容易引来竞争者，加速本行业竞争的白热化，导致价格下跌、经营不长就会转产的局面。

（2）渗透定价策略。渗透定价策略是一种低价格策略，即在新产品投入市场时，价格定得较低，以便消费者接受，很快打开和占领市场，这种方法的优点是：一方面可以利用低价迅速打开产品销路，占领市场，从多销中增加利润；另一方面又可以阻止竞争者进入，有利于控制市场。因此，渗透定价策略又被戏称为"别进来"策略。

（3）满意定价策略。满意定价策略是一种介于撇脂定价策略和渗透定价策略之间的价格策略。这种策略所定的价格比撇脂价格低，而比渗透价格要高，是一种中间价格。这种定价策略由于能使生产者和顾客都比较满意而得名。有时又称为"君子价格"和"温和价格"。

（4）心理定价策略。心理定价策略是一种根据消费者心理要求所使用的定价策略。该策略运用心理学的原理，依据不同类型的消费者在购买商品时的不同心理要求来制定价格，以诱导消费者增加购买，扩大企业销售量。具体策略包括：①整数定价策略，即在定价时把商品的价格定成整数；②尾数定价策略，即在商品定价时，取尾数，从而使消费者购买时在心理上产生便宜的感觉；③分级定价策略，是指在定价时把同类商品分为几个等级，采取不同的价格；④声望定价策略；⑤招徕定价策略；⑥习惯定价策略。

（5）产品组合定价策略。产品组合是指一个企业生产经营的全部产品大类和产品项目的组合。对于多品种生产经营的企业而言，各种产品有需求及成本之间的内在相互关系并受到不同程度竞争的影响。如何从企业总体利益出发为每一种产品定价，发挥每一种产品的有关作用，是这类企业定价过程中经常遇到的问题。

三、企业市场营销的促销策略

广义的促销策略，是指营业推广、广告、公共关系和人员推销这四者的组合运用；狭义的促销策略，则是指营业推广，包括以下内容：

（一）促销预算

促销方案的制订最终要落实到预算上，常用的预算方法有以下三种：

（1）参照上期费用来测算本期费用。这种方法简便易行，在促销对象、手段、预期效果都不变的情况下可以采用，但许多主观因素和客观因素都在不断变化，故运用这种方法必须考虑对一些费用构成予以调整。

（2）比例法。根据一定的比例从沟通费用中提取促销费用的额度，再将它按不同百分比分配到各个产品或品牌上。对不同的产品、不同品牌，在不同市场的促销，其费用预算的百分率是不同的，而且还要受到产品生命周期的不同阶段及该市场上竞争者的促销投入的影响。如果一个公司的某种产品有若干个品牌，则哪种品牌需要促销，哪种不需要，应该很好地统筹与协调，在预算上也必然反映为不同的百分比。

（3）总和法。先确定每一个促销项目费用，然后汇总得出该次促销成本总预算。促销各项目的费用主要包括：优惠成本，如免费赠送样品、赠奖成本、折价券折让成本等；运作成本，如广告费、印刷费、邮寄费等管理费用。显然，在预算制定过程中，对促销期间可能售出的预算数量的估计是必不可少的。

（二）促销目标

企业运用促销一般要根据目标市场的需求、企业的营销计划来确定，它具有针对性和灵活性的特点，不仅要明确促销的对象，而且要有明确的促销目标，并借此才能有效地运用具体的战术。

（三）促销工具

一项工具可以同时为几项目标服务，而一项目标有时又需多项工具的支持，对促销而言，亦是如此。而且，市场营销发展到今天，促销工具层出不穷，多种多样。因此，促销的策划者在选择何种推广工具时，要综合考虑市场营销环境、目标市场特征、竞争者情况、促销的对象和目标、每一种工具的成本效益预测等因素，特别是还要注意促销同其他如广告、公共关系、人员推广等沟通策略的互补配合。

（四）促销媒体

以怎样的途径来传递促销信息、实施促销手段，这对促销的效果起着至关重要的作用。每一种分发方法的效率和成本都各不相同：以包装为媒体，只能刺激曾经消费过的顾客；零售点宣传资料可以烘托促销气氛，影响力却只局限于该零售点的顾客；邮寄可以达到特定的顾客，用得过滥或顾客消费意识成熟，反应就可能不理想；广告有利于大范围快速传播，影响大但成本高。

（五）促销时机

促销时间应有一定的持续性，但要恰当：持续时间太短，一些顾客将由于无法及时重新购买而失去享受优惠的机会，由此会导致其今后购买重复率降低；持续时间太长，则促销的号召力逐步递减，起不到刺激消费者马上购买的作用。安排促销时间，应考虑选择一个理想的起始日，并保持一个合适的持续时间，同时，它应置于整体营销策略之中来策划，以求与整体营销活动相协调，创造一个预期的销售高潮。

第四章　世界经济一体化发展

第一节　世界经济及其发展形式

一、世界经济的属性与特征

第一，世界经济是一个经济范畴。作为经济学中的一门独立学科——世界经济学，其核心的内容就是经济。世界经济学是研究世界范围内的经济活动和经济现象的学科。

第二，世界经济是一个历史范畴。世界经济从无到有，经过了一个不断发展变化的过程。原始社会、奴隶社会和封建社会不存在世界经济。当时的社会生产力水平较低，自然经济占主导地位，虽然各国之间存在商品交换和人员往来，但是这种交换和往来是偶然的、局限的、单一的，真正的国际分工和世界市场还没有建立起来，世界经济自然也就不存在。19世纪中叶，资产阶级登上欧美各主要国家的舞台，列强瓜分世界完毕，资本主义生产方式得以建立，一个世界性的经济体系形成了。

第三，世界经济是一个地理范畴。"世界"一词与地理（空间）的概念有关。在经济地理学科中，不少学者更多地偏重或热衷于世界经济地理的理论与实践的探索。

第四，世界经济的主体是民族、国家、跨国公司和国际经济组织，世界经济由它们来主导和推动。民族、国家、跨国公司和国际经济组织的发展与变化，决定着世界经济的微观关系和宏观状态。其中，随着世界经济的不断发展，民族与国家的地位和权利逐渐下降，跨国公司和国际经济组织的重要性不断上升。

世界经济学作为经济学中一门独立的学科，自然有其自身的属性；也有它与其他学科相区别的独特之处。

（一）世界经济的属性

（1）世界经济学在经济学中的地位与属性。世界经济并不仅仅是世界上所有国家或地区的国民经济的简单加总，而是由各种经济纽带把各国和各地区联结起来的一个既互相依赖又互相矛盾的世界经济体系。它既研究微观经济主体（跨国企业、政府、组织、居民等）的生产、交换、消费等活动的行为和关系；也研究国家调控政策、世界贸易规则、国际货币体制、区域经济协调、国际政治经济关系、经济全球化等宏观层面的内容。

（2）世界经济学在经济管理专业课程中的地位与属性。从经济与管理专业课程设置而言，世界经济学的前置课程主要是马克思主义政策经济学、西方经济学（微观经济与宏观经济）、区域经济学等基础理论性课程；而其后置课程主要有国际贸易学、国际金融学、国际投资学、国际营销学、跨境电子商务等专业基础课程。由此可见，世界经济学在经济与管理专业课程体系中的前瞻性、基础性和铺垫性的地位和作用。

（二）世界经济的特征

世界经济是商品经济发展的必然结果。随着社会生产的不断发展，世界经济经历着由低级向高级演进的动态过程，形成了自身的基本特点。国内学者张幼文将世界经济的基本特征归纳为以下几个方面：

（1）活动的市场性。世界经济是在市场经济基础上形成和发展的。不仅参与世界经济的主体大多推行市场经济的体制，而且世界经济的运行机制遵循着市场经济的一般规则。具体而言，活动的市场性具有交易自由化、市场主体平等化、运行机制市场化和管理法制化的特性。这些特性都从本质上揭示了世界经济的市场性特点。

①交易的自由化在世界经济中，交易主体本着自主和互利的原则，在自愿的基础上，共同达成各种交易协议，议定交易条件，发生各种经济联系。尤其在国际贸易中，自由化的趋向反映了市场化的特性。它要求参加交易的国家或地区之间打破各种壁垒，不搞贸易保护主义，并通过友好协商和谈判的方式解决各种贸易争端。

②市场主体的平等化。作为世界市场的主体，不论企业，还是国家或地区之间都应当处于平等的地位，政府奉行的方针政策和提供的经济环境都应体现平等互利的精神。市场主体平等化是世界经济健康发展的前提条件。

③运行机制的市场化。运行机制的市场化这一特性具体体现为经济参数形成的市场化。在一个开放的世界经济体系中，各国的利率、主要商品价格、汇率等

重要经济参数主要是靠市场供求自由调节，而不是靠政府干预形成的。尽管在目前，世界经济一体化还在发展中，但重要的经济参数并不是由某一主体单独操纵的。因而，这种参数体现市场的客观规律性，能够引导各个经济主体依照市场参数的变化而做出决策。同时，经济运行的市场化还表现为各类市场以经济原因形成，以经济联系为纽带，各种经济参数相互作用。在全球信息相当发达的今天，外汇市场的汇率、资金市场上的利息率、商品市场上的价格、证券市场上的指数等，都呈现出规律性的联系，牵一发而动全身，这都是经济运行市场化的标志。

④市场管理的法制化。市场经济，说到底是法制经济市场运行中的各个方面，要靠制度来规范，要靠法律来保护。法律具有规范性、公平性和公开性的特点，在世界经济领域中发挥着越来越重要的作用，这突出地表现为世界各国之间签订了越来越多的双边或多边条约，以及更加严格地承担起各自相应的义务。同时，像世界贸易组织（WTO）等国际性经济组织在依据国际条约协调各方利益以及仲裁经济摩擦中也具有越来越大的权威。

（2）空间的广阔性。在空间概念上，世界经济是一个最广的经济范畴，它是由世界上的所有国家（除绝对闭关自守的国家之外）的国民经济所组成的；在部门上，它又包括了所有产业。如果我们看一下经济的空间范围，那么它们依次是企业经济、地区经济或部门经济、国民经济、区域经济、世界经济。世界经济在范围上是最大的。

（3）历史的短暂性。在经济、国民经济和世界经济这三个范畴中，世界经济的历史是最短的。

（4）构造的复杂性。世界经济是由各国国民经济所构成的有机整体。在世界经济的整体运转中，各个部分的运行机制的差异是巨大的，既有实行市场经济体制的国家，也有转型国家，还有实行计划经济体制的国家，它们各自对世界经济的影响也是不同的。

（5）运行的多元性。在纯粹商品经济中，"看不见的手"调节着整个经济的运行，经济是自发运行、不受干扰的。在受干预的资本主义经济中，这种自发运行机制受到了一个外力的干扰作用，而且是唯一的外力作用，这一作用来自国家。在完全中央集权国家中，经济计划曾作为转轨经济的运行过程中唯一的经济管理力量，国家计划和市场调节是经济运行的两种外力。

然而，在世界经济中，我们看到的是完全不同的现象：经济运转过程中的多极干扰。这种干扰，来自主权国家的存在。由于主权国家的存在，各国经济过程产生了相对独立性，一切对外经济活动受到国家的干预，只是各国程度不同。这种干预集中表现在贸易、资金、政策和关税。由于主权国家的存在，产生了货币差异——货币发行是国家主权的象征之一，从而在经济货币化了的今天，以货币为媒介的经济活动使世界经济比一国经济增加了层次上的复杂性。由于主权国家的存在,资本、劳动力的流动受到阻碍(鼓励政策只是减少障碍),世界经济活动受到政治的影响(国家利益和国家安全)。其复杂性和影响深度超过了在一国国内的情况,其特点和规律也完全不同。由于主权国家的存在,进而又产生了各种形式的主权国家的联合体,各种类型的国际经济组织、协议,影响着世界经济的自发运行机制。这些干扰性都是世界经济的多元性的表现。

(6)整体的统一性。世界经济能作为一个有机整体而存在,其根本原因在于它的统一性。这个统一性就是世界经济的商品性。

世界经济是高度发达的商品经济,首先表现在世界经济的全部活动规律都是商品经济的规律。世界的生产、交换、分配、消费的规律都表现出高度发达的商品经济的特性。同时,这种统一性还在于,任何一个国家、国家集团或国际企业,即使在其内部实行的是计划经济或不发达的商品经济,但在与其他国家、国家集团或国际企业的关系中,却总是奉行商品经济原则的。

商品经济特性是世界经济的统一性,还在于它是世界各种生产方式的共性所在。发达资本主义国家是商品经济,发展中的民族资本主义国家是商品经济,这些都是毫无疑问的,问题在于社会主义国家。社会主义市场经济的建立和发展,使两种不同社会制度的联系发生了重大变化。商品经济的统一性创造了更完整意义上的世界经济。这种商品经济特性决定了一国的国际经济活动对于价值的追求,而不只是对使用价值的追求,这就是各国经济活动的轴心。同时,"互通有无"这种以使用价值的转换为主而不是以价值的增值为主的国际经济活动,已不是典型形式和一般意义上的国际经济关系了。

(7)一体化的必然性。世界经济发展的曲折性并不阻碍一体化的发展。随着世界生产力的发展,特别是生产和资本国际化的迅猛发展,世界各国的经济联系和相互依赖关系日益紧密,逐步形成有组织、可协调、高效率运转的国际经济体系,不仅使世界经济成为一个有机整体,而且从宏观、中观和微观三个层面上展现一体化的趋势。

在宏观层次上,全球经济一体化正向纵深发展。随着世界经济政治形势的发展和格局的变化、世界经济的宏观管理体制及其协调机制正不断地调整和创新,在全球范围内统一的行为规则和准则,即国际规范逐步形成和完善,并被用以规范、协调和管理世界经济的有序运行,以及建立相应的国际协调机构作为监督和组织保证。如关税及贸易总协定(GATT)、布雷顿森林货币体系、国际货币基金组织(IMF)、世界银行(WB)以及世界贸易组织(WTO)等国际贸易和金融协调组织和机构的成立,为协调全球经济运行和实现全球经济一体化做出了积极的贡献。从总体上说,全球层面的宏观协调机制还比较薄弱,但它的形成和发展毕竟是为了适应经济生活高度发展的需要，抑制世界经济运行自发作用的负面影响，建立和调整国际经济新秩序，从而为世界经济一体化必然发展奠定了基础。实质上，世界经济的协调过程也是一体化发展的过程。

在中观层次上，区域经济一体化方兴未艾。随着各国经济发展中相互依赖和影响日益增强，越来越多的国家卷入区域经济一体化的潮流之中，经济区域集团内部的国家经济边界日趋模糊，区域集团间经济关系大有取代国家间经济关系的趋向，日益成为国际经济关系的主体，区域经济一体化正呈现"洲域经济一体化"的新趋势，为实现全球一体化创造了条件。

在微观层次上，企业经营国际化迅速发展，跨国公司在纵横交错的内部化市场中根据全球战略目标，实现了内部分工、贸易、资金转移、人员流动、资源调配、技术转让、信息交流、国际管理和生产活动，从而在公司范围内实现全部再生产过程的国际化和一体化。

二、世界经济的发展形式

（一）世界经济的发展趋势

（1）经济回暖复苏。在创新驱动的战略下，世界经济的复苏获得了全新空间。在过去的经济发展历史进程中，人们能够总结出这样的经验，无论任何局势变更都有技术创新的支持。经历各种金融危机以后，大部分发达国家都寻找技术创新的全新突破口，在这一背景下，很多新兴技术应运而生，包括生物医药技术、AI技术、3D打印、人工智能、互联网技术等，在互联网上，产业链相互融合，这使得世界经济复苏获得崭新希望，同时大力推动着科技革命，这会在不久的未来引领世界经济踏上新征程。

（2）增加经济风险。目前，世界经济仍然没有完全脱离动荡状态，很多国家的经济没有强大动力支撑，应进行长期、反复的调整。就当前状况而言，不同国家的经济发展表现出分化、非均衡、缓慢、持续等态势。纵观我国经济，处于改革转型的重要阶段中，外部需求相对疲软，不但无法匹配内部的供需结构，并且不能充分适应经济飞速发展的要求，以上都是经济风险与经济增长的重要影响因素。经济风险、产地库存、企业成本、产能过剩等因素不但对我国发展形成阻碍。世界经济的发展也受到较大程度影响。应全面提升环境、土地、资本、劳动力的承受力，改变原有的粗放经济，采取更健康、平衡、稳定的经济增长模式。

（3）迈入全球化4.0阶段。现阶段我国快速崛起，这使得世界经济受到全新经济体推动开始迈入全球化4.0阶段。经过第四次的革命浪潮，国际的收支与投资、全球的经济需求等多个方面都出现了巨大变化。以硬件角度看，技术、咨询、贸易投资、货币等正经历重组，受世界贸易机制的作用还会向产业整合与转型发展。以软件角度看，世界经济新秩序、治理新体系、经济协定政策等，都将新鲜的血液注入全球化4.0阶段经济复苏中，重塑经济新秩序是最为突出的一点，可以让不同国家快速找到自己在全新世界格局中的位置，让经济体制的旧动能与新动能实现变革、调整与转换。

（二）世界经济的发展特征

（1）经济彼此依存。从以往的各种金融危机中能够发现，在金融危机降低影响程度后，发展中国家有较大的经济增长回升，但是发达国家经济回升并不明显。人们从多次金融危机中发现全新经济体的表现了其风险抵御的强大能力与生存活力，而且现阶段全新经济体整体增长速度赶超了发达国家，表现出发展中国家的巨大生命力。与此同时，世界经济在现阶段出现了周期性变动。不同地区、国家之间有了更加密切的关系，彼此的经济开始互相依存、密不可分，例如，我国作为一个发展中国家。对原材料进行进口时，原材料出口国经济状况会对受原材料价格所影响，两个国家间有十分明显的依存关系。

（2）经济增长迅速。经济全球化得到了深入发展，各种全新经济体在经济赶超型战略的投资、人口、贸易等核心的引导中，逐步形成快速的经济增长模式，不但深化了国际贸易，还扩大了全新经济体，不同国家间有了更为频繁的贸易往来，特别是引进技术、外资等经济赶超型战略以后，全面完善了经济增长模式。比起自主发明，技术引进的优势不言而喻，不但见效很快，而且简单实用，可以让经济发展得到推动，到了21世纪以后，部分发展中国家与全新经济体的投资已经超过西方发达国家，充分提升了劳动生产率，优化了资本构成。新技术、新知识在引进以后还全面提升了全要素生产率，让部分农业生产率偏低的部门朝着制造业等生产率偏高的专业进行转变，这便是现阶段的经济赶超型战略。

（3）收入差距增加。现阶段的全新经济体表现出经济快速增长态势，不同国家间存在较大的经济波动，彼此依存程度越来越深，总体上看，世界经济一直在朝着良性的方向不断发展，并形成了一个良性循环。不过，一些国家的大部分财富开始集中于高收入阶层。伴随科技的飞速发展，很多国家意识到了评价劳动者能力的重要性，加之世界市场持续扩大，使得发展中国家也和发达国家一样出现了财富集中现象。

第二节　国际金融与国际货币体系

一、国际金融

（一）国际金融的内容与作用

国际金融（international finance），就是国家和地区之间由于国际金融的经济、政治、文化等联系而产生的货币资金的周转和运动。国际金融由国际收支、国际汇兑、国际结算、国际信用、国际投资和国际货币体系等构成，它们之间相互影响，相互制约。例如，国际收支必然产生国际汇兑和国际结算，国际汇兑中的货币汇率对国际收支又有重大影响，国际收支的许多重要项目同国际信用和国际投资直接相关等。

国际金融与一国的国内金融既有密切联系，又有较大区别。国内金融主要受一国金融法令、条例和规章制度的约束，而国际金融则受到各个国家互不相同的法令、条例以及国际通用的惯例和通过各国协商制订的各种条约或协定的约束。由于各国的历史、社会制度、经济发展水平各不相同，它们在对外经济、金融领域采取的方针政策有很大差异，这些差异有时会导致十分激烈的矛盾和冲突。

国际金融学则是研究国际范围内货币与金融关系的一门关键性学科。国际金融学是金融学（或经济学）研究领域的一个重要分支，随着各国间的交往日益频繁，人们越来越重视对国际金融学的学习和研究。

1.国际金融的基本内容

作为一个学科，国际金融学可以分为两个构成部分，即国际金融学（理论、体制与政策）和国际金融实务。国际金融学包括：国际收支、外汇与汇率、外汇管理、国际储备、国际金融市场、国际资本流动、国际货币体系、地区性的货币一体化以及国际金融协调和全球性的国际金融机构等；国际金融实务的内容则包括：外汇交易（包括国际衍生产品交易）、国际结算、国际信贷、国际证券投资和国际银行业务与管理等。

（1）国际收支。按照国际货币基金组织的定义，国际收支是指一个国家在一定时期内由对外经济往来、对外债权债务清算而引起的所有货币收支。国际收支一般按一年、半年或一个季度计算。一国的国际收支不但反映它的国际经济关系，而且反映它的经济结构和经济发展水平。一国的国际收支要做到收支相抵、完全平衡是十分困难。因此，各国政府大都会采取各种干预措施，力求改善国际收支不平衡状况。

（2）国际汇兑。国际汇兑是指因办理国际支付而产生的外汇汇率、外汇市场、外汇管制等安排和活动的总和。外汇一般指充当国际支付手段、国际流通手段和购买手段的外国货币以及外币多付凭证。外汇管制是一个国家为维护本国经济权益和改善国际收支，对本国与外国的国际汇兑、国际结算等实施的限制和管理。

（3）国际结算。国际结算是指国际间办理货币收支调拨，以结清不同国家中两个当事人之间的交易活动的行为，它主要包括支付方式、支付条件和结算方法等。国际结算方式主要有汇款信用证和托收方式。根据进口业务和出口业务，汇款又分国外汇入汇款和汇出国外汇款；信用证又分出口信用证和进口信用证；托收又分出口托收和进口代收。国际结算是一项技术性很强的国际金融业务，且涉及许多复杂的社会、经济问题。社会制度不同、经济发展水平相异的国家或国家集团，对国际结算方式的要求和选择是不相同的。

（4）国际信用。国际信用是国际货币资金的借贷行为。最早的票据结算就是国际上货币资金借贷行为的开始，经过几个世纪的发展，现代国际金融领域内的各种活动几乎都同国际信用有着紧密联系。没有国际借贷资金不息的周转运动，国际经济、贸易往来就无法顺利进行。国际信用主要有：国际贸易信用、政府信贷、国际金融机构贷款、银行信用、发行债券、补偿贸易、租赁信贷等。国际信用同国际金融市场关系密切。国际金融市场是国际信用赖以发展的重要条件，国际信用的扩大反过来又推动国际金融市场的发展。国际金融市场按资金借贷时间长短可分为货币市场（国际短期资金借贷市场）和资本市场（国际中长期资金借贷市场）。国际金融市场中规模最大的是欧洲货币市场。

（5）国际投资。各国官方和私人对外国进行的投资，其总体就是全球范围的国际投资。国际投资是指投资者为获取预期的效益而将资本（社会主义为资金）或其他资产在国际间进行投入或流动，按照资本（或资金）运动特征和投资者在该运动中的地位来划分，国际投资有三类：①投资者投于国外的企业并对该企业的管理和经营进行控制的直接投资；②通过金融中介或投资工具进行的间接投资；③以上两类投资与其他国际经济活动混合而成的灵活形式投资。21世纪后，国际投资进入金融经济的新时代，对冲基金发挥了跨时代的作用。

（6）货币制度。国际制度是指自发或协商形成的有关国际交往中所使用的货币以及各国货币之间汇率安排的规则和协议，它是国际金融领域的重要组成部分。最初的国际货币制度是金本位制。

2.国际金融的主要作用

国际金融在世界经济发展中发挥着主要的作用，具体表现在以下方面：

（1）国际金融是各国之间经济联系的纽带。当今世界经济全球化，世界各国的经济联系越来越紧密，一国要扩展对外贸易、引进先进技术和利用外资，增强经济实力，提高人们的福利水平，都离不开国际金融。

（2）国际金融知识是经济、金融工作者必不可少的理论工具。在对外开放的格局下，财经理论研究者和实际工作者都应当学习和掌握一些国际金融知识、实务和理论，因为对外开放涉及的面很广，各种财经工作都与国际金融息息相关。

（3）发展外向型经济需要有更多的高素质金融人才。搞社会主义市场经济对人才的要求更加迫切，从某种意义上而言，市场经济就是人才经济，人才就是生产力，人才是在竞争中取胜的最重要砝码。同时，市场经济对人才培养提出了更高的要求，尤其培养出复合型、实用型、外向型人才，国际金融方面的人才就属于外向型人才。外向型人才深受各实际工作单位的青睐，这是现今有目共睹的。

（4）国际金融理论有利于解决世界经济发展中的现实问题。在研究国际金融基础理论的同时，通过对国际收支、国际储备、国际货币体系、国际金融市场、国际金融机构的具体分析，对外汇与汇率、外汇交易、外汇管制以及外汇风险管理进行深层探讨，并深入研究国际资本流动规律，透视国际金融危机发生的根本原因，并提出解决问题的基本思路和具体架构。同时，学习国际金融有利于开拓分析研究经济问题的视野，拓宽筹资融资渠道，扩大经济实体的发展空间。

（二）国际金融组织的分析

国际金融组织相继出现并在国际货币关系与世界经济的发展中起着越来越重要的作用，构成了国际金融领域的突出现象之一。在这些国际金融组织中，既有全球性政府间国际金融组织，如国际货币基金组织（IMF）、世界银行集团（IBRD）等，又有洲际性政府间国际金融组织，如亚洲开发银行（ASDB）、非洲开发银行（AFDB）、泛美开发银行（IDB）、欧洲投资银行（EIB）等，还有某些地区一些国家建立的国际金融组织，如亚洲清算联盟（ACU）、阿拉伯货币基金组织（AMF）、西非开发银行（WADB）、加勒比开发银行（CDB）等。各个国际金融组织都在其特定方面和特定地域的国际金融活动中发挥着重要的作用和影响，尤其是全球性和洲际性的国际金融组织的作用和影响更加突出。

1.国际货币基金组织分析

（1）国际货币基金组织的基本宗旨。国际货币基金组织成立时制定了六条宗旨：第一，为会员国在国际货币问题上进行磋商和协作提供需要的机构，促进国际合作；第二，促进国际贸易的扩大和均衡发展，借以达到高水平的就业与实现收入，并扩大会员国的生产能力；第三，促进汇率稳定和会员国间井井有条的汇率安排，以避免竞争性的货币贬值；第四，为会员国经常性交易建立一个多支付和汇兑制度，并极力消除阻碍世界贸易发展的外汇管理制；第五，在临时性的基础上适当的保障下，为会员国融通资金，使它们在无须采取有损于本国和国际经济繁荣的情况下，纠正国际收支的失衡；第六，力争缩短会员国国际收支失衡的持续时间，并减轻其程度。

另外，《国际货币基金组织协定》还明确了国际货币基金组织的根本任务：通过对会员国提供短期信用贷款来减缓各国由于国际收支危机所引起的货币贬值竞争与外汇管制等，以维持汇率的稳定，促进国际贸易的发展，提高就业水平和增加国际收入。

国际货币基金组织的基本职能可以归结为三个方面：一是通过制定国际金融和货币事务中的行为准则来实行其管理职能；二是向会员国提供短期信用贷款，调整收支的不平衡，维护汇率稳定；三是为会员国就货币与资金问题进行协商与合作提供场所。概括起来，国际货币基金组织的宗旨就是维护国际货币体系的稳定。

（2）国际货币基金组织的组织机构。国际货币基金组织由理事会（board of governors）、执行董事会（board of executive directors）、总裁（managing director）和业务机构组成。

①理事会。国际货币基金组织理事会是国际货币基金组织的最高权力机构，由各会员国各派1名理事和1名副理事组成，一般是由财政部部长或中央银行行长担任理事，而各国外汇管理机构的负责人担任副理事，副理事只在理事缺席时才有投票权。理事与副理事任期5年，可连任，任免由各会员国自定。作为最高权力机关的理事会的主要职权是：批准接纳新会员国；修改基金份额；普遍调整各会员国货币平价；决定会员国退出基金组织；讨论决定有关国际货币制度等重大问题。理事会每年举行一次会议，所有会员国都参加。

②执行董事会。国际货币基金组织执行董事会是基金组织负责处理日常业务的常设机构，它受理事会委托，定期处理各种行政和政策事务，如审议会员国提出的资金申请，制定一般决策与决定，向理事会提出年度报告，对会员国经济与金融方面的问题进行研究等。

③总裁。国际货币基金组织设总裁1人，由执行董事会推选产生。总裁是执行董事会的当然主席和基金组织最高行政首脑，总管基金组织的业务工作。总裁下设副总裁（deputy managing director）1人，辅佐总裁工作。总裁可出席董事会，但没有投票权；在执行董事会进行表决时，总裁也只有在双方票数相等时，才可以投关键1票，平时也无投票权。总裁和副总裁任期5年。

④业务职能机构。国际货币基金组织下设五个地区部和五个职能部以及资料、统计、联络、行政、秘书、语言服务等部门。五个地区部为亚洲部、非洲部、欧洲部、中东部和西半球部。五个职能部是汇兑与贸易部、财政事务部、法律部、调研部和资金出纳部。

国际货币基金组织是以会员国入股方式组成的企业经营性质的金融机构。凡是愿意履行国际货币基金协定的国家或地区都可以加入该组织。其具体程序是：提交申请，经执行董事会商定加入的条件；交理事会批准；最后在协定上签字。会员国若自愿退出，只要书面通知国际货币基金组织即可；若会员不履行协定规定义务，国际货币基金组织有时可强制其退出。

（3）国际货币基金组织的资金来源及业务活动。

①国际货币基金组织的资金来源。国际货币基金组织的资金来源主要由以下部分构成：

第一，会员国缴纳的基金份额。会员国缴纳的基金份额是国际货币基金组织最主要的资金来源，份额在性质上相当于股东加入股份公司的股金，会员国缴纳后，即成为国际货币基金组织的财产（资本）。这些份额起着国际储备的作用，主要用以解决会员国国际收支失衡时的短期资金需要。各会员国缴纳的基金份额的多少依据各国的国民收入、外汇储备、国际收支状况及其他经济指标，由国际货币基金组织与成员国协商决定。会员国所缴纳的基金份额，可以起到以下作用：构成基金组织发放短期信用的资金来源；决定会员国投票权的大小；决定会员国从基金组织借款或提款额度的高低；决定会员国分得特别提款权的多少。

第二，借款。借款是指国际货币基金组织在与会员国协调后向会员国借入的资金作为国际货币基金组织的另一个来源，主要用以对会员国提供资金融通。

第三，信托基金（trust fund）。国际货币基金组织将所得利润作为信托基金，用于向最贫穷的会员国提供信贷，它是一项新的特殊的资金来源。

②国际货币基金组织的主要业务活动。设立国际货币基金组织的目的最初在于维护布雷顿森林体系的正常运行，因而其业务活动主要是同汇率监督、储备资产创造和对国际收支赤字国家提供短期资金融通相联系，并为会员国提供各种培训咨询服务。

第一，汇率监督。为了保持有秩序的汇率安排，国际货币基金组织一方面要求会员国在出现国际收支根本性失衡的情况下，与之协商是否改变会员国的货币平价；另一方面对会员国的宏观经济政策进行检查和协调。汇率监督的主要内容是："在会员国总的经济情况和经济政策战略的一种广泛分析结构内"评估会员国的经济政策；促进国际货币合作和国际金融合作；限制成员国家实行外汇管制和其他贸易壁垒，以促进国际贸易的发展。

第二，创造储备资产。为了弥补国际储备的不足，国际货币基金组织创设了提款权，为成员国提供了一种新的储备资产和一项新的资金来源。

第三，资金融通。向会员国提供资金融通是基金组织最主要的业务活动。具体而言，国际货币基金组织主要对会员国提供八种类型的贷款：①普通贷款

（normal credit tranches）是基金组织最基本的一种贷款，用于弥补会员国一般国际收支逆差的短期资金需要；②出口波动补偿贷款（compensation financing of export fluctuations）是初级产品出口国家出口收入短期下降而发生国际收支困难时，在普通贷款之外可另申请一项专用贷款；③中期贷款（extended facility）主要用于解决会员国长期的国际收支困难；④缓冲库存贷款（buffer stock financing facility）用于帮助初级产品出口国家为稳定国际市场上初级产品价格，而建立缓冲库存的资金需要；⑤石油贷款专门为解决石油危机所致的国际收支困难的资金需要而设立的一种临时性贷款，贷款对象既有发展中国家，也包括因石油涨价而引起收支困难的发达国家；⑥补充贷款，（supplementary financing facility）又称维特芬贷款（the Witteveen facility）用于补充普通贷款和中期贷款之不足，帮助会员国解决持续而严重的国际收支困难；⑦信托资金贷款（trust fund）用于向较贫穷的发展中国家提供优惠贷款；⑧扩大贷款（enlarged access policy）是补充贷款承诺完毕后，以同样条件提供的一项贷款，因而该借款实质上起着补充贷款的作用。

第四，技术援助与培训。国际货币基金组织对会员国提供有关国际收支、财政、货币、银行、外汇、外贸和统计等方面的咨询和技术援助，帮助会员国组织人员培训、编辑、出版各种反映世界和国际金融专题的刊物和书籍，以提高会员国有关人员的素质，而且基金组织作为联合国的专门机构，还积极参与联合国的相关活动。

（4）特别提款权机制。特别提款权（special drawing right，SDR）是国际货币基金组织创设的一种储备资产和记账单位，亦称"纸黄金"（paper gold）"，它是国际货币基金组织分配给会员国的一种使用资金的权利。会员国在发生国际收支逆差时，可用它向国际货币基金组织指定的其他会员国换取外汇，以偿付国际收支逆差或偿还国际货币基金组织的贷款，还可与黄金、自由兑换货币一样充当国际储备。但由于它只是一种记账单位，不是真正货币，使用时必须先换成其他货币，不能直接用于贸易或非贸易的支付。因为它是国际货币基金组织原有的普通提款权以外的一种补充，所以称为特别提款权。

2.世界银行集团组织分析

世界银行集团（World Bank Group）是世界银行及其两个附属机构（国际开发协会和国际金融公司）的统称。

（1）世界银行

①世界银行的基本宗旨。世界银行是国际复兴开发银行（International Bank for Reconstruction and Development，IBRD）的简称，它是布雷顿森林会议以后与国际货币基金组织同时产生的两个全球性金融机构之一。世界银行作为一个全球性政府间的国际金融组织，主要是为了资助会员国使其被破坏的经济获得复兴和

发展，对会员国提供中长期贷款，其基本宗旨是：第一，对用于生产目的的投资提供便利，以资助会员国的复兴和开发，并鼓励不发达国家生产和资源的开发；第二，通过保证或参与私人贷款和私人投资的方式，促进私人对外投资；第三，向会员提供广泛的技术援助，并用鼓励国际投资以开发会员国生产资源的方法，促进国际贸易长期均衡的增长和保持国际收支平衡；第四，提供贷款保证并与其他方面的国际贷款密切配合。可见，向会员国提供中长期信贷，促进会员国的经济复兴与开发，是世界银行的根本目的和根本任务所在。

②世界银行的组织结构。世界银行的组织机构与国际货币基金组织大体相似，主要由理事会和执行理事会组成。第一，理事会。世界银行理事会是世界银行的最高权力机关，由会员国各派1名理事和1名副理事组成，一般委派财政部长、中央银行行长或其他地位相当的高级官员担任，任期均为5年，并可连选连任。第二，执行理事会。世界银行执行理事会是世界银行负责处理日常事务的常设机构。第三，世界银行的办事机构、世界银行具有非常庞大的办事机构。

③世界银行的资金来源。世界银行的资金来源主要有三个：会员国缴纳的股金、借款、转让债权。另外，利润收入也是其资金来源之一。

第一，会员国缴纳的股金。世界银行是按股份公司的原则建立起来的企业性金融机构，凡会员国均需认购该行的股份。各会员国向世界银行缴纳的股金，依据各国的经济实力，并以它们各自在国际货币基金组织中所摊份额为标准，即根据各会员国在世界贸易和国际收支中所占的比重而定。

第二，借款。向国际金融市场借款，尤其是在世界资本市场上发行中长期债券是世界银行资金的另一个重要来源。由于世界银行借款业务的不断扩大，加上世界银行拥有国际上至高无上的债信评级，其向国际金融市场借款额与日俱增。

第三，转让债权。转让债权是世界银行的另一个资金来源，其主要内容是世界银行将贷出款项的债权转让给私人投资者（主要是商业银行）收回一部分资金，以扩大贷款资金的周转能力，进而扩大贷款能力。近年来，这种资金来源在世界银行业务中的重要性有进一步提高的趋势。另外，世界银行历年业务活动中的利润收入也是其资金来源之一。

④世界银行的主要业务活动。世界银行的业务活动主要体现在以下方面：一是为会员国尤其是发展中国家经济的复兴与开发提供中长期贷款；二是为私人向发展中国家投资、贷款提供担保。

第一，提供贷款。提供贷款是世界银行最主要、最基本的业务活动。从国别来看，世界银行的贷款主要是提供给中等收入国家；从经济部门来看，重点是设施项目贷款，这主要是贷款条件的限制使然，这些条件主要是：①贷款限于会员国主要是中等收入水平的国家；贷款对象若为非会员国时，则必须有会员国政府、中央银行或世界银行认可的机构提供担保。②除了在特殊情况下发放非项目贷款（rum-project loan）外，申请的贷款必须用于一定的工程项目，包括交通、公共事业、农业和教育等。③申请贷款国的确不能以合理的条件从其他方面取得贷款时，世界银行才考虑贷款。④贷款只贷给有偿还能力的会员国，并且专款专用，接受世界银行的监督等。

世界银行的贷款同国际货币基金组织借款相比具有自身明显的特点：一是贷款期较长，短则数年，最长可达30年，中长期贷款总的平均年限在6～9年，宽限期4年。二是贷款利率适中，杂费很低。其利率一般参照市场利率，但低于市场利率，采用固定利率；从杂费看，只是对已订立借款契约而尚未支用部分按年征收0.75%的手续费。三是贷款用途较为广泛，既有一般项目贷款，也有结构调整贷款等。四是贷款数额不受份额限制。因此，世界银行贷款具有一定的优惠性，国际货币基金组织借款的不利因素可以从世界银行贷款的有利因素中得到部分弥补。

第二，提供投资担保。提供投资担保是世界银行一项较新的业务活动，主要是为促进发达国家向发展中国家进行直接投资提供担保。另外，世界银行还涉及其他业务活动，如向会员国提供技术援助，为发展中国家培训中高级专门人才，帮助会员国制定社会经济发展计划并提供某些特殊问题的解决方案等。同时，作为联合国的专门机构之一，还参与其他国际机构的相关活动。

（2）国际开发协会

①国际开发协会的基本宗旨。国际开发协会（international development association，IDA）是世界银行的附属机构之一，它的成立有其深刻的政治和经济背景。国际开发协会的基本宗旨是：以比世界银行更为优惠的条件专门向成员国中较贫穷的发展中国家提供长期贷款，促进其经济发展、生产和生活水平的提高；同时作为世界银行贷款的补充，促进世界银行目标的实现。国际开发协会又有"第二世界银行"之称，西方国家通常将世界银行当作国际复兴开发银行（提供硬贷款机构）和国际开发协会（提供软贷款机构）的总称。国际开发协会作为一个独立的全球性国际金融机构，也是联合国的专门机构之一。参加国际开发协会的会员国同时是世界银行的会员国，但世界银行会员国不一定必须参加该协会，国际开发协会年会与世界银行年会一起召开。

②国际开发协会的组织机构。国际开发协会的组织机构与世界银行相同，理事会是其最高权力机关，执行董事会是理事会下设的常设机构，负责组织领导日常业务工作。协会的正副理事、正副执行董事、正副经理分别由世界银行的正副理事、正副执行董事、正副行长兼任；其办事机构的各部门负责人也全由世界银行相应部门的负责人兼任。

③国际开发协会的资金来源。国际开发协会的资金来源主要有以下几个方面：第一，会员国认缴的资本。第二，补充资金（replenishment）。为了保证协会的财源，维持其日益增长的信贷需要，会员国在一定时期还须认缴一部分资金作为补充，其中，绝大部分由第一组会员国提供。第三，世界银行的拨款、世界银行拨款是世界银行从其净收益中拨给协会的资金。第四，协会业务经营的净收益。由于协会贷款条件极其优惠，这部分资金来源较少。

④国际开发协会的主要业务活动。国际开发协会的主要业务是向较贫穷的发展中国家的公共工程和项目等提供比世界银行更为优惠的长期贷款。世界银行所提供的资金一般称作"贷款"，是一种"硬贷款"，而国际开发协会所提供的资金一般称作"信贷"，是一种"软贷款"。国际开发协会的贷款程序与世界银行的要求一样，贷款用途也极为相似，一般用于农业和乡村发展、交通运输、教育、能源等基本建设项目、国际开发协会的信贷与世界银行的贷款唯一的区别是，国际开发协会只贷给发展中国家较贫穷的会员国。

（3）国际金融公司

①国际金融公司的基本宗旨。国际金融公司（International Finance Center，IFC）也是世界银行的附属机构之一。国际金融公司的宗旨主要是：配合世界银行的业务活动，向成员国特别是其中的发展中国家的重点私人企业提供无须政府担保的贷款或投资，鼓励国际私人资本流向发展中国家，以推动这些国家私人企业的成长，促进其经济发展。

②国际金融公司的组织机构。国际金融公司的组织机构和管理办法与世界银行相同，其最高权力机构是理事会；理事会下设执行董事会，负责处理日常事务。正副理事、正副执行董事也就是世界银行的正副理事和正副执行董事。总经理由世界银行行长兼任。总经理下设若干办事部门，其工作也由世界银行相应机构、人员担任。

③国际金融公司的资金来源。国际金融公司的资金来源主要有三个方面：第一，会员国缴纳的股金。各会员国应缴股金额的大小，与其在世界认缴股金呈正比。第二，从世界银行和其他来源借入的资金。从世界银行和其他来源借入的资金是国际金融公司最主要的资金来源。第三，国际金融公司业务经营的净收入。

④国际金融公司的主要业务活动。根据国际金融公司的宗旨，国际金融公司的主要业务有以下方面：第一，对会员国私人企业提供无须政府担保的贷款。贷款对象主要是亚非拉发展中国家的制造业、加工业及开采业、公用事业和旅游业等。第二，对私人企业进行投资，直接入股。投资对象主要是发展中国家的集体所有制和公司合营企业。20世纪80年代以来，国际金融公司的业务呈现多样化的趋势。如参与发展中国家国有企业私有化及企业改组活动、向发展中国家中的重

债国提供有关债务转换为股本的意见安排等。

3.其他区域性国际金融组织分析

国际金融机构作为国际金融管理和国际金融活动的超国家性质的组织,除了全球性,还有许多是区域性的,它们在国际货币金融关系的特殊领域和特定方面同样发挥着极为重要的作用。区域性国际金融机构的建立,一方面是为了抑制超级大国对国际金融事务的控制和操纵;另一方面则是适应本区域内各国经济合作的实际需要,谋求本区域各国经济的持续稳定发展。

(三)　国际金融市场的类别划分

国际金融市场有广义和狭义之分。广义的国际金融市场,是指进行各种国际金融业务活动的场所。这些业务活动包括长、短期资金的借贷、外汇与黄金的买卖等。狭义的国际金融市场,是指在国际间经营借贷资本即进行国际借贷活动的市场,也称国际资金市场。国际金融市场在经历了伦敦国际金融市场、纽约国际金融市场、欧洲货币市场等几个重要发展阶段后,目前已经进入了一个新的历史发展时期。

1.国际资本市场

世界经济从严格的国别壁垒和分割走向全面的区域联合和一体化,资本作为经济发展的要素之一,率先实现了大范围的跨国界流动,而国际资本市场则经历了由分割到融合进而走向全球化的发展历程。从总体上看,国际资本市场始终保持规模持续扩张的态势,资本跨国流动的影响范围不断扩大,换言之,全球化始终是国际资本市场的发展指向和最终目标,并成为21世纪初期国际资本运动的主要特征之一。国际资本市场,又称"国际借贷市场",是指国际借贷资本集中的场所,也是国际资本以货币形式进行交易和流通的国际存贷活动场所,一般是指对期限在一年或者一年以上的金融工具进行跨境交易的市场。通过资金的借贷及债券发行,促进资金在国际间移动和再分配。按借贷形式,分为国际信贷市场和国际债券市场。信贷市场又分为长期信贷市场和短期信贷市场。国际债券市场又分为欧洲债券市场和外国债券市场。

(1)国际资本市场的功能。国际资本市场有五个主要功能:第一,提供了一种机制,使资本能迅速有效地从资本盈余单位向资本不足单位转移,此时资本市场承担了一级市场功能,只有一级市场才能通过发行和增发新的证券,为资金需求者提供新的资金来源。第二,为已发行证券提供充分流动性的二级市场,即发行证券的流通市场,二级市场的存在是为了保证一级市场更有效地运行,二级市场上投资人可以通过不断调整其资产组合来降低风险,获取最大收益,并且随时使证券变现;同时发行人也可以迅速并持续地从社会上募集扩张所需的资金。第三，能够更广泛地吸引国外资本或国际资本，提高资本使用效率及跨空间调配速度。第四，能够以较低的成本吸收资本，降低融资成本，提高资金运作效率。第五，能够通过发行国际证券的形式或创造新的金融工具，规避风险，逃避各国的金融、外汇管制及税收问题。

（2）国际资本市场的类型。按照借贷方式不同，资本市场分为银行中长期贷款市场和证券市场两种类型：第一，银行中长期贷款市场。银行中长期贷款主要用于外国企业固定资本投资的资金需要。第二，证券市场。证券的种类主要有政府债券，股票、公司债券、国际债券等几种。证券市场又分为发行市场和交易市场：证券发行市场是新证券发行市场，也称初级市场或一级市场，它的功能在于，工商企业或政府通过发行市场，将新证券销售给投资者，以达到筹措资金的目的；证券交易市场是已发行证券的流通市场，包括证券交易所（stock exchange）和场外交易市场（Over-the-counter）。证券交易所是最主要的证券交易场所，是多数国家唯一的证券交易市场，在有些国家也称为二级市场。在交易所内买卖的证券是上市的证券。场外交易市场，是买卖不上市的证券的市场，而由证券商在其营业所自营或代客买卖。

2.国际货币市场

国际货币市场主要是指各国银行对多种货币所开展的业务活动。货币市场是经营期限在一年以内的借贷资本市场，常用的借贷方式如银行信贷、同业拆放等短期周转的业务。在货币市场上发行和流通的票据、证券也是短期的，如国库券、商业票据、银行承兑汇票和转让大额定期存单等。这些票证的共性是期限短、风险小和流动性强，都具有活跃的次级市场，随时可以出售变成现金。由于这些票证的功能近似于货币，所以把短期信贷和短期票证流通的市场叫作货币市场。国际货币市场的类型，主要有以下两种：

（1）银行短期信贷市场。银行短期信贷市场主要包括银行对工商企业的信贷和银行同业拆放市场。银行对工商企业的信贷主要解决企业流通资金的需要，银行同业拆放市场主要解决银行平衡一定头寸、调节资金余缺的需要。

第一，银行短期信贷市场。外国工商企业在西方国家的货币市场上进行存款或放款。首先应注意的是利息率惯例。

第二，银行同业拆放市场。银行同业拆放是指银行同业间互相拆入、拆出资金，是银行筹措资金的一种行为。它既可以通过货币经纪人进行，又可以在银行之间直接进行。国际银行同业拆放市场具有以下特点：一是交易期短。由于同业拆放主要用于银行的头寸调整，故期限都比较短，一般以隔夜拆放为多，绝大部分是1天期至3个月期，3个月以上到1年的较少。二是交易量大。由于同业拆放是在银行之间进行的，因此每笔的交易金额都比较大，如伦敦同业拆放市场每笔交易金额最低限价为25万英镑。三是交易手续简单。银行同业之间的拆放不需要签订协议，也无须提供抵押品，有时仅以电话联系就可以完成资金的拆放。四是交易利率的非固定性和双向性。其利率随市场利率的变化而变化，不采用固定利率；交易利率有拆出利率与拆进利率之分，通常是拆进利率低于拆出利率。

（2）可转让定期存单市场。可转让定期存单（CD，简称定期存单）是指银行发行对持有人偿付、具有可转让性质的定期存款凭证。凭证上载有发行的金额及利率，还有偿还日期和方法。

（3）商业票据市场。商业票据是指没有抵押品的短期票据。而商业票据市场则是进行短期信用票据交易的市场。从本质上而言，商业票据是以出票人本身为付款人的本票，由出票人许诺在一定时间、地点付给收款人一定金额的票据。商业票据是最早的信用工具，起源于商业信用。而商业信用的出现先于金融市场的产生。在没有金融市场时，商业票据没有流通市场，只能由收款人保存，到期才能收款。到有了银行，有了金融市场，商业票据的持有者才可以拿商业票据到银行去抵押，到市场上去贴现，提前取得资金。近年来更进一步演变为一种单纯的用在金融市场上融通筹资的工具，虽名为商业票据，却是没有实际发生商品或劳务交易为背景的债权凭证。在商业票据市场进行交易的短期信用票据主要有国库券、短期借款票据、银行承兑汇票、定期存款单等。国库券是西方国家政府为满足季节性财政需要而发行的短期政府债券。

（4）银行承兑汇票市场。银行承兑汇票是指发票人签发一定金额委托付款人于指定的到期日无条件支付于收款人或持票人的票据，它以银行为付款人并经银行承兑的远期汇票。汇票在性质上属于委托证券，是由发票人委托付款人付款，而本票是由发票人自己付款，两者的区别是明显的。"承兑"就是银行为付款人，表示承诺汇票上的委托支付，负担支付票面金额的义务的行为。一旦银行在汇票上盖上"承兑"字样，汇票就成为银行的直接债务，在此后银行负有于汇票到期时支付现金给持票人的义务。

（5）贴现市场。贴现是指持票人以未到期票据向银行兑换现金，银行将扣除自买进票据日（贴现日）到票据贴现周期的利息（贴现息）后的余额付给持票人。从本质上看，贴现也是银行放款的一种形式，这种方式与一般放款的差别在于是在期初本金中扣除利息，不是在期末支付利息。贴现在西方国家是货币市场的一项重要融资活动，它是银行与票据经纪人成立的公共的贴现市场。贴现市场在英国是英格兰银行与商业银行间的桥梁，也是英国金融制度的一个特色。

3.国际黄金市场

黄金市场是指集中进行黄金买卖和金币兑换的交易市场。一般可分国内黄金市场与国际黄金市场两种类型。国内黄金市场只允许本国居民参加，不允许非居民参加并禁止黄金的输出输入。国际黄金市场只允许非居民参加或居民与非居民均可参加，对黄金的输出输入不加限制或只有某种程度的限制，是国际金融市场的重要组成部分。

黄金市场上的黄金交易具有两种性质：一是黄金作为商品而买卖，即国际贸易性质；二是黄金作为世界货币而买卖，用于国际支付结算，即国际金融性质。

（1）国际黄金市场的职能。黄金市场的发展不但为广大投资者增加了一种投资渠道，而且还为中央银行提供了一个新的货币政策操作的工具。

①黄金市场的保值增值功能。因为黄金具有很好的保值、增值功能，这样黄金就可以作为一种规避风险的工具，这和贮藏货币的功能有些类似。黄金市场的发展使得广大投资者增加了一种投资渠道，从而可以在很大程度上分散投资风险。

②黄金市场的货币政策功能。黄金市场为中央银行提供了一个新的货币政策操作的工具，也就是说，中央银行可以通过在黄金市场上买卖黄金来调节国际储备构成以及数量，从而控制货币供给。虽然黄金市场的这个作用是有限的，但是由于其对利率和汇率的敏感性不同于其他手段，从而可以作为货币政策操作的一种对冲工具。随着黄金市场开放程度的逐步加深，它的这个功能也将慢慢显现出来。换言之，通过开放黄金市场来深化金融改革是中国的金融市场与国际接轨的一个客观要求。

（2）黄金的市场交易方式。国际黄金市场的交易方式主要有现货交易和期货交易两种方式。

①黄金现货交易及其特点。国际黄金市场上黄金现货交易的价格较为特殊。在国际黄金市场上的黄金现货交易价格，分为定价交易和报价交易两种：①定价交易的特点是提供客户单一交易价，即无买卖差价，按所提供的单一价格，客户均可自由买卖，金商只收取少量的佣金。定价交易只在规定的时间里有效，具体时间视供求情况而定。定价交易是指世界各黄金市场均以此调整各自的金价。定价交易结束后，即恢复正常的黄金买卖报价活动。②报价交易的特点就是有买价、卖价之分。一般是在定价交易以外的时间进行报价交易。在国际黄金市场上的报价交易是由买卖双方自行达成的，其价格水平在很大程度上受定价交易的影响。但一般而言，报价交易达成的交易数量要多于定价交易达成的现货交易数量。

②黄金期货交易及特点。在国际黄金市场上进行的期货交易，又分保值交易和投机交易两种。保值交易是指人们出于寻求资产价值"庇护所"的意图，而购买黄金的活动。当然，也有的是以避免由于金价变动而遭受损失为目的而进行黄金买卖的。一般而言，套期交易是保值的理想办法。对套期交易者而言，期货市场是最方便的购销场所。国际黄金市场上的投机交易，则是利用市场金价波动，通过预测金价在未来时期的涨跌趋势，买空或卖空，从中谋取投机利润。在进行

期货投机时，当投机者预测市场金价将会下跌时，便卖出期货，即所谓的做"空头"或"卖空"。

（3）国际黄金市场的类型。国际黄金市场可根据其性质、作用、交易类型和交易方式、交易管制程度和交割形式等作不同的分类。

①按其性质和对整个世界黄金交易的影响程度，可分为主导性市场和区域性市场。第一，主导性市场是指其价格的形成及交易量的变化对其他黄金市场起主导性作用的市场；第二，区域性市场主要指交易规模有限，且大多集中在本地区并对整个世界市场影响不很大的市场。

②按交易类型和交易方式的不同，可分为现货交易和期货交易。所谓现货交易，是指交易双方成交后两个营业日内交割的一种交易方式。所谓期货交易是指交易双方按签订的合约在未来的某一时间交割的一种交易方式。

③按对黄金交易管理程度的不同，可分为自由交易市场和限制交易市场。第一，自由交易市场。这是指黄金可以自由输出与输入，居民和非居民均可自由买卖的黄金市场，如苏黎世。第二，限制交易市场。又可分为两种情况：一是黄金的输出与输入一般要受管制，只准非居民自由买卖，而不准居民进行自由交易的黄金市场；二是对黄金的输出与输入实行管制，只准许居民自由买卖的国内黄金市场。

4.国际外汇市场

（1）国际外汇市场的特点。国际外汇市场是指国际上经营外币和以外币计价的票据等有价证券买卖的场所和行为，它是国际金融市场的主要组成部分。外汇市场不仅是一个外币兑换的概念，目前许多交易者应用外汇交易为理财工具。近年来，外汇市场之所以能被越来越多的人所青睐，这与外汇市场本身的特点密切相关。外汇市场的主要特点如下：

①有市无场。投资者则通过经纪公司买卖所需的商品，这就是"有市有场"。而外汇买卖则是通过没有统一操作市场的行商网络进行的，它不像股票交易有集中统一的地点。欧洲等西方国家的金融业基本上有两套系统，即集中买卖的中央操作和没有统一固定场所的行商网络。全球外汇市场平均每天有上万亿美元的交易，如此庞大的巨额资金，就是在这种既无集中的场所又无中央清算系统的管制，以及没有政府的监督下完成清算和转移。

②循环作业。由于全球各金融中心的地理位置不同，亚洲市场、欧洲市场、美洲市场因时间差的关系，连成了一个全天24小时连续作业的全球外汇市场。这种连续作业，为投资者提供了没有时间和空间障碍的理想投资场所，投资者可以寻找最佳时机进行交易。因此，外汇市场是一个没有时间和空间障碍的市场。

③零和规则。零和规则是指在市场交易中一方的收入意味着另一方的损失。

各方的收入和损失之和为零。同样，在外汇交易市场上，投资者卖方的收入与买方的损失，或者买方的收入与卖方的损失是一样的。

（2）国际外汇市场的类型。按照不同的划分方法，国际外汇市场可以划分出不同的种类。

①按外汇市场的外部形态分类。按外汇市场的外部形态进行分类，外汇市场可以分为无形外汇市场和有形外汇市场。

第一，无形外汇市场，也称为抽象的外汇市场，是指没有固定、具体场所的外汇市场，其主要特点是：没有确定的开盘与收盘时间；外汇买卖双方无须进行面对面的交易，外汇供给者和需求者凭借电传、电报和电话等通信设备进行与外汇机构的联系；各主体之间有较好的信任关系，否则，这种交易难以完成。除了个别欧洲大陆国家的一部分银行与顾客之间的外汇交易还在外汇交易所进行外，世界各国的外汇交易均通过现代通信网络进行。无形外汇市场已成为今日外汇市场的主导形式。

第二，有形外汇市场，也称为具体的外汇市场，是指有具体的固定场所的外汇市场，这种市场的主要特点是：①固定场所一般指外汇交易所，通常位于世界各国金融中心。②从事外汇业务经营的双方都在每个交易日的规定时间内进行外汇交易；在自由竞争时期，西方各国的外汇买卖主要集中在外汇交易所。但进入垄断阶段后，银行垄断了外汇易，致使外汇交易所日渐衰落。

②按外汇所受管制程度分类。按外汇所受管制程度进行分类，外汇市场可以分为自由外汇市场、外汇黑市和官方市场。

第一，自由外汇市场是指政府、机构和个人可以买卖任何币种、任何数量外汇的市场。自由外汇市场的主要特点是：买卖的外汇不受管制；交易过程公开。

第二，外汇黑市是指非法进行外汇买卖的市场。外汇黑市的主要特点是：在政府限制或法律禁止外汇交易的条件下产生的；交易过程具有非公开性。由于发展中国家大多执行外汇管制政策，不允许自由外汇市场存在，所以这些国家的外汇黑市比较普遍。

第三，官方市场是指按照政府的外汇管制法令来买卖外汇的市场。这种外汇市场对参与主体、汇价和交易过程都有具体的规定。在发展中国家，官方市场较为普遍。

③按外汇买卖的范围分类。按外汇买卖的范围进行分类，外汇市场可以分为外汇批发市场和外汇零售市场。外汇批发市场是指银行同业之间的外汇买卖行为及其场所，其主要特点是交易规模大；外汇零售市场是指银行与个人及公司客户之间进行的外汇买卖行为及其场所。

（3）国际外汇市场的职能。外汇市场的功能，主要表现在以下方面：

①实现购买力的国际转移。国际贸易和国际资金融通至少涉及两种货币，而不同的货币对不同的国家形成购买力，这就要求将该国货币兑换成外币来清理债权债务关系，使购买行为得以实现。而这种兑换就是在外汇市场上进行的。外汇市场所提供的就是这种使购买力转移交易得以顺利进行的经济机制，它的存在使各种潜在的外汇售出者和外汇购买者的意愿能联系起来。当外汇市场汇率变动使外汇供应量正好等于外汇需求量时，所有潜在的出售和购买愿望都得到了满足，外汇市场处于平衡状态之中。这样，外汇市场提供了一种购买力国际转移机制。同时，由于发达的通信工具已将外汇市场在世界范围内联成一个整体，使得货币兑换和资金汇付能够在极短时间内完成，购买力的这种转移变得迅速和方便。

②提供资金融通。外汇市场向国际间的交易者提供了资金融通的便利。外汇的存贷款业务集中了各国的社会闲置资金，从而能够调剂余缺，加快资本周转。外汇市场为国际贸易的顺利提供了保证，当进口商没有足够的现款提货时，出口商可以向进口商开出汇票，允许延期付款，同时以贴现票据的方式将汇票出售，拿回货款。外汇市场便利的资金融通功能也促进了国际借贷和国际投资活动的顺利进行。

③提供外汇保值和投机的机制。在以外汇计价成交的国际经济交易中，交易双方都面临着外汇风险。由于市场参与者对外汇风险的判断和偏好的不同，有的参与者宁可花费一定的成本来转移风险，而有的参与者则愿意承担风险以实现预期利润。由此产生了外汇保值和外汇投机两种不同的行为。在金本位和固定汇率制下，外汇汇率基本上是平稳的，因而就不会形成外汇保值和投机的需要及可能。而浮动汇率下，外汇市场的功能得到了进一步的发展，外汇市场的存在既为套期保值者提供了规避外汇风险的场所，又为投机者提供了承担风险、获取利润的机会。

（4）国际外汇市场的作用。国际外汇市场在外汇交易过程中的主要作用有：

①国际清算。因为外汇就是作为国际间经济往来的支付手段和清算手段的，所以清算是外汇市场的最基本作用。

②兑换功能。在外汇市场买卖货币，把一种货币兑换成另一种货币作为支付手段，实现了不同货币在购买力方面的有效转换。国际外汇市场的主要功能就是通过完备的通信设备和先进的经营手段提供货币转换机制，将一国的购买力转移到另一国交付给特定的交易对象，实现国与国之间货币购买力或资金的转移。

③授信。由于银行经营外汇业务，它就有可能利用外汇收支的时间差为进出口商提供贷款。

④套期保值。即保值性的期货买卖。这与投机性期货买卖的目的不同，不是为了从价格变动中牟利，而是为了使外汇收入不会因日后汇率的变动而遭受损失，

这对进出口商而言较为重要。如果当出口商有一笔远期外汇收入，为了避开因汇率变化而可能导致的风险，可以将此笔外汇当作期货卖出；反之，进口商也可以在外汇市场上购入外汇期货，以应付将来支付的需要。

⑤"多头"和"空头"投机。在外汇期货市场上，投机者可以利用汇价的变动牟利，产生"多头"和"空头"，对未来市场行情有一定的影响。"多头"是预计某种外汇的汇价将上涨，即按当时价格买进，而待远期交割时，该种外币汇价上涨，按"即期"价格立即出售，就可谋取汇价变动的差额。相反，"空头"是预计某种外币汇价将下跌，即按当时价格售出远期交割的外币，到期后，价格下降，按"即期"价买进补上。这种投机活动，是利用不同时间外汇行市的波动进行的。在同一市场上，也可以在同一时间内利用不同市场上汇价的差别进行套汇活动。

二、国际货币体系

国际货币体系是对货币在国际范围内发挥世界货币职能所确定的原则、采取的措施以及建立的组织形式的总称。它的作用是为了确保外汇市场的有序与稳定，促成国际收支问题的解决，并且为遭遇破坏性冲击的国家或地区提供获得国际信用的便利。国际货币体系作为世界经济运行的重要制度背景，它既由全球实体经济运行的模式所决定，同时又对全球实体经济的运行绩效产生较大的影响。

（一）国际货币体系的主要特征

现行国际货币体系即美元本位制的上述属性、决定了它在诸如国际储备资产的供应、汇率制度选择、国际收支调节、国际资本流动以及货币体系运行与演进等方面具有以下特征：

（1）国际储备资产形成以美元为主体的多元化。从国际储备资产的供应看，尽管美元是最主要的储备货币，但欧元和日元（特别是欧元）也承担着部分国际储备货币的职能。尽管在现实中美元最具有成为现行国际货币体系的本位货币的实力，但没有法律意义上的明确承诺。这不仅在实质上导致现行国际货币体系下名义货币锚的缺失，即使得美国的货币政策行为不必受到纪律约束，而且在某种程度上使其他国家的货币政策行为更具有任意性。

（2）汇率制度多元化与主要货币的频繁波动。从汇率制度的选择看，现行国际货币体系明确了货币自由浮动的合法性以及"操纵汇率"的非法性，但由于界定"操纵汇率"极为困难，因此各国货币当局的汇率政策行为难以受到有效的约束。美元作为现行国际货币体系的本位货币，而成为除欧元区以外大多数国家的（准）货币锚。尽管在亚洲、美洲以及其他地区许多国家普遍实行盯住汇率制，即在短期内非正式地盯住美元，但这种"软盯住"缺乏可信度，由此决定了美元本位制不足以确保汇率稳定。

（3）国际收支调节机制的多元化与集团化管理趋势。从国际收支调节与国际货币合作看，国际收支调节机制在现行国际货币体系下实现了多样化，即各成员国可以灵活运用汇率机制、利率机制、国际货币基金组织的短期贷款以及国际金融市场与商业银行的融资等多种手段对其国际收支进行调节。与此同时，货币与汇率管理也呈现出联合管理和国家集团化管理的倾向。

（4）资本流动的自由化趋势。从国际资本流动看，绝大多数国家实现了资本项目自由化，资本的跨境流动基本上不受限制。当然，跨境资本流动（以及国际投机资本）方向的变动与汇率变动之间的相互交织，使二者更容易出现剧烈波动。为此，东亚许多新兴市场国家为了维持汇率和资本流动的相对稳定，不得不持有大量储备资产，以便随时干预外汇市场。

（5）国际金融机构及其监管治理的改革要求迫切。从国际金融机构的治理看，由国际货币基金组织向发生国际收支危机（因储备资产不足）的成员国提供附有严格条件的贷款，但其贷款条件的顺周期性以及国际货币基金组织代表性的不足，使国际社会有关改革国际货币基金组织的呼声日趋高涨。同时，从国际金融监管看，国际货币基金组织和国际清算银行（BIS）等国际金融机构对发达国家的金融市场既不能实行有效的国别监管，也不能实行有效的跨国监管。

（二）国际货币体系的改革前景

1.国际货币体系的改革

（1）改善美国经济的外部失衡。一些美国学者主张通过国际储备货币多元化改革限制美国的作用，改善美国经济的外部失衡。一方面，美元本位制造成美国过度依赖借贷和消费，助长了美国经济的外部失衡；另一方面，在美元本位制下，其他国家对美元储备资产的需求和对本国货币汇率的干预导致了美元汇率高估，从而影响了美国制造业的发展和就业的增加。为此，美国应支持国际储备货币多元化改革。

（2）欧元的崛起对现行国际货币体系提出了挑战。进入21世纪以来，欧元作为国际货币，其地位明显上升。全球金融危机发生后，法国和德国等欧盟国家的政府首脑最先提出了对美元本位制的质疑。欧盟国家试图通过推动国际货币体系改革，为提升欧元在国际货币体系中的地位创造必要的制度环境。

（3）新兴经济体在国际经济舞台上扮演着越来越重要的角色。近年来，新兴经济体纷纷崛起，并在国际经济和政治舞台上扮演着越来越重要的角色。全球金融危机发生后，新兴经济体相对快速的复苏与发展为全球所瞩目，其在全球经济治理中的地位也相应提升。为此，"金砖国家"政府首脑在全球金融危机发生后明确表态，支持国际储备货币多元化改革，以使其本国货币能够在国际货币体系中获得与其经济实力相匹配的地位。

（4）国际外汇储备大国逐渐成为国际金融体系中的重要力量。中国、日本等外汇储备大国希望通过建立多元化国际货币体系，分散外汇储备风险。全球金融危机发生后，美联储先后推出了四轮量化宽松货币政策，以刺激美国经济复苏。而这一政策导致全球流动性过剩，从而使中国、日本等外汇储备大国面临美元贬值的风险。为此，这些国家希望通过国际货币体系改革，即建立多元化的国际货币体系，以避免外汇储备资产价值的变化。就中国而言，建立多元化的国际货币体系可以为推进人民币国际化进程创造良好的外部环境，所以这也是中国积极支持国际货币体系多元化改革的重要原因之一。

2.国际货币体系改革的前景

在经济全球化迅速发展的今天，世界究竟应当选择一种怎样的本位货币以保证全球经济和金融的稳定与发展，仍是一个需要思考和研究的问题。从理论上说，能够充当国际本位货币的货币必须具备四个条件，即经济基本面良好（经济实力要足够强大）、币值稳定、金融市场发达以及拥有规模巨大的货币交易网络。从现实情况来看，目前正在参与这一竞争的国际货币主要有美元、欧元以及日元，其中美元作为国际储备货币的比重远远超过欧元和日元（目前美元是国际本位货币，而欧元和日元是国际化的货币）。在国际贸易的计价和结算中，交易者更愿意使用美元；在其他金融交易活动中投资者也更愿意持有美元资产。美元在现行国际货币体系中的这种主导地位是美国经济在全球经济中主导地位的体现。只要美国经济在全球经济中的主导地位不变，美元在国际货币体系中的主导地位就不会发生根本的变化。

因此，从路径依赖的角度看，短期内没有一种货币能够取代美元的强势货币地位。换言之，以美元为本位货币的国际货币体系仍将"惯性运行"。创建一种能够约束美国货币当局肆意增加美元发行量以有效控制全球金融风险的机制。至于这一改革的最终目标，则是建立一个统一的、不以某个国家的本位货币为主导的、多元化的国际货币体系。

第三节　国际贸易体制与跨国融资并购

一、国际贸易体制

现行的国际贸易体系是一个不断变革、不断发展的结果，随着贸易内容、贸易形式、贸易工具以及与贸易相关的支付方式等发生深刻变化，贸易体系的改革也在继承、发展、创新的过程中不断取得阶段性的突破。同样，国际贸易的发展也紧密依附于是否存在与其相适应的国际贸易体系。因此，一旦贸易体系的改革与国际贸易的发展之间出现脱节现象，就会创造出体系改革的原动力，推动体系改革的良性发展。

从当前国际贸易的规模及内容等来看，相比20世纪末期，其都已发生了巨幅变化，但与此相对，贸易体系内部的运作机制、决定机制等均没有发生相应的调整，而且利益分配不均的矛盾也越发尖锐，逐渐演变为新一轮贸易体系改革的推动力。而且，随着经济全球化程度的不断加深，参与国际自由贸易体系的成员数量不断扩张，促使贸易体系的结构、层次在广度和深度上都发生了深刻调整。因此，当前来看，国际贸易体系自身的调整、发展是不够的，并不能满足其体系内各利益集团的多样性及复杂性的需求，最终导致矛盾频发。换言之，经济实力和综合国力存在巨大差异的发展中国家和发达国家，发展阶段的差异性导致其利益衡量和价值判定存在着偏差，这就客观地加剧了彼此同在一个贸易体系内实现利益均衡的困难度。而且，这种困难是多元化、多层次的，既包括发展中国家与发达国家的对立，也包括发达国家内部及发展中国家内部的矛盾。

现行贸易体系的决定机制、标准设定、目标建设等基本取决于发达国家，发展中国家处于被动接受的从属地位，体系内格局分布的落差导致话题主导权和发言权迥然不同，由此发展中国家与发达国家两阵营间的利益冲突就成为现行贸易体系内最为主要的矛盾落脚点。

农业出口补贴、市场准入等传统敏感性问题不仅涉及彼此利益的协调和分配，而且关乎各成员方的国家安全与稳定，始终都未能在贸易体系自身的发展和进化过程中得以充分的消化。这类问题所表现出的失衡，突显了贸易体系改革的迫切性和必要性。

另外，地区性经贸合作化的全面展开加速了国际贸易体系的改革，而且地区贸易协定（Regional Trade Agreements，RTAs）的缔结成为多边贸易体制（Multilateral Trading System，MTS）内容扩充的主要新特征。地区性贸易协定是把"双刃剑"，既可视作对WTO自由贸易体制的补充与完善，推动某一特定区域内自由贸易的升级发展，也可视作对全球性贸易体制的颠覆，因为只有地区性贸易协定的参与方才能享有局部区域内的贸易同盟所产生的贸易利益，排他性的特征导致外部经济体失去了分配体系内部利益的机会。

另外，至关重要的，就是现行的贸易体系并没有很好地抑制保护主义的滋生与蔓延，导致其自身的改革与发展反被一些国家及地区的保护主义所牵制。这里必须搞清楚保护主义与一般产业政策的区别。简而言之，几乎所有的国家及地区为了维护某一特定产业的生存与发展，都会或多或少地融入具有一定倾向性的产业政策。但是，实施这些产业政策必须仅停留在市场层面的操作行为，其运用的对象必须具备普遍性、平等性的特征，实施的时间范围也必须存有一定的限界。贸易保护主义则迥然不同，完全脱离了商业行为的简单思维模式，是被特定的目标和意志所具体化的意识形态，其作用的目标对象上具有特定性的特征，且不存在时间范围上的特定限制。现行的国际贸易体系存在着诸多的矛盾与失衡，因此改革现行的国际贸易体系已成为刻不容缓且势在必行的重要任务。

二、跨国融资并购

（一）跨国融资

近年来，我国经济快速发展，越来越多的国内企业参与到国际市场竞争中，但国际经济局势并不稳定，使得部门企业融资过程中出现风险问题，不利于企业的长远发展，需要做好研究分析工作。我国大部分国际贸易企业重视风险管理工作，到目前也取得一定成效，但部分国际贸易企业依然面临着融资风险，其中最常见的就是汇率风险、政治风险等，影响到企业长远发展。通过加大融资风险管理，才能有效预防与控制融资风险，推动国际贸易类企业长远发展。

现如今的国际经济局势对我国企业发展有利也有弊，国际贸易融资有助于企业引入资金，另外企业也面对着更高的风险。国际贸易融资最显著的特点就是融资双方并不在一个国家内，彼此之间的交流不是很方便，加上文化与语言的差异，沟通过程中可能出现一定偏差，直接影响交流结果。

同时，国家之间的国币种类存在差异，造成货币流动不便，交易时容易受到货币利率波动的影响，如利率高时融资、利率低时结算的话，会让企业面临较大的融资风险，因此企业融资要考虑汇率波动情况，避免利率浮动影响企业发展。融资时企业信誉度也很重要，不能盲目融资，如果选择的融资公司不可靠，会给企业造成经济上损失，还会浪费企业时间，造成企业成本增加，甚至让企业错过自身发展的机会，企业要重视合资对象的选择。

1.跨国融资的风险控制问题

（1）跨国融资理念不够先进。在国际贸易公司发展过程中，要想保证企业融资管理工作顺利开展，最好的方法就是对企业融资风险管理理念进行不断创新与完善。但就目前我国国际贸易企业所开展的融资风险管理体系而言，最主要的问题就是缺乏创新理念和精神，在处理问题上沿用以前的老方法，过于保守，解决问题缺乏主见，缺少处理实际问题的能力，没有将融资问题纳入企业财务管理工作甚至企业未来战略发展进程中，导致企业融资管理工作不能顺利开展。

（2）跨国融资控制体系问题。至今为止，在进行融资风险管理过程中，很多国际贸易公司还未建立起较为完善的融资风险管理体系，甚至很多贸易公司在进行融资管理过程中计划不清，没有条理，缺乏针对性，增加企业融资风险，为企业未来发展带来危害。例如，有的企业因为没有意识到融资风险管理的重要性，因而融资风险管理体系不够完善，将整个融资管理工作交由财务部门负责，由于财务部门缺乏足够的处理技巧和经验，仅从"资金"角度予以关注和处理，导致其他部门参与积极性和参与度不足，从而导致缺乏市场风险把控能力，企业融资风险管理缺乏综合性。

（3）跨国融资风险管理落后。部分国贸企业跨国融资时依然采取传统方法，并未合理应用信息技术，如跨国融资时没有有效应用大数据技术、云计算技术等，融资风险管理是缺少风险分析；使得风险管理工作缺少技术支持与分析。另外，缺少融资风险预防制度，不利于风险管理控制。

2.跨国融资的风险控制方法

（1）建立健全跨国融资风险控制体系。国际贸易规模较大，涉及较多的内容，主要包括下属项目公司、项目部等，这意味着国际贸易有必要构建完整的财务管理信息系统，统一管理众多分公司、子公司及项目部。在这样的背景下，国际贸易化要构建统一的财务信息标准，并筛选各类有用财务信息。传统财务管理模式中，虽然实现了一定程度的信息化建设，但普遍存在信息实效性不足、信息共享性不足。财务管理模式构建时，需要建立完善的财务信息交流制度，同时将各分公司、子公司、项目部的情况考虑在内。财务信息化建设的基础就是管理，信息化平台建立基础也是信息获取。国际贸易各子公司、项目部秉持财务公开的原则上传信息，及时反馈自身机构部门财务现状。国际贸易充分利用信息平台，健全管理模式，协调各分公司与子公司，制定完善的奖惩制度，相互牵制，实现信息化建设。

（2）规范财务信息化流程。

①制定统一的数据标准。财务流程规范化建设满足财务信息化建设的基本要求，统一财务信息口径，有效整理分析原始数据，实现共享财务信息的目的。在这样的背景下，就要求企业建立标准的数据接口，并以此为基础完成凭证、账簿等记录，达成真正共享财务数据的目的。

②提高流程的实用性。国际贸易公司的财务部门，要利用财务信息系统全面采集各部门的业务数据，改变传统业务行为结束后才能收集信息的模式，并对所采集的数据进行加工、分析，直接将相关信息处理作为信息凭证，实现内部各部门系统之间的衔接，大幅度提高财务管理质量与效率，促进国际贸易市场竞争力提升。

③优化资本结构。首先，企业需要提高内部资金的平均化程度，合理地控制

负债金额。为自身获取有利的融资地位和机会，奠定良好的实力基础。其次，建立完善性的财政管理体系。对财务人员工作职能进行明确，要求其做好财务管理和全过程成本管理。优化财务报表，规范财务管理流程，对企业经营和管理过程中产生的成本数据进行统计和分析。并以此为依据判断企业的盈利情况，在此基础上对经营理念和方法进行创新，从而提高企业经营实力，提高企业融资成功率。

（3）控制企业生产经营成本。

①企业采购成本控制。企业应用财务成本管理时，强化采购成本管理关系到后续成本控制效果。如零配件选择自制或外购时，要考虑零配件的取得成本与企业生产能力。企业内部有生产相应零部件的设备且无法转移生产能力时，此时决策时不需考虑设备成本。企业决定自制或外购时只要对比变动成本与外部购买成本即可；当企业有零部件生产设备且可以转移生产能力时，企业要考虑相关的机会成本，决策分析是利用产量成本，保证生产成本最低。另外，采购原材料时，要根据需求科学分类处理原材料，根据类别制定采购方案。同时，构建完善的供应商评价与管理制度，并建立协调机制，对库存进行科学管理，降低企业缺货风险出现的可能，同时还可以降低原材料采购的成本。

②企业生产成本控制。企业落实全面预算管理工作时，通过构建完善的监督考核体系保障全面预算管理的实施质量。同时结合项目实际情况持续优化考核手段，了解各部门、员工的情况，有效融合外部监督与内部考核，推动全面预算管理的落实。第一，构建完善的预算分析制度。建筑项目定期召开预算分析的会议，并对预算执行情况全面掌握，及时分析预算执行问题产生的原因，给出有效的改建措施，及时纠偏，顺利完成预算目标。第二，建立预算管理工作考核制度，人力资源部、财务部将下属单位预算管理工作纳入考核范围，对预算编制、分析、执行情况每年进行一次考核，如果相关部门与当事人拒不履行预算外开支的审批手续，管理层要追究其责任，为全面预算落实保驾护航。

（4）提高财务会计人员信息素养。会计人员的自律提高是培养会计从业人员道德建设的重要一步，而让他们进行自我对照，自我提高，提高反应和自身业务水平非常有必要。会计人员只有具备良好的职业道德品质，才可以做到清廉正直，成为具有较高业务能力的会计从业人员。会计人员需要不断学习，适应一直发展的国家市场经济发展的要求，提高专业技能和业务工作能力。

会计岗位轮换制度在会计工作中非常重要，通过会计工作的交接可以将账目不清、财务混乱等问题尽数消除，将每个人的责任和工作领域划分完整，可以及时发现问题并且及时解决，这对于会计从业人员的清廉度有了较高的保障，而企业也可以根据企业自身的实际情况，在实施岗位轮换前财务机构负责人制定符合本企业的岗位轮换管理办法，企业财务部门全面落实制定的岗位轮换制度，给每一位财务人员提供参考，大幅度提高会计工作质量，避免违规违法行为的出现。完善我国信用评级信息披露制度，建立利益冲突规避机制有利于会计从业人员从业的清廉程度，防止会计从业人员以权谋私，来牟取个人利益，施行多头监管模式，明确正确统一的监督措施，扫除监督盲区等，为了使会计从业人员的道德建设有一个良好的环境，加大职业道德建设力度，营造良好的社会环境很有必要。

综上所述，随着我国国际贸易企业数量增加，面临的市场竞争也愈发激烈，需要企业结合实际情况控制融资风险，改善传统融资风险控制不足的情况，推动国际贸易企业长远发展。

（二）跨国并购与重组

1.跨国并购

跨国并购与其他跨国项目相比需要初始费用，并且预期产生的现金流的现值将大于初始费用。很多跨国并购是想扩大国际市场份额，还有一些想通过跨国合并带来规模经济。跨国并购对于跨国公司而言是直接对外投资的好方法，通过跨国并购公司可以马上扩大其国际市场。这种方法要优于创建新的子公司，因为建立一个新的子公司需要时间。跨国并购和创建子公司这两种对外投资方式存在着显著的不同。

作为一个跨国项目，跨国并购相对建立新的子公司通常能够产生更快及更大的现金流，但它也需要更多的初始投资。跨国并购也需要将自己的管理风格引入外国目标公司。目前对于横向跨国并购、纵向跨国并购和混合跨国并购的研究成果已经比较成熟。

对进行跨国并购的企业而言，其最终的目的就是盈利，从而提高企业的经济绩效。跨国并购容易导致全球寡占市场结构的形成、协同效应的产生以及核心竞争力的双向转移。不同的跨国并购模式所产生的协同效应是不同的：管理协同效应和资源协同效应更适用于解释横向跨国并购，技术协同效应和财务协同效应更适合于解释纵向跨国并购，经营协同效应更适合于解释混合跨国并购因此不同的跨国并购模式对企业经济绩效的影响机理不尽相同。

（1）横向跨国并购。横向跨国并购中跨国公司通过把自己在管理和资源的优势转移到东道国，东道国公司通过其现有的生产资源生产出产品，再把产品通过营销渠道销售出去，这一过程的核心环节是市场销售环节，实际上就是把母公司产品间接销售到了东道国，而且这种方式比出口更有优势，更能得到消费者的认可。从企业价值链的角度来看，横向跨国并购使得价值链节上的资源重叠，增加了价值链节的厚度。相同链节上管理和资源的协同效应以及市场销售环节中形成的全球寡占市场结构会促进链节质的改进，使并购后的企业产生规模经济效应。

因此，横向跨国并购实现了价值链的增强。具体地，横向跨国并购影响企业经济绩效的机理如下：

①全球寡占型市场结构的形成。随着经济的日益全球化，跨国企业的经营活动也日益国际化。在这个过程中，企业通过跨国并购利用目标企业的分销渠道，获得目标企业的市场份额，减少竞争的同时并购企业还可以利用被并购企业同当地客户和供应商多年来所建立的信用关系，是并购企业能迅速进入当地市场，并把并购方的其他子公司引入该市场。跨国企业通过跨国并购日益扩大经营规模，壮大实力、不断提高自身竞争力及其在市场的垄断程度，部分产业日益集中到少数巨型跨国公司手里，从而形成了全球寡占型市场结构。

根据市场势力理论，企业通过横向并购同行企业可以产生强大的市场势力，使企业获得一定程度上的垄断权，从而有利于企业保持垄断利润和原有竞争力。全球寡占型市场结构影响企业并购绩效的机理可以从以下方面进行分析：

第一，全球寡占市场结构有利于大型跨国公司获得规模经济效应。全球寡占型市场结构形成后，处于主导地位的企业可以通过整合所并购的企业的资产，达到最佳经济规模的要求，从而实现国际生产一体化。实现一体化的跨国公司一方面可以通过集中生产大量单一品种实现专业化生产，使企业成本逐步降低，从而提高国际生产率；另一方面可以通过不同市场进行专门生产和服务，极大地降低市场营销费用和管理费用。同时，实现一体化的跨国公司还可以集中经费用于研发新产品，促进技术创新，进而提高企业生产和发展能力，由规模经济的实现所带来的生产、技术和营销效率的提高使得跨国公司的经济绩效得到改善。

第二，全球寡占市场结构有利于跨国公司实施反竞争行为。全球寡占市场结构形成后，由于涉及的地理范围更为广泛，跨国公司所采取反竞争行为的效果优于其通过其他国际投资方式在东道国市场上采取的反竞争行为，当跨国公司在一国市场上控制了大量的生产活动，反竞争行为就会出现。此时全球寡占型市场上的跨国公司可以把不同市场结合起来，通过采取掠夺性定价等手段，压制其他竞争对手的势力。同时，全球寡占型市场结构有利于形成高的进入壁垒，使竞争对手无法与之抗衡，从而增强了其反竞争能力。竞争对手的减少使大型跨国公司能获取更多的垄断利润，从而提升了其经济绩效。

②管理协同效应。管理协同效应通常产生于相似性较高的企业，特别是因为管理才能差异产生业绩差异的企业。当两个管理能力具有差别的企业发生跨国并购之后，合并企业将受到具有强管理能力企业的影响，合并后的管理能力将大于两个单独企业总和。管理能力强的企业可以通过并购管理效率较低的企业来使其额外的管理资源得以充分利用，并通过提高目标企业的效率而获得收益。显然，管理能力弱的企业在管理效率提高的过程中改善了自己的经济绩效。这种合理配

置管理资源的效应发生作用需要具备两个前提条件：具有更高管理效率的企业必须具有剩余的管理资源；剩余管理资源不能轻易释放出来。如果企业的剩余管理资源能轻易地释放出来，企业就没必要进行并购，只有当企业的管理资源不可分割且产生了规模效应时，才能通过并购管理效率相对较低的企业来充分利用该企业的剩余管理资源，提高整个经济的效率，从而使企业的经济绩效得以提升。

③资源协同效应。企业可以看作原材料、设备等实物资源，劳动力、资本等要素禀赋资源以及品牌、知识等无形资源的集合。任何两个企业所拥有的资源都不可能是完全相同的，但其中的一般性和基础性资源可以通过并购发生转移或共享使其他企业也获得这类资源，从而使双方的经济绩效同时得到改善。

实物资源能够在企业间顺利转移，具有可获得性和可转移性，其在使用过程中会因消耗而不断减少。企业通过跨国并购可以利用当地的资源优势，弥补自身的资源劣势，实现实物资源协同效应达到改善经济绩效的效果。

要素禀赋资源的协同效应可以从两个方面分析：一方面，根据要素禀赋理论，两国企业可以分别生产相对富足要素密集型产品，通过跨国并购将外部产品内部化后利用两个市场进行销售，扩大市场份额，改善两国企业的经济绩效；另一方面，要素禀赋资源可以在国际间流动、从而使跨国并购的两国企业实现资源互补，降低生产成本改善经济绩效。

无形资源属于可重复使用而不会贬值的资源，其可转移性和共享性决定了分享这类资源的产品数量越多，分摊到单位产品中的成本越小。并购企业可以依托目标企业的品牌、市场地位、销售网络、客户关系和售后服务体系等，提高其所生产产品的市场竞争力和销售业绩，从而产生无形资源协同效应，给企业国际竞争力和国际化成长带来显著的、积极的变化，改善了企业的经济绩效。

（2）纵向跨国并购。纵向跨国并购双方存在着价值链上下游的纵向协作关系，跨国并购双方沿着采购、生产、销售、服务这条垂直的直线进行并购，技术开发是其关键环节。纵向跨国并购将上下游不同价值链节上的资源交错，使并购后企业获得链节组合的更大机会集，从而将原来的价值链延伸拓展。因此，纵向跨国并购实现了价值链的互补，这一过程中产生的技术和财务协同效应促进了价值链节质的改进和量的扩张，改善了企业的经济绩效。企业采取这种并购模式的目的是降低价值链前后关联的不确定性，在节约交易成本的同时，保证供应和销售免受价值链上的垄断性控制和竞争威胁。具体地，纵向跨国并购影响企业经济绩效的机理如下：

①技术协同效应。纵向跨国并购可以把相关联的生产环节衔接起来，从而使母公司和子公司最大限度地实现"技术共用"。协同效应的关键在于识别和挖掘关联。核心技术的关联性是实现跨国并购协同效应的重要内容之一。核心技术是指

在企业的生产技术系统中对其他的生产技术起支配作用的一项或几项关键性技术。技术的使用效果总是受到边际收益递减规律和规模经济与不经济的支配，边际收益递减规律和规模经济的变动反映生产中的技术特征。跨国并购完成后，两个公司的技术具有很大的相关性，其中技术能力较强的公司可能享有在同一领域的先进技术，通过公司业务的相互渗透，把先进技术慢慢传输给技术能力较弱的公司，从而提高了企业的技术水平和研发能力，使企业能够更快地开发出领先技术和有竞争力的产品。技术扩散的边际成本几乎为零，边际收益却很大，因此企业的经济效率得到了显著的提高。

技术协同效应通常产生于核心技术关联性较强的企业之间。如果双方处于相同的行业、生产相同的产品并提供相同的服务，那么双方的核心技术基本一样，此时企业之间技术优势的转移和扩散不存在技术上的障碍；如果双方的生产经营领域关联性较小或者几乎没有，那么一方企业的核心技术优势对于另一方企业而言就完全没有意义。

②财务协同效应。纵向跨国并购产生的财务协同效应主要来源于由外部市场内部化所带来的交易成本的节省，以及通过改变并购重组时融资方式和巧妙运用税法规定所实现的合理避税。跨国并购过程中财务协同效应的产生能给企业带来纯资金上的效应，从而改善企业的经济绩效。财务协同效应改善企业经济绩效的机理如下：

第一，交易成本的节省。纵向跨国并购把处于价值链上下游不同环节的企业统一于同一个跨国公司内部，协调不同生产阶段的长期稳定的供需关系。在纵向并购前，各生产经营活动只能在市场上通过市场机制的作用来完成，一方面外部市场不完全会造成的生产经营活动的"时滞"；另一方面外部市场价格信号的失真会给短期生产经营活动与长期投资计划带来负面影响。纵向跨国并购可以节省由市场机制作用产生的交易成本，使企业的生产经营活动更加高效运作。同时跨国公司可以对内部市场上流转的中间产品运用差别性的转移价格，使中间产品市场高效运转。生产经营活动与中间产品市场的高效运转都可以节省交易费用进而产生财务协同效应，提高企业经济绩效。

第二，合理避税的实现。企业可以利用税法和会计法中的一些规定，通过跨国并购取得税收优惠，增加企业的税后利润从而产生财务协同效应提高企业的经济绩效。具体而言，当企业对亏损的目标企业进行并购时，该公司不但可以免付当年的所得税，其亏损还可以向后递延，以抵销以后几年的盈余，公司根据抵消后的盈余缴纳所得税。并购企业的利润总额将在两个企业之间进行分配，在一定程度上减少了纳税义务。企业也可以通过并购一些低税或免税国家的企业，通过转移定价达到减少税收的目的。

（3）混合跨国并购。混合跨国并购同跨国公司的全球发展战略和多元化经营战略密切联系在一起，通过混合跨国并购，企业可以生产一系列不同的产品和提供一系列不同的服务，而不只是专业化生产单个产品或服务，从而减少在单一行业经营的风险，降低生产成本，增强企业的国际竞争力。同时，在混合跨国并购的过程中会发生企业核心竞争力的双向转移，使并购双方企业的经济绩效都得以改善。从企业价值链的角度来看，混合跨国并购使得原来的完全不同的价值链打乱后重新组合在一起，完成了价值链节的质的飞跃：实现了价值链的重构或再造。这一过程中产生的经营协同效应和核心竞争力的双向转移有利于企业经济绩效的改善。混合跨国并购既跨行业又跨国界，这种操作难度要远高于横向跨国并购和纵向跨国并购，但混合跨国并购的目的往往较其他两种模式隐蔽，不易为他人发现和利用。具体而言，混合跨国并购影响经济绩效的机理如下：

①经营协同效应。混合跨国并购产生的企业多元化经营有助于减少企业对单一经营业务的依赖，实现经营风险的分散与转移，从而降低市场不确定性导致的非系统经营风险，具体而言，部分大型的具有雄厚实力的跨国公司或者一些处于衰退行业但又有实力的企业通过混合跨国并购进入新的行业和市场，可以直接将自己多余的资金转移到其他行业，从而更迅速地实现企业经营战略的转移，实现经营协同效应。与此同时，跨国并购企业可以利用东道国企业的市场优势，避免从产品开发到销售等过程中一系列风险。特别地，当跨国企业并购了与其相关性较小的行业内的企业时，若其中某个领域经营失败，则可以通过其他领域经营的成功来补偿，从而减少了整个企业的经营风险。因此，经营协同效应降低了企业的经营风险，使企业更稳定地获得预期收益，从而改善了其经济绩效。

②核心竞争力在国家间发生双向转移。核心竞争力在企业竞争优势构成要素丰处于核心地位，核心竞争力战略就是把企业的经营重点放在价值链上优势最大的环节上，因此核心竞争力也是企业并购重组的核心。企业通过自身发展建立核心竞争力时间是比较漫长的，成本也是比较高的。相比之下，通过获得其他企业的无形资产则有可能在相对较短的时间内获得必要的竞争力要素。混合跨国并购的一个关键优势在于能使企业在相当短的时间内构建、延伸与强化自身的核心竞争力。

国际生产折衷理论指出，拥有所有权优势（Ownership）、内部化优势（Internalization）和区位优势（Location）是企业跨国投资的充分必要条件。企业的竞争优势主要体现在其核心竞争力上，跨国并购实现了核心竞争力在不同国家间的转移，实现共赢。新建投资仅仅是核心竞争力的单项转移，但跨国并购不仅将企业自身的核心竞争力扩展和转移到被并购方，而且也从被并购方获取新的核心竞争力。

当拥有竞争优势的企业并购不具有竞争优势的企业时，并购结果为核心竞争力的拓展和延伸；当并购企业和目标企业都具有竞争优势时，并购结果为核心竞争力的强化；当缺乏竞争优势的企业并购拥有竞争优势的企业时，并购结果是核心竞争力的获得。核心竞争力的双向转移使得发生跨国并购的企业双方都获得更大的竞争优势，从而提高了企业的经济绩效。

总而言之，跨国并购按并购行业的关联性来分，可以分为横向跨国并购、纵向跨国并购和混合跨国并购，不同的跨国并购模式影响企业经济绩效的机理各不相同。

第一，横向跨国并购使得价值链节上的资源重叠，实现了价值链的增强，市场销售环节是横向跨国并购最关键的环节，这一环节中形成的全球寡占型市场结构既有利于跨国公司获得规模经济效应，也有利于跨国公司实施反竞争行为，从而提高了企业的经济绩效。同时，横向跨国并购所产生的管理协同效应和资源协同效应促使价值链节发生质的改变，从而改善了企业的经济绩效。

第二，纵向跨国并购将上下游不同价值链节上的资源交错，实现了价值链的互补。这一过程中产生的技术协同效应和财务协同效应促进了价值链节质的改进和量的扩张，改善了企业的经济绩效。其中技术协同效应表现在技术扩散与竞争使两个企业获得技术共享，提高了研发能力和技术水平，从而改善了企业的经济绩效。财务协同效应表现在由纵向跨国并购产生的交易成本的降低以及合理避税的实现，从而直接改善了企业的经济绩效。

第三，混合跨国并购实现了价值链的重构或再造，这一过程中产生的经营协同效应和核心竞争力的双向转移有利于企业经济绩效的改善。经营协同效应表现在企业的多元化经营降低了经营风险，使其更稳定地获得应有的收益，从而改善了企业的经济绩效。核心竞争力的双向转移表现在并购方不仅仅是将其自身的核心竞争力扩展和转移到被并购方，而且也从被并购方获取新的核心竞争力。因此跨国并购的企业双方都获得更大的竞争优势，进而提高了企业的经济绩效。

2.跨国重组

除了购买外国企业，跨国重组的形式还包括国际购买私有化企业、国际部分并购、国际剥离以及国际联盟等形式。

（1）国际购买私有化企业。目前，在东欧和南美洲为主的一些发展中国家，很多个人与企业都热衷购买政府名下的企业。而跨国公司作为企业来购买政府出售的产业，这些产业往往蕴藏着非常巨大的效率提升潜力。在对这类企业的估价过程中，跨国公司可以通过资本预算分析的方法来进行估价，但同时也面临着以下问题：第一，政府拥有的企业可能仍旧有部分权力在政府手中，政府此时如果希望控制企业，其目标将与收购方大相径庭，在企业的管理与发展等方面将会出现冲突。第二，政府拥有的企业一般在行业内处于垄断地位，几乎不存在竞争对手，所以很难估计其未来现金流。因此过去的销售水平不能作为未来销售的指数。第三，在某些国家中由于公开交易的企业较少，而各种并购价格的公开信息也较少，所以导致商业价值的数据披露情况较差，没有可供估价的标杆企业。第四，以东欧和南美为主的新兴市场由于政府及政策原因，经济环境和政治环境很不稳定。总而言之，虽然有以上这些可能会面临的问题，但很多跨国公司如 IBM、百事可乐依旧采取私有化的方式来并购企业。

（2）国际部分并购。很多情况下，跨国公司并不采取完全并购的方式进行并购，而是通过购买目标公司部分股票来实现对目标公司的控制；这样做的好处在于所需资金少且不会影响目标公司的持续经营。例如，可口可乐公司即通过购买国外多家制瓶公司的部分股份来确保饮料瓶生产的达标。当跨国公司部分并购足够多的股份并可以控制目标公司时，其评估目标公司的过程与完全并购是一样的；但当跨国公司购买的是少量的股份时，就不能通过重组该企业来达到提高效率的目的。所以，其对目标公司的现金流评估就无法从主动的决策者角度来进行，而只能从被动的投资者角度来进行。

（3）国际剥离。跨国公司由于资本成本提高、所在国政府提高税率、所在国政治风险上升以及汇率等原因导致之前的国外项目不再可行。因此，为了确定是否保留直接对外投资，跨国公司应当周期性地对其进行重估。如当拉美形势不再稳定时，以强生公司为首的跨国公司选择对其在拉美的子公司进行剥离。由于亚洲国家在经济危机中货币疲软导致汇回本国的货币数量减少，且亚洲经济增长率的降低也导致当地销售预期的下降，这两方面的原因均导致在亚洲的子公司预期现金流降低。由于在经济危机中市场下降幅度过大，许多运营部门只有在以母公司愿意的极低价格的前提下出售才可实现剥离，这也导致了这样的极低价格阻止了部分资产的剥离。

（4）国际联盟。由于某些原因，跨国公司并不会选择购买国外公司，而是会和国外目标公司组成联营公司和特许加盟这样的国际联盟。这样做的好处在于其所需的初始投资少，现金流入也少。假设奥克莱登公司计划为一个巴西公司提供专利技术，同时要求该巴西公司在未来五年内为该项技术支付未来收入的10%作为回报。奥克莱登公司初始投资仅为提供此项技术的费用，其可以根据此项技术为巴西公司带来的年收入（按雷亚尔）来估计其可获得的现金流，然后再根据五年内雷亚尔的价值并考虑税率与税赋的影响计算出五年内可从该专利获得的美元现金流。

第四节 经济全球化与区域经济一体化

一、经济全球化

（一）经济全球化的意义

经济全球化是当今世界经济和科技发展的产物，在一定程度上适应了生产力进一步发展的要求，促进了各国经济的较快发展。但同时，也使世界经济的发展蕴藏着巨大的风险。经济全球化的积极意义主要有以下方面：

（1）优化配置和合理利用。一个国家经济运行的效率无论多高，总要受本国资源和市场的限制，只有全球资源和市场一体化，才能使经济在目前条件下最大限度地摆脱资源和市场的束缚。经济全球化，可以实现以最有利的条件来进行生产，以最有利的市场来进行销售，达到世界经济发展的最优状态，提高经济效率，使商品更符合消费者的需要。

（2）促进国际分工。经济全球化促进了世界市场的不断扩大和区域统一，使国际分工更加深化，各国可以充分发挥自身优势，从事能获得最大限度的比较优势的产品的生产，扩大生产规模，实现规模效益。经济全球化可以促进产业的转移和资本、技术等生产要素的加速流动；可以弥补各国资本、技术等生产要素的不足，积极参与国际市场竞争，迅速实现产业演进和制度创新，改进管理，提高劳动生产率，积极开发新产品，提高自身的国际竞争力。

（3）促进经济结构合理优化。促进了经济结构的合理优化和生产力的较大提高。在经济全球化条件下，实现了在全球化范围内的科技研究和开发，并使现代科学技术在全球范围内得到迅速传播，现代科技创新是世界性的，任何国家的科学技术活动，都必须也只能以世界上现有的科技成果为前进的基础。经济全球化带来科学技术的世界性流动，使各国特别是发展中国家可以进口世界上自己需要的先进科学技术，借助"后发优势"，促进科技进步、经济结构的优化和经济发展。

（4）促进经济多极化发展。经济全球化使国际经济关系更加复杂，它使以往的国别关系、地区关系发展成为多极关系和全球关系，推动了处理这些关系的国际协调和合作机制的发展，并必然会导致一系列全球性经济规则的产生，使参与经济全球化进程的国家出让或放弃部分主权，形成和遵守这些经济规则。因此，从这个意义上而言，经济全球化是一个制度变迁的过程，也是一个既相互竞争，又相互融合渗透的过程。

（5）促进发展模式创新。全球化促进生产、资源、人员、贸易、投资和金融等生产要素全球优化配置、降低成本和提高效率。跨国公司已发展到在全球布设研发、生产、销售链条的全球公司阶段。一国经济开放度提高与其人均GDP增长之间呈正比。无论一个国家的发展模式如何调整变化，不考虑全球化因素，不利用全球化机遇，就不可能探索出先进的发展模式。

（6）促进国际利益融合。利益融合既表现在经济领域，又表现在其他领域；既表现在双边领域，又表现在多边领域。除国家利益外，共同地区利益和全球利益明显增多。利益融合有利于国家关系改善，国家间协调合作增多，出于不同利益而形成的不同"志愿者联盟"不断出现。

（7）促进安全内涵扩展。安全已从传统安全领域扩展到非传统安全领域。经济安全、环境恶化、气候变暖、移民浪潮等非传统安全问题威胁增大，涉及经济、民生、社会和自然等领域。非传统安全主要由人类发展的不科学、发展与社会和自然的不协调引起，其实质是发展问题。非传统安全问题模糊了安全与发展的界限，增大了国际安全合作的紧迫性，挑战着传统安全的主导地位。

（8）促进国家主权转移。全球化促进了国际组织的发展。政府间国际组织成为全球性规则的制定者和监督实施者、全球性问题的管理者和全球性争端的解决者。

（9）推进国际体系转型。现行国际体系在应对日益增多的全球性问题方面日渐乏力，其调整、完善和转型乃大势所趋。

（10）推进人类文明进步。人类有可能在全球化、全球性问题、全球利益和全球治理基础上，形成人类新的共同价值观念和新的人类文明，打破西方在人类文明中的主导地位，实现对西方文明的总体超越。

但经济全球化是在不公平、不合理的国际经济旧秩序没有根本改变的条件下形成和发展起来的。经济全球化使得世界各国的经济联系在一起，这在促进各国经济合作的同时，也使得一个国家的经济波动可能殃及他国，甚至影响全世界，加剧全球经济的不稳定性，尤其对发展中国家的经济安全构成极大的威胁。

（二）经济全球化的特征

经济全球化的现象无论是学界还是普通百姓都深有感触，且这一"化"作为一个过程在不断加深，影响着全球经济和贸易的持续发展。经济全球化在形成和发展的进程中，会表现出自身的规律性和基本特征。概括而言，其基本特征主要表现在以下方面：

（1）经济全球化是与知识经济和信息技术相适应的。从世界经济的发展过程来看，当今的经济全球化已经超越了工业经济时代，而与知识经济相适应。在全球化的国际经济关系中，不仅有货物、劳务和资本的大规模国际交流，而且信息技术的广泛应用给人们提供了一种更便捷的国际交流手段，使国际经济关系更加紧密。没有以知识的生产、交换和消费为基础的知识经济和世界经济的信息化，就没有当今的经济全球化。

（2）垂直型和水平型的国际分工并重是经济全球化的基础。以往的经济全球化是以垂直型分工为主，即发达国家专门从事制造业生产，而经济落后的国家则是其农产品和原材料的供应者。现在则强调水平分工，不仅发达国家从事制造业生产，发展中国家也大力实行工业化，发展制造业。各国不仅在制造业方面有分工，而且在同一部门的不同产品与同一产品的不同零部件方面也有分工。近年来，国际分工又有了新的发展，发达国家着重发展高科技产业，发展中国家则发展一般制造业。两者之间，既建立了新的互补关系，又造成了新的差距。

（3）全球化以多元的行为主体构成的世界经济和国际关系。在经济全球化形势下，世界经济和国际关系的行为主体是多元的，除国家之外，更强调企业，即现代跨国公司和跨国银行。现代跨国公司和跨国银行把生产、投资、销售等活动场所遍布到世界各地，实行全球经营战略，形成了当代空前巨大而严密的全球网络，把世界各国乃至全球的经济都包罗在内，使全球化经济变成网络经济。

（4）全球化是通过全方位、多渠道市场体系来沟通各国间的经济联系。作为各国之间的经济交往主要是商品交换和资本流通；在经济全球化条件下，不仅国际货物贸易空前扩大，资本流通成倍增长，而且国家间的对外直接投资、劳务贸易、科技贸易信息传播、人员流动国际旅游等领域都有了迅猛的发展。这些领域互相促进、互相结合，形成了一个全方位、宽领域、多渠道的发达而又完整的市场体系，这个体系使各国在各个领域都产生了广泛的经济联系，从而把各国的经济紧密地联系在一起。

（5）经济全球化同区域化和集团化同时并存。经济全球化不是某一时段上的状态，而是一种不断变化的过程，并与经济区域化和集团化共同发展和演进。

（6）全球化并不意味着国家利益的淡出，相反使民族利益更加凸显。目前，经济全球化的一个重要特点，就是全球化与本土化之争。而全球化与本土化两个动力之间的紧张关系构成了当今世界事务的核心。因此，随着全球化的发展，世界在变小，但各国彼此并没有因经济全球化而放弃民族化的倾向。

（7）知识资源在全球化的进程中日趋加强，教育成为各国较量的重点。全球化竞争的核心是知识和人才的较量，生产的主要资源是人力资源和知识。因此，从事知识工作和服务工作的人的生产力而不是制造和运送产品的人的生产力，才是发达国家的生产力。

（8）经济全球化是以发达国家为主导的。制度的变迁往往是由那些从中得到潜在利益的人推动的，将制度变迁推广到国际关系中也是如此。依照制度经济学的理论，组织变迁的过程一般是从非正式的组织开始，但它必然会过渡到正式的组织安排；一旦正式的组织安排形成，必然会产生强制力的作用以利于规章的实施，因而极易违反一致性原则，在各国力量悬殊的情况下，甚至会偏离多数人的意愿。

（三）经济全球化的表现

进入全面的全球化时期，经济全球化表现在贸易自由化、生产和投资国际化、科技全球化、人力资源流动全球化、国际经济关系调节全球化等方面。对于经济全球化表现的成因，有跨国公司作用说、技术进步说、国际机构驱动说、矛盾演化说等多种解说。

（1）贸易自由化。1995年建立了世界贸易组织（WTO），确立了真正意义上的世界多边贸易体制，形成了一个以贸易自由化为中心、以多边贸易体制为框架、覆盖世界大多数国家、囊括当今世界贸易诸多领域的高度统一的全球贸易大市场。世界贸易自由化的扩展和多边贸易体制的确立，不仅规范了世界贸易的规则，而且进一步降低了各国海关和市场准入的门槛。

（2）生产和投资国际化。生产力作为人类社会发展的根本动力，极大地推动着世界市场的扩大。以互联网为标志的科技革命，从时间和空间上缩小了各国之间的距离，促使世界贸易结构发生巨大变化，促进了生产要素跨国流动，它不仅对生产超越国界提出了内在要求，也为全球化生产准备了条件，是推动经济全球化的根本动力。投资活动的全球化，主要表现为私人对外直接投资的迅速增大。扩大直接投资已成为各国加强经济联系、发展国际分工的重要渠道，同时也使生产要素的流动配置扩展到全球。

（3）资本全球化。世界性的金融机构网络使大量的金融业务跨国界进行，跨国贷款、跨国证券发行和跨国并购体系已经形成。世界各主要金融市场在时间上相互接续，在价格上相互联动，几秒钟内就能实现上千万亿美元的交易，尤其是外汇市场已经成为世界上最具流动性和全天候的市场。

（4）科技全球化与信息网络化。科技全球化是指各国科技资源在全球范围内的优化配置，这是经济全球化最新拓展和进展迅速的领域，表现为，先进技术和研发能力的大规模跨国界转移，跨国界联合研发广泛存在。以信息技术产业为典型代表，各国的技术标准越来越趋向一致，跨国公司巨头通过垄断技术标准的使用，控制了行业的发展，获取了大量的超额利润。经济全球化的四个主要载体都与跨国公司密切相关，换言之跨国公司就是经济全球化及其载体的推动者与担当者。

（5）人力资源流动的全球化。全球化的发展，有力地推动了人力资源的全球流动。具体而言，主要表现在三个方面：第一，全球移民数量和范围的扩增；第二，人才跨国培养和流动大幅增加；第三，人才隐性跨国流动趋势增强。人才的隐性跨国流动，主要是指人才没有离开本土但为外国企业所雇用，接受外国科技培养和管理的人才变相跨国流动。总而言之，跨国的人才流动和相互人才交流，开辟了各国和各民族人民直接接触的渠道，有助于相互学习和理解，有助于先进科学技术和文化在全球的传播和普及，促进了世界经济发展和社会进步。

（6）国际经济协调机制全球化。世界经济的发展过程是各国经济之间相互依存日益加强和深化的过程。在此过程中，由于各类国家和各个国家之间在贸易、货币金融、投资等各个领域所处地位和利害关系的不同，经常发生矛盾和摩擦，从而影响世界经济。

第一，国际经济协调的机构。主要有全球性经济协调组织——国际货币基金组织、世界银行和世界贸易组织等；以及区域经济协调组织——欧洲经济共同体（EEC，现为欧洲联盟）、北美自由贸易区（NAFTA）、亚太经济合作组织（APEC）等。

第二，国际经济协调的渠道。如世界贸易组织的工作职能明确，更能强化多边贸易协定的约束力，推进贸易自由化的进程，遏制贸易保护主义；国际货币基金组织和世界银行为稳定国际汇兑、协调成员国的国际收支、促进各国货币金融的交流与合作，起到了一定的积极作用；在全球范围内，发达国家与发展中国家经济关系的协调主要是由联合国及其有关所属机构来协调，强化了区域性的发达国家与发展中国家经济协调的机制。

第三，国际经济协调发挥的作用。全球化背景下，逐渐形成和深化的多边国际协调机制，对世界经济的发展产生了多方面的积极作用。一是减少了国际经济交往中的不确定性；二是缓和了不同国家和国家集团的利益冲突；三是避免了世界经济和金融的剧烈波动；四是抑制了世界生态环境和国际安全环境的恶化。

当然，国际经济协调机制还处于逐渐形成的过程中。不仅存在不全面、不广泛、不完善、不配套等诸多问题，还存在发展中国家与发达国家之间利益不对称、权利不平等、规则不公正等问题，存在协调机制受不同政治目标和意识形态干扰的问题，建立和形成完善的国际协调机制还任重而道远。

二、区域经济一体化

（一）区域经济一体化的分类

经济全球化和一体化已经成为当今世界的明显趋势，其突出表现是：国际贸易、国际金融、国际投资的大发展；生产要素流动的规模不断增大，流动速度不断加快；各国之间的经济联系、经济合作、经济融合的程度日益加深。其途径如下：跨国公司的大发展，使各国资金、生产、技术、管理等领域的交流和联系日益密切，国际分工日益加深；国际经贸组织如国际货币基金组织、世界银行、世界贸易组织等的发展，使世界各国的贸易和金融关系日益紧密化、规范化和广泛化；区域经济一体化的大发展，将成员国间的贸易、金融、生产、服务等方面的关系，从自发的外部联系日益发展为制度性的内部结合。

区域经济一体化亦称区域经济集团化，通常是指一些地缘邻近的国家或地区，在平等互利的基础上，为了谋求本地区的共同利益联合起来，在彼此自愿地约束自己的部分经济主权甚至相互对等地分享或让渡部分国家主权的条件下，通过签订协议、规章组建国际调节组织和实体，使部分或全部生产要素在成员国间自由流动，使资源在成员国内得以优化配置，实现产业互补和共同经济繁荣的过程：它是经济生活国际化和各国、各地区之间经济联系与依赖程度不断加深的产物。

目前，世界上有数百个区域经济一体化组织，它们的一体化程度有高有低，组织规模有大有小，各处于不同的发展阶段。它们存在于世界不同的地区，具有不同的经济发展水平和合作内容。迄今对于这些区域经济一体化组织还没有一种统一的、明确的分类标准。

1.根据区域经济一体化组织的形式或层次进行划分

（1）特惠关税区。特惠关税区是在区内成员国间商品贸易的关税低于对区外国家征收的关税，如东南亚国家联盟。

（2）自由贸易区。在自由贸易区内，各成员国逐渐取消贸易限制，分阶段减免关税，在相互贸易中享有特惠关税，直至区内一切关税壁垒完全消失，商品在成员国间可完全自由流通，但各成员国对集团外国家仍独自实行不同的贸易和关税政策，如北美自由贸易区。

（3）关税同盟。在自由贸易区的基础上，成员国不仅取消了本区域内生产的商品的贸易壁垒，而且对集团外国家和地区逐步实行统一的贸易和关税政策，建立统一的对外贸易壁垒，即在同盟内部实行自由贸易，而对外则通过共同的贸易壁垒实行保护，如欧盟的前身欧洲经济共同体。

（4）共同市场。共同市场在关税同盟的基础上，不仅在集团内实行商品的自由流通，实行统一的对外贸易壁垒，而且在本地区实行资金、技术、人力等生产要素的自由流动，区内取消公民或公司在各成员国投资建厂的限制。

（5）经济与货币同盟。在共同市场的基础上，各成员国在包括金融、货币、财政、农业、工业和福利等在内的各个领域实行统一的经济政策，发行统一货币，并对涉及本地区发展的重大事项采取共同立场和步骤，使各成员国的经济活动形成一个整体，如现在的欧盟。

从目前区域经济一体化组织形式的一般情况来看，自由贸易区是最为常见的形式，特惠关税区和关税同盟是少见的形式，而经济与货币联盟，只有欧盟进入了这一层次。同时，随着区域和次区域经济一体化的发展，经济一体化组织形式在向更加松散、更加灵活的方向发展，将会创造出许多新的形式。

2.根据区域经济一体化组织形成的动因差异进行划分

（1）以产业内部分工为动因的区域一体化组织，这种区域一体化组织主要出现在发达国家之间。对发达国家之间区域性一体化的分析主要借助于产业内部贸易和分工理论，这一理论告诉我们，产品的差异性决定了产业内部同类产品的生产分工，也导致了同产业国家之间的贸易，区域一体化的形成在同产业层次上会增强竞争优势。

（2）以发展民族工业为动因的区域一体化，这种区域一体化组织往往发生在发展中国家之间。区域一体化是发展中国家实现经济共同发展的重要工具，是为各自民族工业发展提供一个完美的训练场，是发展中国家摆脱对发达国家依附、实现自主发展的重要途径。

（3）以南北合作为动因的区域一体化，这种区域一体化组织就是发达国家和发展中国家之间出现的经济联合。

（二）区域经济一体化对世界经济发展的影响

区域经济一体化的形成和发展有其客观必然性，它的存在和发展对世界经济产生了多方面的影响。区域经济一体化反映了当代世界经济发展的客观趋势，而这种趋势又是在不断解决当代世界的许多矛盾的过程中发展的。在这一过程中，无论在集团内部还是在集团之间都充满着矛盾，有时还会出现曲折和困难。

（1）区域经济一体化使国际经济关系结构发生了变化。在以往的世界经济中，一般都是独立国家通过各种经济交往，结成一定的国际经济关系，它是在竞争中自发形成的，不涉及国家主权的转移。而区域经济一体化的发展，使国际交往中的各方，变成了通过条约或协定结成国际区域一体化组织，每个成员国的经济活动都将不同程度地受其所属区域一体化组织的制约，其部分经济主权将让渡给一体化组织，从而使国际经济关系结构发生了变化。

（2）区域经济一体化进一步推动了经济全球化趋势的发展。从产业角度来看，一体化组织成员国的产业结构调整，使跨区域的产业转移加快；从贸易角度来看，区域贸易自由化，在一定范围内对贸易保护主义有所抑制，有利于削弱不公平贸易；从金融角度来看，区域内贸易自由化，进一步推动金融市场的自由化，从而有利于国际金融市场的一体化。上述趋势都有利于生产要素的国际流动，使资源配置效益提高，从而刺激世界经济增长。

（3）区域经济一体化促使世界各类国家或地区加快经济调整步伐和经济转型速度。这种调整主要集中在两个方面：一是为适应区域内贸易自由化的需要，深化经济体制改革，使之与世界市场运行机制相衔接；二是为适应区域内部贸易增长的需要，成员国更加全面地参与国际分工，深化产业结构调整，更加重视发展具有优势的主导产业。同时，各国为了在区域一体化组织内部的竞争中占据更大的优势，在贸易中占有更大的份额，都力争在高科技领域占据优势，加快高新产业的发展。所有这一切，必将加快经济调整的步伐和经济转型的速度。

（4）区域经济一体化加强了区域内外的竞争机制和区域内各国经济与世界经济的活力。从区域内看，随着区域内市场障碍的消除，使各成员国自由市场范围扩大，竞争加剧。各国企业为了适应日益激化的竞争，必将使生产要素向着效率更高、更合理的领域转移，提高效率和降低成本；从区域外看，任何进入区域内的商品和投资，不仅面临东道国本身的竞争，而且将面临所有成员国的竞争，使区域外各国不得不增强自己的经济活力，从而在客观上促进了世界经济的增长。

（5）区域经济一体化使得区域性壁垒对国际贸易产生一定的消极影响。区域经济一体化虽然在本区域内实行自由贸易，改善区域内各国之间的贸易条件，促进区域内成员国之间贸易往来迅速增长，但对区域外实行统一的壁垒政策，推行不同程度的保护主义，具有比较明显的排他性，这实际上弱化了国际贸易自由化程度。虽然欧美两大区域组织一再强调将遵守全球贸易自由化原则，但实际上集团之间的贸易保护主义有日益加强的趋势。特别是在区域内的某些国家陷入经济危机或贸易不平衡时，集团式的新贸易保护主义就更加强化，从而对区域外各国的对外贸易发展更为不利。

（6）区域经济一体化改变了世界经济格局。世界经济格局的基础主要是各国的经济实力和影响力，即要具备相当的国民经济总量和密切的国际经济联系。当前的世界经济格局是以区域经济一体化组织为主体的世界经济多极化，欧盟、北美自由贸易区和APEC构成了世界经济的三极。各极之间已开始出现相互交叉和渗透的现象。

第五章 金融管理体系与发展

第一节 金融机构体系与金融市场体系

一、金融机构体系

（一）金融机构的功能与构成体系

1.金融机构的主要功能

（1）降低交易成本。在资金融通中，金融机构能降低交易成本，不仅因为它们有降低成本的专长，而且因为它们规模巨大，所以能够得到规模经济带来的好处。金融机构通过规模经营，可以合理控制利率、费用、时间等成本，使投融资成本活动能够最终以适应社会经济发展需要的交易成本来进行，从而满足迅速增长的投融资需求。此外，低交易成本使得金融机构可以向客户提供流动性服务，使客户比较容易进行交易。

（2）改善信息不对称。信息不对称所引致的巨大交易成本限制了信用活动的发展，影响金融市场正常功能的发挥。然而，金融机构，特别是银行在解决这些问题中，间接融资机制的相对优势使其显得比借贷双方直接融资和通过金融市场融资交易更有效。

①信息揭示优势。一般的贷款人很难获取与公司借款人有关的经营和投资项目信息，特别是那些中小企业借款人。但是，无论哪类企业都在银行开有账户，通过对存款账户所发生支付的观察，银行可以掌握借款人的收入、财富、支出及投资策略，从而使银行可以比金融市场更有效地确定借款人的信用风险。

②信息监督优势。由于对借款人行为监督的成本太高，大多数资金盈余的贷

款者把监督活动委托给银行处理。银行对借款人同时提供存款账户和贷款账户，每一笔交易和资金转账都会被记录下来。因此，在持续观察和监督借款人的行为上，银行比个人和金融市场处在更有利的位置上。

（3）为客户提供支付结算服务。金融机构为社会提供有效的支付结算服务是适应经济发展需求而产生的功能。此种服务有助于商品交易的顺利实现，并节约社会交易成本。目前，支付结算服务一般是由可吸收存款的金融机构提供。其中，商业银行是提供支付结算服务中最主要的金融单位。

（4）风险防范与管理。金融机构通过其专业化的机制，即通过各种业务、技术和管理来解决因信息不对称而造成的道德风险。一是金融机构可以设计适当的契约来解决借贷双方利益背向的问题。最常用的方法就是通过一系列信贷条款来限制借款人随意地经营。二是金融机构在贷款中往往要求有抵押或担保，这可以强化借款人与金融机构的同向利益关系。

金融机构在处理信息不对称问题上所具有的相对优势，源于它们在信息生产过程中的规模经济。银行在信用分析、监督和风险控制中以大量的贷款为基础，这样通过银行的信用中介是低成本、高效率的融资方式。此外，通过保险和社会保障机制对经济与社会生活中的各种风险进行的补偿、防范和管理，也实现了这一功能。

2.金融机构体系的构成

金融机构体系一般由银行性金融机构和非银行性金融机构组成。其中，银行性金融机构包括中央银行、商业银行、各类专业银行等；非银行性金融机构包括保险公司、证券公司、信用合作社、投资基金、财务公司、信托投资公司、租赁公司、邮政储蓄机构等。

（二）金融机构体系的发展

随着金融创新的不断进行，金融机构的运作效率和盈利能力也在不断加强，金融机构呈现出新变化。

（1）金融机构在业务上不断创新，并向综合化方向发展。西方主要发达国家不断推出新机构、新业务种类、新金融工具和新服务项目，以满足顾客的需要；同时，商业银行业务与投资银行业务相结合，使银行发展成为全能性商业银行，为客户提供更全面的服务，而非银行金融机构通过业务创新也开始涉足银行业务，各类金融机构的业务发展都有综合化趋势。

（2）兼并重组成为现代商业银行调整的一个有效手段。20世纪90年代后，银行业竞争加剧，如何在激烈的竞争中巩固自己的阵地、开发新领域，是当代金融业关注的焦点。因此，银行业内不断重组，以期适应形势的变化及新要求。银行间的兼并在美国表现得尤为突出。例如，第一银行与第一芝加哥银行合并为新的第一银行，成为全美第五大银行。之后，国民银行与美洲银行宣布合并为新的美洲银行，一跃成为全美第二大银行集团。近年来，其他发达国家，如日本、德国等，甚至拉丁美洲许多发展中国家，都出现了大合并的浪潮。

（3）跨国银行的建立使银行的发展更趋国际化。随着国际贸易不断发展，以美国为代表的跨国公司的快速发展，为国际贸易和海外跨国公司提供服务的银行海外分支机构也不断增加。银行的国际化加强了各国金融市场之间的密切联系，促进了国际资金流动，也使国际金融竞争更加激烈，国际性金融风险有增无减；近年来，非银行金融机构的发展也有国际化趋势。

（4）金融机构的组织形式不断创新。金融电子化在为金融服务及业务处理提供全新变化的同时，还为金融机构组织形式的创新提供了便利。电子化程度的提高，使金融机构在组织形式上出现了虚拟化发展的现象，如电话银行、网络银行等的出现，使客户足不出户就可以办理各种金融业务，方便了顾客，也有力地促进了金融的发展。

（5）银行性金融机构与非银行性金融机构正不断融合，形成更为庞大的大型复合型金融机构。在西方大多数国家的金融机构体系中，长期以来商业银行与非银行金融机构有较明确的业务分工。金融机构的分业经营模式逐渐被打破，各种金融机构的业务不断交叉，金融机构原有的差异日趋缩小，形成由原来分业经营转向多元化、综合性经营的趋势。部分国家一直实行全能型银行业务经营的制度，如德国、瑞士的银行一直被允许经营存贷业务、证券业务和其他金融机构业务，故又被称作全能型银行。

二、金融市场体系

（一）金融市场的分类

1.按交易工具不同期限分类

（1）货币市场（Money Market）又称短期金融市场，是指专门融通1年以内短期资金的场所。短期资金多在流通领域发挥流动性的货币作用，主要解决市场参与者短期性的周转和余缺调剂问题。

（2）资本市场（Capital Market）又称长期金融市场，是指以期限在1年以上的有价证券为交易工具进行中长期资金交易的市场。广义的资本市场包括两大部分：一是银行中长期存贷款市场，二是有价证券市场，包括中长期债券市场和股票市场。狭义的资本市场专指中长期债券市场和股票市场。

2.按不同的交易物分类

（1）票据市场（Note Market）是指各种票据进行交易的市场，按交易的方式主要分为票据承兑市场和贴现市场。票据市场是货币市场的重要组成部分。

（2）证券市场（Security Market）主要是股票、债券、基金等有价证券发行和转让流通的市场。股票市场是股份有限公司的股票发行和转让交易的市场。股份有限公司发行新股票的市场叫股票发行市场或股票初级市场，已发行股票的转让流通市场叫股票的二级市场。债券市场包括政府债券、公司（企业）债券、金融债券等的发行和流通市场。

（3）衍生工具市场（Derivatives Market）是各种衍生金融工具进行交易的市场。衍生金融工具包括远期合约、期货合约、期权合约、互换协议等，其种类仍在不断增多。衍生金融工具在金融交易中具有套期保值、防范风险的作用。衍生金融工具同时也是一种投机对象，由于杠杆化比率较高，其交易风险远大于原生型金融工具的风险。

（4）外汇市场（Foreign Exchange Market）有广义和狭义之分。广义的外汇市场是指各国中央银行、外汇银行、外汇经纪人及客户组成的外汇买卖、经营活动的总和，包括上述的外汇批发市场以及银行同企业、个人之间进行外汇买卖的零售市场。狭义的外汇市场指的是行间的外汇交易，包括外汇银行间的交易、中央银行与外汇银行的交易以及各国中央银行之间的外汇交易活动，通常被称为外汇批发市场。

（5）黄金市场（Gold Market）是专门集中进行黄金买卖的交易中心或场所。随着时代的发展，黄金非货币化的趋势越来越明显，黄金市场的地位也随之下降。由于目前黄金仍是国际储备资产之一，在国际支付中占据一定的地位，因此黄金市场仍被看作金融市场的组成部分。伦敦、纽约、苏黎世、芝加哥和中华人民共和国香港特别行政区的黄金市场被称为国际五大黄金市场。

3.按交割期限分类

（1）现货市场（Spot Market）的交易协议达成后在2个交易日内进行交割。由于现货市场的成交与交割之间几乎没有时间间隔，因而对交易双方而言，利率和汇率风险较小。

（2）期货市场（Futures Market）的交易在协议达成后并不立即交割，而是约定在某一特定时间后进行交割，协议成交和标的物交割是分离的。在期货交易中，由于交割要按成交时的协议价格进行，交易对象价格的升降，就可能使交易者获得利润或蒙受损失。因此，买者和卖者只能依靠自己对市场未来的判断进行交易。

4.按地域分类

（1）地方性和全国性金融市场都同属国内金融市场，国内金融市场的主体都是本国的自然人和法人，交易工具也多在国内发行。

（2）区域性金融市场同国际性金融市场一样，参与者与交易对象都超越国界。参与者与交易对象的区别只在于，参与者的活动范围仅限于某一地区，如东南亚地区、中东地区，交易对象的活动范围则可以分布在世界各地。

（3）国际性金融市场按照不同的标准，可以有多种分类。按照标的物不同，可以分为国际货币市场、国际资本市场、国际外汇市场和国际黄金市场；按照投融资方式不同，可以分为国际信贷市场和国际证券市场。国际性金融市场中还有一种离岸金融市场（Offshore Finance Market），是以金融交易发生地之外的他国货币为交易对象的市场，如欧洲美元市场等。

（二）金融市场体系的构成

随着经济和金融发展的不断深化，金融市场演变成了种类齐全、专业分工明确的金融市场体系。金融市场体系由多个子市场构成，各个子市场各具特点，都有独特的功能与作用。

（1）货币市场。货币市场上交易工具的期限都在1年以内，交易价格波动小、交易工具变现能力强，是风险相对较低、收益比较稳定、流动性较强的市场，对于持有人而言，相当于货币性资产。在一些国家，这类金融工具往往分别被列入不同层次的货币供给量统计范围之内，并成为中央银行最为关注的市场。

（2）资本市场。资本市场是企业、政府、金融机构等经济主体筹集长期资金的平台，主要满足投资性资金供求双方的需求。在资本市场的种类里，股票市场和中长期债券市场最为主要。

（3）衍生工具市场。衍生工具市场是指以各种金融期货、期权、货币互换合约等衍生工具为交易对象的场所。鉴于其功能和定价原理的复杂性和产生、发展及影响力的特殊性。

1. 外汇市场

（1）外汇市场的类型划分。按不同的标准，外汇市场可以有多种分类，最常见的是划分为外汇零售市场和外汇批发市场。

银行与客户间的外汇交易构成了外汇零售市场。在外汇交易中，由于外汇买卖双方资信、偿还能力的差异，外汇买卖通常是由承办外汇业务的银行承担的。外汇供给方将外汇卖给银行，银行支付本国货币；外汇需求方向银行买入自己所需要的外汇。其中，对法人的外汇交易，多采用转账结算，而对居民个人的外汇交易通常在银行柜台上结算，由于金额较小，笔数较多，故称为零售外汇交易。

银行同业间的外汇交易构成外汇批发市场。银行在向客户买入或卖出外汇后，其自身所持有的外汇就会出现多余或短缺，意味着有出现损失的可能性。因此银行在与客户完成外汇交易后，就会在本国银行同业外汇市场上，或在某种外币发行中心国的银行同业市场上，做外汇即期或远期的抛补，以保持银行资产负债的合理配置，保持银行外汇头寸的平衡，将风险减小到最低程度。这种银行与银行或其他金融机构之间的外汇交易就称为批发性外汇交易。

（2）汇市场的发展。外汇市场是国际金融市场的一个重要组成部分。在外汇市场上，可以实现购买力的国际转移，为交易者提供外汇保值和投机的场所，也可以向国际交易者提供资金融通的便利，从而有效推动国际借贷和国际投资活动。外汇市场发展呈现的主要特点：一是全球化；二是复杂化。

目前，中国外汇市场由零售市场和银行间市场两部分构成。在外汇零售市场上，企业和个人按照《中华人民共和国外汇管理条例》和结售汇政策规定通过外汇指定银行买卖外汇。银行间市场则由外汇指定银行、具有交易资格的非银行金融机构和非金融企业所构成。外汇指定银行是连接零售市场和银行间市场的主要机构。在新的制度安排下，外汇市场引入了做市商制度，货币当局同时增加了外汇做市商的头寸额度，中国人民银行不再直接参与外汇市场的日常交易，而是通过外汇交易商进行间接调控。由此可见，商业银行在市场供求方面的影响力增加，市场因素对人民币汇率的影响力也不断增强。

2.黄金市场

黄金市场是集中进行黄金买卖和金币兑换的交易中心。黄金曾经作为货币在市场上流通，现在虽然普遍实行信用货币制度，但是各国仍然保留一定的黄金储备。当本国货币汇率大幅波动时，政府仍然会利用增减黄金储备、吸纳或投放本币的方法来稳定汇率。20世纪70年代以来，黄金市场发生了变化，不但市场规模扩大，交易量猛增，而且投机活动日益频繁，黄金期货市场不断壮大。

黄金市场上的供给者主要是各国中央银行、黄金生产企业、预测金价下跌做空头的投机商，另外还有一些拥有黄金需要出售的企业或个人；需求者则包括为增加本国黄金储备的中央银行、预测金价上涨而做多头的投机商以及以保值、投资或生产为目的的企业或个人，一些国际金融组织，如国际货币基金组织，也是黄金市场的参与者。

黄金的价格经常发生波动，除了受供求关系影响之外，受经济周期的影响也较大。在经济复苏和繁荣时期，由于人们投资的欲望强烈，纷纷抛出黄金，换取纸币以追求利润，导致金价下跌；反之，在萧条或衰退期，金价上涨。另外，通货膨胀与利率的对比关系也影响黄金价格。当利息收入无法抵补通货膨胀造成的纸币贬值的损失时，就会转而买入黄金以保值，金价上涨；反之，当利息收入高于纸币贬值的损失时，金价就会受到抑制。外汇价格变动也会影响黄金价格。

3.保险市场

保险市场是以保险单为交易对象的场所。传统的保险市场大多是有形的市场，如保险交易所。随着社会的进步和科学技术的发展，尤其是信息产业的高速发展，现代通信设备和计算机网络技术的广泛运用，无固定场所的无形保险市场已经成为现代保险市场的主要形式。

（1）保险市场的类型划分。

①根据保险交易对象的不同，可以将保险市场划分为财产保险市场和人身保险市场。财产保险市场为各类有形的物质财产和与有形物质财产相联系的经济利益及损害赔偿责任提供保险交易场所，而人身保险市场则为健康、安全、养老等保险提供交易场所。

②根据保险交易主体的不同，可以将保险市场划分为原保险市场和再保险市场。原保险市场是保险人与投保人进行保险交易的市场，是再保险市场存在的基础，可以视为保险市场的一级市场。再保险市场是保险人之间进行保险交易的市场。在这个市场上，保险人将自己承保的部分风险责任向其他保险人进行保险，分出保险业务的保险人称为原保险人，接受分保业务的保险人为再保险人。再保险市场可以视为保险市场的二级市场。

③根据保险交易地域的不同，可以将保险市场划分为国内保险市场和国际保险市场。国内保险市场是保险人在本国范围之内从事国内保险业务所形成的保险市场，市场上的保险交易双方均为本国居民，保险交易活动受本国法律法规的约束；国际保险市场是保险人经营国外保险业务而形成的保险市场、市场上的保险交易双方分属不同的国家，交易活动受多国法律法规的约束。国际保险市场活动会引起资本的国际流动，从而影响相关国家的国际收支。

（2）保险市场的主要功能。首先，保险市场能提供有效的保险供给。保险市场提供的竞争机制能使保险经营者不断开发新险种，提高保险服务质量，满足人们的保险需要。其次，保险市场能提高保险交易的效率。保险市场有如保险产品的集散地，保险交易双方在市场上可以自由选择，公平竞争，促使保险经营者尽可能地降低交易成本，提供交易便利，从而在客观上提高了保险交易的效率。再次，保险市场上由于交易双方的相互作用以及保险人之间的相互竞争，市场上可以形成较合理的交易价格。最后，保险市场的保险和再保险业务可以为投保人、保险人提供最广泛的风险分散机制。

中国保险市场近年来得到了快速发展，保险业务品种日益丰富，保险业务范围逐步扩大，保费收入较快增长。商业保险已成为中国社会保障体系的一个重要组成部分。保险市场的发展在保障经济、稳定社会、造福人民等方面发挥了重要作用。

4.金融资产交易市场

金融资产是指金融体系里的一切金融工具或金融合约。金融资产交易市场是以金融资产为交易标的而形成的市场。在我国主要以金融资产交易所（中心）形式出现，这里主要指地方政府批准设立的综合性金融资产交易服务平台。

目前，我国金融资产交易市场上的交易品种十分丰富，主要包括三个方面：一是金融资产公开交易业务，包括金融企业国有产权转让、不良金融资产转让以及其他金融产权转让交易；二是金融产品非公开交易业务，包括：信贷资产、银行理财产品、股权投资基金权益、信托产品的募集和凭证、资产权益份额转让等金融产品交易；三是其他标准化金融创新产品的咨询、开发、设计、交易和服务。在实际经营中各金融资产交易平台偏向于不同的业务侧重点，并致力于开发创新型金融产品和交易模式。

（三）金融市场体系的参与者及其工具

1.金融市场体系的参与者

（1）政府。政府是一国金融市场上主要的资金需求者。为了调节国库收支、建设公共工程、干预经济运行、弥补财政赤字，政府通常需要通过发行公债筹措资金。在货币市场上，政府通过发行国库券借入资金；在资本市场上，政府通过发行国债满足其对中长期资金的需求。

（2）中央银行。中央银行既是国家重要的宏观经济管理部门，也是金融市场的重要参与者。中央银行与政府部门一样，参与市场的目的是实现国家宏观经济目标，但参与市场的方式不同。中央银行在金融市场上进行公开市场操作，通过买卖有价证券，吞吐基础货币，调节市场上的货币供应量。

（3）金融机构。在金融市场上，金融机构的作用较为特殊。首先，它是金融市场上最重要的中介机构，是储蓄转化为投资的中介机构；其次，金融机构在金融市场上同时充当资金供给者和需求者，它既发行、创造金融工具，也在市场上购买各类金融工具。

（4）企业。企业是微观经济活动的主体，是股票和债券市场上的主要筹资者，也是货币市场的重要参与者。企业既用现金余款来进行短期投资，又利用货币市场融入短期资金以满足季节性、临时性的融资需求，还可以通过资本市场筹措长期资金，是金融市场最活跃的主体。

（5）居民。居民是金融市场主要的资金供给者。居民出于预防未来支出的不确定性或节俭等考虑，将收入的一部分用于储蓄。与此同时，居民可将储蓄资金投资于资本市场、保险市场或黄金市场，通过金融资产的投资组合，实现收益和风险的最佳匹配。居民是金融市场供求均衡的重要力量。

2.金融市场体系的工具及其价格

金融市场的交易对象是货币资金。但由于货币资金的交易通常需要借助金融工具来进行，因此，金融工具就成为金融市场上的交易载体。不同的信用形式发行不同的金融工具，每种金融工具各有不同的责权利匹配，能满足资金供求双方在数量、期限和条件等方面的需要，在不同的市场上为不同的交易者提供服务，具有广泛的社会可接受性。金融工具的价格是金融市场的一个重要构成要素。价格反映资金的供求关系，也影响和制约资金供求双方的交易活动；政府对宏观经济的调节也通过间接调控金融工具的价格来实现，因此在金融市场上价格发挥着核心作用。

第二节　货币、信用与利息利率分析

一、货币

货币自产生至今已有几千年的历史。货币的出现是与商品交换相联系的，是商品交换长期发展过程中分离出来的特殊商品，也是商品交换发展的自然结果。在原始社会后期，由于社会生产力的发展，在原始公社之间出现了最初的实物交换。随着生产的进一步发展，商品交换逐渐变成经常的行为。

在世界各地，出现的商品交换，大致经过了两个阶段：首先是简单的物与物直接交换；其次是通过一定媒介的交换。简单的物与物直接交换将买方和卖方局限于同一时间和空间，致使交换双方只有同时需要对方的商品，且在价值量上基本相等时，交换方能进行，直接的物与物交换中常会出现商品转让的困难，这种客观上的局限性影响经济的发展。随着商品交换的进一步发展，人们逐渐发现，如果先用自己的商品去换取一种大家普遍愿意接受的物品，然后再拿这种物品去交换能满足自己需要的商品，就会使商品交换顺利进行。于是，通过媒介的商品交换就成了交换的主要形式。在货币史上，牲畜、兽皮、龟壳、布帛、可可豆、贝壳，甚至玉米等，都曾在不同地区的不同时代充当过货币。后来，金、银、铜、铁等金属，曾在长时间里扮演过货币的角色。

中国是世界上最早使用货币的国家之一，最早充当交换媒介的物品是贝壳，在中国的汉字中，凡与价值有关的字，大都有"贝"字，如财、贵、贱、货、资等。由此可见，贝是我国最早的货币。货币的发展主要可以分为以下两个方面：

（1）商品货币的发展。商品货币是足值的货币，即作为商品货币的各类实物和金、银、铜等金属的自身商品价值与其作为货币的购买价值相等。如一只羊作为实物，它要换回与其价值相等的一袋米，这只羊作为货币，它的购买能力同样是其自身价值所具有的价值，它不可能买回相当于两只羊的米。足值货币的特点是价值比较稳定，能为商品的生产和交换提供一个稳定的货币环境，有利于商品生产和交换的发展。

（2）信用货币的发展。信用货币和商品货币相对应。商品货币是足值货币，而信用货币是不足值货币，即信用货币（credit money）是由国家法律规定的，强制流通且不以任何贵金属为基础的独立发挥货币职能的货币。信用货币的产生与发展弥补了金属货币数量无法伴随商品数量增长而相应增长的弊端，逐渐取代了金属货币，成为货币主要的存在形式。

信用货币与商品货币相比，最显著的特征是作为商品的价值与作为货币的价值是不相同的。它是通过法律确定其偿付债务时必须被接受，即法偿货币。而且信用货币是以信用作为保证，通过一定的信用程序发行、充当流通手段和支付手段的货币形式，是货币发展中的现代形态。信用货币具有的特征：一是信用货币是货币的价值符号；二是信用货币是债务货币；三是信用货币具有强制性；四是国家对信用货币进行控制和管理。

二、信用

信用是一种体现特定经济关系的借贷行为，在金融学上，信用是指以偿还和付息为条件的借贷行为，信用是价值单方面的转移，是价值运动的特殊形式。信用是商品经济发展到一定阶段的必然产物，信用在社会再生产过程中处于分配环节。现代信用活动的直接标的物是货币，货币的借贷活动则体现了社会资源的合理配置。随着商品经济的逐渐发展，对货币资源余缺配置的要求就会增多，信用逐步成为商品社会的一种普遍经济活动。

经济学中所讲的信用与人们在日常生活中所使用的信用概念有所不同。日常生活中人们所使用的信用是从道德理论方面来进行解释的，注重言之有信的行为。而经济学中的信用是指商品货币背景下的一种借贷行为。所谓借贷，是指商品或货币的所有者把商品或货币暂时让渡（即贷出去）给有需求的人，并约定在一定的时间内，到期由商品或货币的借入者连本带息一起归还给商品或货币的所有者。

（一）信用的特性

1.偿还性与流动性

（1）偿还性。偿还性是指信用活动中的债务人必须按照约定，在规定的时期内按时归还本金和利息的行为。如果债务人在未取得债权人允许其延期归还本息的情况下，未能到期归还债权人的本金和利息，则构成违约，需承担相应的违约赔偿责任。

（2）流动性。流动性是指某种金融产品能够迅速变现而不会使资产所有者遭受损失的能力。流动性一般与金融产品的期限成反比，偿还期限越长，该产品的流动性越小；相反，偿还期限越短，该产品的流动性越大。流动性与信用活动中债务人的信用能力成正比，债务人的信誉度越高，流动性越大；相反，债务人的信誉度越低，流动性越小。

2.收益性与风险性

（1）收益性。收益性是指信用行为能够在一定期限内给让渡资本使用权的所有者带来利息收入。收益的大小可以通过利率来反映。

（2）风险性。风险性是指信用活动中，债务人不能按时履约，未能按照约定归还债权人的本金和利息，或者由于其他原因，而给债权人带来损失的可能性。信用活动中的风险包括市场风险和信用风险。市场风险，是指信用产品市场价格波动而给投资者带来损失的可能性。信用风险，是指债务人不能按期归还债权人的本息而给债权人带来损失的可能性。

（二）信用产生的条件

随着货币支付手段职能的发展，信用逐渐衍生出来。剩余产品的出现推动着信用的产生，而信用产生的必要条件是私有制。最早的信用产生于原始社会末期和私有制的开始。在原始社会末期，衍生出了一种特殊的经济现象，即社会财富在不同的经济行为主体之间进行分配，但是，由于生产力的发展和社会分工的出现，劳动产品出现了剩余，有的经济主体拥有大量闲置的某一商品，而又需要其他的一些商品，于是，交换开始成为日益频繁的一种现象，这种情况加速了原始公社的瓦解和私有制的产生。

产品剩余必然存在时间与空间上的不平衡性，即贫困家庭被迫向富裕家庭进行借贷，以维持生活，信用便随之产生。可见此时的信用是建立在产品剩余的基础上的，产品剩余是私有制经济运行的前提。最早的信用活动是实物借贷，如种子、牲畜等。随着物与物交换被以货币为媒介的商品流通所取代，信用活动的形式日益多样化，不仅表现在商品的信用购销中，而且表现为货币的借贷。

（三）信用的主要作用

（1）集中与积累社会的资金。为了调节资金的余缺，现代经济的增长需要信用将社会闲置的、分散的资金集中起来，再将这些聚集起来的资金投放到需要资金的企业，投放到生产环节，以促使经济健康、有效地运行。同时，通过信用活动，银行可以将城乡居民手中的闲置资金集中起来贷给有需求的企业，银行的这一行为相当于将居民的消费基金转变成了企业的积累基金。

（2）促进利润平均化。在社会主义市场经济环境下，信用的分配职能主要是在一定程度上对生产要素进行分配。如果分配的对象是实物，则它是直接地对生产要素的分配,如果分配的对象是货币,则它是间接地对生产要素的分配。在市场经济条件下,实物随着货币走,货币是一般等价物。因此,调剂货币的余缺实际上是对社会生产要素进行再分配。信用还可以对生产成果进行分配。由于信用的有偿性,在货币借贷活动中,债务人需要向债权人支付利息,这种利息的支出就是对原有分配成果的再分配。

信用资金调剂余缺的职能不是简单的平均分配,而是按照经济规律的要求,将资金从使用效益差、效率低的企业、部门和地区调往使用效益好、效率高的企业、部门和地区,从而减少了效益差、效率低的企业、部门和地区的资金占用和浪费,增加了效益好、效率高的企业、部门和地区的可占用资金数量,最终使效益差、效率低的企业、部门和地区的资金利润率有所上升、效益好、效率高的企业、部门和地区的资金利润率有所下降,从而使全社会的利润率水平提高。同时,资金的余缺调剂还会迫使效益不高的企业提高盈利水平、从而促使全社会资金利润率的平均化,促进国民经济健康、均衡发展。

(3)加速资金的周转。由于信用是通过聚集各种闲置资金,再合理地将资金进行投放的方法,将大量原本处于相对静止状态的资金运转起来,这对加速整个社会资金的周转起到了重要作用,并且利用各种信用形式,还能节约大量的流通费用。各种信用工具的使用,节省了相关流通费用,而各类金融机构对资金进行集中管理减少了整个社会的现金保管费用。

(4)调节经济的运行模式。信用是国家调节宏观经济和微观经济的重要杠杆。在宏观上,信用活动调节货币流通规模和速度,使其不断适应经济社会发展需要,如调节贷款规模、利率等。信用活动在宏观上促进生产布局和产业结构的调整,资金总是从效益差、利润率低的部门、企业、项目向效益好、利润率高的部门、企业、项目流动。在微观上,通过信贷政策的调整,如优惠利率的制度,可以促使企业加强管理,提高企业资金使用效率,提高经济效益。

三、利息利率

利息是在信用关系中债务人支付给债权人(或债权人向债务人索取)的报酬。利息是信用的伴随物,是借款人支付给贷款人的超过本金的那一部分金额。利息是借贷资本的价格。在以公有制为主体的社会主义社会中,利息来源于国民收入或社会财富的增值部分。利息产生与商品交换密切联系,在商品交换初期,借贷活动多为实物形式,利息以实物形式作为一种报酬。随着商品交换的发展和货币的产生,利息以货币形式计量。

（一）利息

1.利息的形态

利息是资本所有者由于贷出资本而取得的报酬，它来自生产者使用该笔资本发挥营运职能而形成的利润的一部分。在现实生活中，利息已经被人们看成收益的一般形态：无论资本是贷出还是没有贷出，利息都被看成资本所有者理所应当获得的收入；

无论是借入资本还是运用自己的资本进行经营，经营者总是将自己所得利润分为利息和企业利润两部分，并将扣除利息后剩余的部分看成经营所得报酬。因此，利率就成为一个尺度，如果投资回报率大于利率则可以投资，反之，不考虑投资。

利息作为收益的一般形态，主要是因为利息导致了收益的资本化，收益的资本化是从本金、收益、利率之间的关系中套算出来的，而利率是指借贷期内所形成的利息额与所贷资金额的比率。利息收益和利率的关系公式为：

$$r=C \div P \tag{5-1}$$

其中，r 为利率；C 为收益；P 为本金。

利率反映利息水平的高低。现实生活中的利率都是以某种具体形式存在的。

2.利息的计算

利息是一种报酬，也是一种代价。因此，如何计算利息，以确定是否应该进行投资，是经济生活和金融活动中的重要问题。

（1）单利计算。单利是指在计算利息时，不论期限长短，仅用本金计算计息，而本金所产生的利息不再加入本金计息。计算公式为：

$$I=P \times r \times n \tag{5-2}$$

$$S=P（1+r \times n） \tag{5-3}$$

其中，I 为利息；P 为本金；r 为利率；n 为借贷期限；S 为本息和。

（2）复利计算。复利是指在整个借贷期限内，每隔固定期限计算一次利息，并将利息加入本金再计算下一年的利息，即不仅本金计息，利息也计息，俗称"利滚利"。计算公式为：

$$S=P（1+r）^n \tag{5-4}$$

$$I=S-P \tag{5-5}$$

其中，I 为利息；P 为本金；r 为利率；n 为借贷期限；S 为本息和。

（3）贴现利息计算。贴现是指将未来某一时期的资金值，折算成现在时期的资金值。未来某一时间的终值在当前的价值、又叫现值。其计算公式为：

$$P=S \div （1+r）^n \tag{5-6}$$

其中，P 为现值；S 为终值；r 为利率；n 为借贷期限。

（二）利率

1.利率的类型划分

利率是借贷期满的利息总额与贷出本金总额的比率。按照不同的标准，可以将利率划分为不同的种类。

（1）根据期限不同分类。年利率是指以年为时间单位计算利息，通常以百分之几表示，俗称"分"；月利率以月为计算单位，通常以千分之几表示，俗称"厘"；日利率以日为计算单位，通常以万分之几表示，俗称"毫"。三种利率之间的换算关系是：

$$年利率=日利率×365=月利率×12 \qquad (5-7)$$
$$日利率=月利率÷30=年利率÷365 \qquad (5-8)$$

在我国，习惯上用"厘"作为单位，但是差异较大。年息2厘是指年利率2%；月息2厘是指月利率2‰；而日息2厘是指日利率2‰。在我国民间借贷中，还经常使用分作为利息单位。分为厘的10倍，如民间借贷约定"月息3分"，实际上年利率达到了36%。随着国际化进程的推进，目前越来越多的国家采纳了以年利率表示利率的方法。

（2）根据是否考虑通货膨胀因素分类。名义利率是直接以货币表示的，没有考虑通货膨胀因素的利率。实际利率是名义利率剔除通货膨胀因素以后的真实利率，是以实际购买力表示的利率，或随通货膨胀预期的变化而调整，从而能够更精确地反映真实筹资成本的利率。名义利率与实际利率之间的关系是：实际利率=名义利率-通货膨胀率，在市场上，只要存在物价变动，所见到的各种利率都是名义利率，实际利率一般都是通过计算而得到的。在现实生活中，物价水平通常呈现上涨趋势，而一旦发生通货膨胀，就会给债权人带来损失。

（3）根据利率能否变动分类。固定利率是指在银行借贷业务发生时，由借贷双方商定的利率，利率在整个借款期间内固定不变，不随借贷资金的供求状况和市场利率的波动而发生变化。固定利率简便易行，但有一定的风险，比较适用于短期借款或市场利率变化不大的情况。浮动利率是指在借贷期内定期调整的利率，又称可变利率，是指随着市场利率的波动而定期调整变化的利率。浮动利率可以减少市场变化的风险，对于借贷双方都比较合理，但计算利息时比较繁杂，适用于中长期贷款。我国目前允许商业银行贷款利率在官方利率的基础上，有一定的浮动范围，农村信用社的贷款利率浮动范围更大一些。

（4）根据利率的决定机制分类。市场利率是指按照市场规律而自由变动的利率，即由借贷资本的供求关系直接决定并由借贷双方自由议定的利率。官方利率也称法定利率，是政府金融管理部门或者中央银行确定的，要求强制执行的各种名义利率。它是国家为了实现宏观调控目标的一种政策手段，它反映了非市场的强制力量对利率形成的干预，而且该利率对所有金融机构都具有法律上的强制约束。公定利率是指非政府部门的民间组织，如银行公会、行业协会等，为了维护公平竞争所确定的带有行业自律性质的利率，也可称其为行业利率。这种利率对行业成员不具有法律上的约束力，但作为行业成员的金融机构一般都会遵照执行。官方利率和公定利率一般只规定利率的上、下限，在上、下限之间，利率则是由市场来进行调整的。

（5）根据利率地位的不同分类。基准利率是指在整个金融市场上和整个利率体系中处于关键地位、起决定性作用的利率。当它变动时，其他利率也相应发生变动。基准利率通常由一个国家的中央银行直接制定和调整。基准利率是利率体系的中心，也是货币政策的工具之一。中央银行通过调整基准利率，一方面可以直接影响商业银行的借款成本，从而达到扩张或收缩信用的目的，同时可以影响金融市场的利率水平；另一方面还会在一定程度上影响社会公众的心理预期。市场其他利率是指除基准利率以外的其他各种利率，一般是指金融机构在市场上形成的各种利率。这些利率通常参照基准利率而定。

（6）根据资金的进出角度不同分类。存款利率是指客户在银行或其他金融机构存款时所取得的利息与存款额的比率。存款利率的高低直接决定了存款人收益多少和金融机构融资成本大小。一般而言，存款利率越高，所吸收的资金就越多，但金融机构的融资成本也就越高。贷款利率是指银行和其他金融机构发放贷款时所收取的利息与借贷本金的比率。贷款利率的高低直接决定金融机构收益的多少和借款人借款成本的高低。贷款利率一般高于存款利率，贷款利率与存款利率的差即存贷利差，它是银行利润的主要来源。

2.利率的重要

在现代经济中，利率是非常重要的经济变量，利率对宏观经济和微观经济发挥着十分重要的作用。

（1）聚集资金。合理的利率能够增强居民的储蓄意愿，银行调整存款利率对借贷资本的积累规模有较大的影响。调高银行存款利率能增加存款者的收益，从而能把再生产过程中暂时闲置的各种货币资本和社会各阶层的货币收入集中起来，转化为借贷资本，形成巨大的社会资金满足经济发展的需要。利率越高，消费的机会成本就越大，储蓄所得的利息收入就越多。所以，提高银行存款利率对聚集社会资金有重要作用。

（2）引导资金流向。利率对投资的作用体现在利率对投资规模和投资结构都有直接的影响。企业在投资时，需要大量借用外部资本，利率作为企业融资的成本，自然也就成为影响企业融资规模的重要因素。降低利率意味着企业投资成本降低，从而刺激企业增加投资，促进整个社会经济增长；提高利率则意味着企业投资成本上升，从而会使企业减少投资，抑制整个社会经济增长。在间接融资条件下，利率也可以通过调节信贷规模和结构来影响投资规模和结构，并进一步影响经济的运行。

（3）稳定物价水平。利率对物价的稳定作用主要是通过调节货币的供给量与需求量来实现的。当物价水平持续上升时，中央银行可以通过提高存贷款利率和再贴现率来缩小信用规模，减少货币供给量，抑制社会总需求，从而使物价趋于稳定；相反，当物价水平持续下跌时，中央银行会通过降低存贷款利率水平和再贴现率来扩大信用规模，刺激企业扩大生产，增加商品供给量，刺激社会总需求，使物价回升。

（4）提高资金使用效益。企业的利润收入=销售收入-（产品成本+贷款利息+税金）。在产品成本和税金相对稳定的情况下，如果销售收入不变，企业的利润大小取决于贷款利息的多少，所以企业要加速资金周转，努力节约资金的使用和占用，减少贷款规模，取得最大的利润。

（5）引导金融资产选择。利率水平合理与否，将直接决定金融资产的定价是否合理，以及通过该金融资产导致的资金流动是否合理。在直接融资条件下，利率的高低影响证券价格的高低，从而成为制约融资成本高低及投资成功与否的一项重要因素。利率的变化轨迹与有价证券的变化呈反方向的变动。调整利率可以引导人们选择不同的金融资产。

（6）平衡国际收支。在国际收支逆差严重时，提高本国利率水平，使其高于国外利率水平，既可阻止本国资金外流，又可吸收外国短期资本流入本国。一方面，降低长期利率，鼓励投资，发展经济；另一方面，提高短期利率，阻止本国资本外逃并吸引外国短期资本流入，从而在平衡国际收支的同时，抑制经济衰退。

3.影响利率的因素分析

在现代经济关系中，影响利率的因素较多，但主要有社会平均利润率、借贷资金供求状况、货币管理当局的货币政策、通货膨胀预期、国际利率水平等。

（1）社会平均利润率。利息来源于利润，是利润的一部分。因此，平均利润率是决定利率水平高低的首要因素，利率的大小处于零与平均利润率之间，受制于利润率，利率的高低影响着借贷行为。

（2）借贷资金供求状况。作为一种特殊的商品，资金的价格-利率决定于资金的供给与需求。银行作为经营存、贷、汇业务的特殊金融企业，是以追求利润最大化为目的的，如果银行的成本高，收益就会受到影响，所以为了追求更高的利润，银行在办理贷款业务时会提高贷款利率。同时，当资金供大于求时，利率会下降；当资金供不应求时，利率会上升。

（3）货币管理当局的货币政策。当今任何国家的经济都不同程度地受制于政府，利率也成为国家较为重要的一种货币政策工具，而国家实行不同的经济政策，对利率水平会产生不同的影响。

（4）通货膨胀预期。一般而言，发生通货膨胀或者预期通货膨胀上升时，利率水平有上升趋势。当通货膨胀发生时，会引起货币贬值，这便会给资本供给者带来一定的损失，为了避免损失，资本供给者会选择购买股票、黄金或其他保值资产，以致借贷资金市场上的资金供给数量变少。同样，预期通货膨胀的上升又会刺激借贷资金的需求上升，借贷资金的这种供不应求的状况会导致利率上升。当预期通货膨胀率下降时、利率水平会有下降趋势。

第三节　金融监管体系与金融创新

一、金融监管体系

（一）金融监管中经营模式的选择

混业经营制一般是指某一金融机构可以同时经营银行、证券、保险等金融业务，以促进金融机构之间的有效竞争，并充分利用金融资源，达到提高金融机构的创新能力和高效经营的目的。分业经营制则指的是作为现代金融三大主要业务的银行业、证券业、保险业分开经营，其核心业务各不相同，互不交叉，其机构分开设立，互不隶属，相互独立。混业经营之所以对分业经营进行了否定，分业经营存在的问题有：①由于金融创新，银行、证券和保险三者的产品日益趋同，不同金融机构之间的界限变得模糊不清，失去了分业经营的前提；②非银行金融机构对银行业的渗透，资本市场对传统银行业的替代，使商业银行的生存发展日益艰难，为了拓展新业务、开发新收入，需要多元化经营；③国际竞争的加剧和国际金融市场的全球化趋势推进了银行全能化，分业经营束缚了金融机构特别是银行的国际竞争力；④在金融创新和金融国际化的背景下，分业经营已经不再是防范金融风险的有效办法，不仅如此，它还会带来新的更大的风险。

1.混业经营

传统上各国银行、证券和保险由不同部门分别监管。在混业经营条件下，分业管理的结构会带来许多问题，如对全能银行实行分业管理，不利于公平竞争，即从事相似的业务不能得到同样的管理待遇。许多国家正在努力加强现有监管机构之间的协调，各个监管机构之间签订谅解备忘录的数量正在大幅上升，以保证信息共享和应急措施的共同一致。

2.中央银行

以银行监管为核心的金融监管是现代中央银行最为重要的职能之一。从各国中央银行的起源来看，除了瑞典银行和英格兰银行等少数中央银行建立之初的目的是为政府赤字融资外，绝大部分国家都是在经历了一系列经济危机和金融动荡之后，为了对银行体系进行监管并承担最后借款人的角色，从而保证金融体系和经济运行的稳定，才建立中央银行的。中央银行在金融监管中的模式选择如下：

（1）中央银行既承担货币政策职能又负责全面监管，按"双峰原则"在内部成立两个相对独立的机构，同时与中央银行内部的其他部门保持密切联系，或者在内部采用平行设置的办法。

（2）中央银行承担货币政策职能，同时只承担银行业监管而不负责非银行金融机构的监管。在大多数国家，中央银行仍是商业银行的监管者。

（3）中央银行只承担货币政策职能及其相关的金融服务，而不承担金融监管职责。

在宏观政策层面上，中央银行也不能不对金融业的稳健运行承担相应责任，信息收集的规模经济和货币监管的有效实行需要监管当局与货币当局的密切合作。这就是说，无论采用何种模式，中央银行在银行、其他金融机构和金融市场中监管的作用仍然是极为重要的。在欧洲货币联盟的机构安排中，货币政策是欧洲中央银行的责任，银行监管的任务则按照子公司的原则分散到各成员国，但这并不排除与各国监管者、各国的中央银行、欧洲中央银行之间的信息、观点交流与合作。

（二）金融监管体制模式的分类

金融监管体制是指金融监管体系和基本制度的总称。设立金融监管体制首先面临的就是要选择和建立一个能够实现最佳监管的模式的问题。根据分类标准的不同，金融监管体制的模式也各不相同。

1.根据金融监管权力分类

（1）双线多头的金融监管模式。中央和地方两级都对金融机构有监管权，即所谓"双线"；同时每一级又有若干机构共同行使监管职能，即所谓"多头"。双线多头的金融监管模式适用于地域辽阔、金融机构多而且情况差别大，或政治经济结构比较分散的国家。双线多头金融监管模式的优点是：能较好地提高金融监管的效率，防止金融权力过集中；能因地制宜地选择监管部门，有利于金融监管专业化，提高对金融业务服务的能力。

（2）单线多头的金融监管模式。全国的金融监管权集中在中央，地方没有独立的权力，即所谓"单线"；在中央一级由两家或两家以上机构共同负责监管，即所谓"多头"。德国、法国均属这种模式。这种模式反映这些国家权力集中的特性和权力制衡的需要。单线多头的金融监管模式的优点是：有利于金融体系的集中统一和监管效率的提高，但需要各金融管理部门之间的相互协作和配合。

（3）集中单一的金融监管模式。集中单一的金融监管体制是由一家金融机构集中进行监管的体制。在历史上，集中单一的金融监管模式较为普遍，其监管机构通常是各国的中央银行。集中单一的金融监管模式在发达国家和发展中国家都很普遍。发达市场经济国家实行这种模式是在经济与金融高度发达、基本实现了一体化的基础上形成的，是与其完善的市场体系、高度发达的经济水平和中央银行或监管当局拥有较大独立性相适应的。发展中国家采用这种模式是由于国内市场体系不完备，金融制度结构比较简单，客观上需要政府通过中央银行统一干预。这种监管模式的优点是：金融管理集中，金融法规统一；能为金融机构提供良好的社会服务。

2.根据监管主体数量分类

（1）多头分业型金融监管模式。多头分业型金融监管模式即由两个或两个以上的管理机构分别对金融机构按业务类型进行监管。世界上绝大多数的国家实行这种模式。多头分业型监管模式的意义在于，由于银行业、证券业和保险业三者风险的性质不同，对其监管就需要不同的方法。毕竟，单一全能机构不可能有明确的集中的目标和合理的监管，也不能在不同类型的机构和业务之间制定必要的区别。单一全能机构负责所有方面和所有类型的金融机构，会出现文化差异冲突。

（2）单一全能型金融监管模式。单一全能型金融监管模式即由一家监管机构对所有金融机构的全部金融业务进行监管。单一全能型模式的优势主要是在监管机构负责的各个不同的监管领域可获得经济规模和增效作用，它可在一定程度上减少成本。单一的综合的监管机构可以更加有效地监督这些机构的所有经营，而且可以更好地察觉不同业务部分潜在的支付危机。同时，可以避免重复机构体制容易引发的不公平竞争性、政策的不一致性、监管的重复交叉与遗漏。在此模式下由于监管者的职责固定、明确，能防止不同机构之间互相推卸责任。此外，在处置金融风险的过程中，单一全能监管机构更具有政策的一致性、协调的权威性、反应的及时性，能更加有效地利用监管资源。

3.根据功能与机构分类

根据功能和机构划分的原则，金融监管体制的模式划分如下：

（1）统一监管型。按监管主体数量划分法又称为单一全能型，即对于不同的金融机构和金融业务，无论审慎监管，还是业务监管，都由一个机构负责监管。

（2）多头监管型。多头监管型即将金融机构和金融市场一般按照银行、证券、保险划分为三个领域，分别设置专业的监管机构负责包括审慎监管和业务监管在内的全面监管。

（3）牵头监管型。牵头监管型是多头监管型的改进型。在实行分业监督的同时，随着金融业综合经营的发展，可能存在监管的真空或业务交叉，多个主要监管机构为建立及时磋商协调机制，相互交换信息，特指定一个监管机构为牵头监管机构，负责不同监管主体之间的协调工作。

（4）"双峰"监管型。这种模式是设置两类监管机构，一类负责对所有金融机构进行审慎监管，控制金融体系的系统性金融风险；另一类负责对不同金融业务监管，从而达到双重保险作用。澳大利亚和奥地利是这种模式的代表。

二、金融创新

（一）金融创新的内容

金融创新由来已久，但一直未有经济学家提出一个普遍接受的定义。20世纪60年代以来，世界范围内掀起了金融创新的浪潮。一批西方经济学家陆续从不同角度提出了各具特色的金融创新理论。在这一理论与实践的发展进程中，金融创新被人们赋予了越来越丰富的内涵。

创新是一种新的生产函数，将未出现过的生产要素与原有生产条件相结合，再将新组合直接引入生产系统。简而言之，创新包含了五个方面：第一，发现新产品；第二，探索新工艺；第三，新资源整合；第四，全新市场开发；第五，新的管理方式以及组织的创建，也被叫作组织创新。整体金融创新的阐释分为以下三个方面：

首先，金融创新的宏观方向。很多国内外经济学家将金融创新理解为金融历史之中的一个伟大革新，金融行业的发展过程即金融创新的历史，金融业的每项重大发展都离不开金融创新。从金融行业的发展历史来看，金融创新涵盖的范围非常广泛，且时间跨度也更长，从货币信用发展之初，每一次技术、产品、制度、服务、管理方式等的变革都是金融创新的体现。

其次，金融创新的中观方向。金融创新的中观层面其实是一种金融组织的功能变化，出现在20世纪60年代。我们可以将金融创新进行定义：随着经济环境的不断变化，金融进程中存在很多内部矛盾变化，政府以及金融组织为适应此种矛盾变化，将生产经营风险进行转移或降低，进而达到金融整体的盈利性以及流动性和安全性，并在潜移默化中更改金融媒介作用，不断更新创立更高效的资金营运形式的历程。主要包括制度创新、技术创新及产品创新。中观层面的金融创新对金融创新的研究对象进一步具体化，且将时间范围限制在20世纪60年代以后，是大多数金融创新理论所使用的概念。

最后，金融创新的微观方向。有一部分金融研究人员认为金融创新仅限为金融工具方面的探索创新，这种看法属于金融创新的微观层面。我们根据金融工具的差异对金融创新进行微观层面的划分，包含创新信用对象、探索发现新的风险转移对象以及增设新的流动产物和股权工具。

（二）金融创新的类型

1. 金融制度的创新

（1）分业经营制度向混业经营制度的转变。在世界各国的银行体系中有两种不同的银行制度。关键在于商业银行与投资银行之间的各项业务兼并以及分散的相关问题。

（2）金融机构在管理方面逐渐有了成熟的制度，并逐渐统一。不同于投资银行的是商业银行有其特有的信用功能，所以说世界各国对于商业银行的管理以及限制方面要比非银行金融机构更加的严格，比如说对于市场进入方面的限定、活期存款不得支付利息的限制、存款最高利率的限制、不同存款准备金率的差别限制等。在金融业不断发展的过程中，非银行金融机构进行了大胆创新与发展，使其在数量规模以及金融种类方面有所增加，业务范畴以及业务形式方面也得到了很大扩展。基于整体国际经济形势以及市场环境的不断变化，国际各国在商业银行以及非商业银行之间采取措施，在管理方面逐渐统一，致使两金融机构在整体金融市场中的份额与地位逐渐平衡。

2. 金融传统业务的创新

（1）负债业务的创新。负债业务创新是一种新的形式，不同于原有的传统业务，开拓了新的金融路径。对于商业银行而言，新型存款账户的出现更适用于各种客户的需求，更加的个性化。商业银行负债的范围、用途多样化。

（2）资产业务的创新。商业银行的资产业务创新主要表现在贷款业务上，具体表现在四个方面：贷款结构的变化；贷款证券化；与市场利率密切联系的贷款形式不断出现；贷款业务表外化。

（3）资产负债表外业务创新。商业银行的资产负债表外业务是指商业银行在不涉及账上资产与负债变动的情况下，通过投入一部分人力、物力而改变当期损益增加收益率的业务活动。其实质就是在不扩大资产与负债的同时只收取手续费和佣金的业务。随着金融业竞争的加剧、科学技术的不断发展和银行趋利避险的本质要求，表外业务得到普遍重视，不断进行业务创新，并迅速发展起来。典型的表外业务创新有贷款证券化、担保、承诺、支持性信用证等。

3. 金融市场的创新

（1）海外金融市场。海外金融市场所代表的是国家境外的国家货币情况，包含金融存放款、债权发行及买卖或者筹资投资等，也被叫作外币存放市场或者离岸金融市场。还有一种称呼为欧洲货币市场，是因为其源头是欧洲。对于创新金融市场而言欧洲货币市场是一种全新的市场形势，具有其独特的特点。第一，不存在国家管理，没有对应的法规对其进行约束，相对自由；第二，出现了新的金融汇聚地，增大创新市场；第三，银行之间的成交金额增加；第四，其存取款利息对于资金的存借款人均非常有利；第五，属于非居民之间的借贷关系，也就是说只涉及国外投资以及筹资人员。

（2）证券化抵押市场。20世纪80年代金融市场的重要创新是证券化抵押市场的形成和发展。证券化在20世纪70年代已经出现、在20世纪80年代得到迅速发展，在抵押贷款证券化的基础上，出现了以抵押贷款为基础发行的证券的二级市场，这一市场称为证券化抵押市场。随着银行资产证券化的发展，各种新型抵押债券的发行，更使这一市场趋向繁荣。证券化抵押市场由于发行者一般具有雄厚实力、信用级别高、安全性好的特点，同时收益也较高，对投资者很有吸引力，因而成为成功的金融市场创新。

（3）金融衍生市场。衍生工具最早在商品交易市场引入，金融衍生工具的交易在20世纪20年代也已出现，最早的是由股票交易所引入的股票期权交易。20世纪70年代中后期，债券期货、国库券期货、利率期货、股票指数期货的推出，新型的金融市场—期货市场宣告形成并在全球迅速发展。

4.金融工具的创新

（1）风险转移型创新工具。

第一，价格风险转移型创新工具。价格风险转移型创新工具可以减少资产价格变动的风险或转移这类风险。汇率和利率的波动加剧，所以这类创新工具在金融市场上很受欢迎。价格风险转移型创新的创新工具主要有以下方面：可调整利率抵押、浮动利率抵押、背对背贷款、金融期货及期权、互换及定期利率协议、票据发行便利等。

第二，信用风险转移型创新工具。信用风险转移型创新工具可以减少和转移金融资产信用状况因非正常恶化而导致的风险。由于这些国际事件使许多金融资产的信用状况恶化，引起对信用风险转移型创新工具的大量需求。信用风险转移型创新工具主要有：无追索权的资产销售、贷款互换、证券化的资产、可转让贷款合同、信用证、票据发行便利等。

（2）流动性增强型创新工具。流动性增强型创新工具的功能是增强金融资产和金融工具的流动性，使本来无法流动的资产变成可转让的资产，从而提高其流动性。流动性增强型创新工具除证券化的资产、可转让贷款合同、票据发行便利外，还有闲置余额投资账户及其他先进管理技术，货币市场互助基金以及其他可流通的货币市场工具等。

（3）引致信用型创新工具。引致信用型创新工具的功能是能带助使用者增加进入某些信贷市场的机会，从而提高其获得信用的能力。引致信用型工具或利用现有资产获得新的融资能力，或直接提供新的贷款来源，或通过互换间接提供这种来源。引致信用型创新工具主要有零息债券、垃圾债券、股权参与性融资、住宅股权贷款等。

（4）引致股权型创新工具。引致股权型创新工具的功能是对债务性质的资产给予股权特征的效果。引致股权型创新工具数量较少，典型的工具是债务—股权互换和受托可转换债券。在众多的创新金融工具中，最主要的创新金融工具只有四种形式：互换、期权、票据发行便利和远期利率协议。随着时间的推移和实际金融交易活动中各种特殊需要，可以有许多不同的创新形式以及它们与其他金融工具相互组合而形成的新的金融工具形式。

（三）金融创新的挑战

在新的时代下，金融风险和金融危机有了新的变化，在众多风险中道德风险是最具代表的金融风险。对于道德风险实质内涵是指在当下社会经济领域或金融机构从业的管理层、领导层对于自我私人利益的无限放大，而不顾公司乃至法制产生的道德危机或品性风险。近年来，由于市场化开放政策的放宽以及城市化与全球化对经济的诉求，金融市场的行为得到了极大的自主化与共融化，但是如此的政策也势必会让个别人群或者机构产生不法之念，最终将导致危机的爆发。

1.规避制度监管的目的

道德的风险与危机主要是来自相关制度的缺陷和不足。作为一个经济人是在相关的经济制度下施展行为要素的，如果没有完善的制度，那么人的行为也不能得到充分的保障。而对于金融创新而言，其内在的动力引擎就是突破旧体制，摒弃和回避以往对金融有限制和有约束的规章制度。换言之，金融创新就是市场诉求在和市场机制相融合的过程中产生的。金融创新与金融制度或者金融监管是对立统一的关系，金融要发展要提升必然要通过金融制度的有力监管，对立面而言，金融的监管往往反过来会制约其金融的创新。

对于金融监管方式和模式最终效果的得失分析来看，在微观的视角去引导和解决金融问题是有极大的难度，进而宏观的法律和道德制度就被反衬得异常重要。

2.引发金融风险转移

创新是对未知世界的探求，其根本特征是不确定性和风险性。创新同时又能抵御一定的风险，金融创新的原动力之一是规避金融风险，金融创新的特点是将诸多风险以不同的组合方式再包装，相对于传统金融业务，这种方式更加复杂。

它对单个经济主体提供风险保护的同时却将风险转移到了其他更多的经济主体上，如果经济主体都想转移同一方向的风险时，风险就会集中爆发，给金融体系造成严重危害。

金融市场的扩大和繁荣靠投资者的数量，金融机构为取得更大的利益、规避投资风险，通过金融创新吸引更多的投资者参与市场，同时也使金融机构的风险转移到投资人身上，致使投资人的利益受到损害。对于投资人而言，他们的投资行为也是受利益所驱使的。他们能接受金融创新并承受道德风险源于对投资收益的预期，在此前提下，投资者为了获取更高的收益愿意承担风险。当无论金融创新的主体还是高风险倾向的投资者都追求收益最大化时，就出现了共振和同向效应，这使得金融创新发起者的金融风险的转移成为可能。

3.导致信用体系变化

金融创新导致了银行信用体系的风险。信用风险是交易对方无法履约偿还借款而造成的损失，这既包括金融机构又包括投资者。金融机构既要有信用，又要追求效益和利益。

金融机构的内在脆弱理论认为商业银行要发挥作为金融中介的作用必须满足的两个条件：储蓄者任何时候都可以提款，对银行充满信心；银行能够在众多的项目中筛选出效益较好的项目。简言之，银行首先要有信用；其次要能提供给投资者盈利的产品。银行从产生之日起就是与信用紧密相连的，信用是银行存在的必要条件，金融产品创新是银行业竞争的结果，为吸引更多的资金银行在监管无效的情况下从事高风险行业，创造出繁杂的金融创新产品，由于创新产品的复杂性、链条的间接性、预期的不确定性以及信息的不对称性，导致了信用的脆弱性和无效性。

次贷危机的起因是资产证券化产品，它们是以商业银行传统的信贷资产作为基础资产的，而证券化之后，其影响范围超过了传统的商业银行领域。金融创新使得各种金融机构原有的分工限制模糊、交叉，职责难以区分和控制，不受旧的信用体系的约束，大量开展投机业务，以增加利益来源。金融创新改变了原有的信用承诺体系，使信用度降低，这种创新模式没有保证投资者在分配中获益，失去了应有的承诺和保障，导致投资者的利益在无形中受到损害。

第四节　互联网金融的管理与发展

一、互联网金融管理

（一）互联网金融管理的原则

1.适度性原则

对于互联网金融管理工作，在管理过程中必须坚持适度性原则，主要就是通过尊重金融市场价值规律的调整，对于各种金融活动进行适当的管理。为实现互联网金融管理的适度性原则，金融管理人员必须做到充分尊重金融市场中的价值规律，不能做出有违背市场价值规律的事情。除此之外，还需要尽量避免直接微观的管理情况，不能只考虑个别企业的金融地位而设置不符合要求的金融管理。对于互联网金融的管理还需要保证金融行业和各个组织的功能能够正常发挥作用。总而言之，互联网金融管理的适度性已经是当前管理模式中运行最广、最适用的原则。

2.一致性原则

对于互联网金融领域的管理，工作人员必须做到一致性原则，目的是能够让传统的金融服务和互联网金融服务达到同一水平。一致性原则主要有以下内容：

（1）对于互联网的渗透，金融管理主要就是对传统的经营管理方法进行创新，从根本上对金融行业进行分析，使互联网金融管理与传统的金融管理拥有一致性的金融业务，它的监管目的和最终结果也拥有一致性。在进行实际的管理工作中不能有所歧视，例如，运用传统的金融管理能够应付的问题，可以不运用更加严谨的互联网金融管理方式。

（2）互联网金融管理方法可以分为线上管理和线下管理两种模式，这两种方法都可以进行金融管理，实现金融管理一致性的原则。如果不具有一致性，那将会引起市场上的不公平问题出现。

（二）互联网金融管理的优势

1.服务便捷

随着互联网技术的快速发展以及手机等移动通信工具的广泛普及，互联网金融摆脱了传统金融服务在时间和空间上的限制，客户可以随时随地享受便捷高效的服务。需要的各种服务，如银行的转账支付、日常用品的购买，只要用户下载相应的应用程序（Application，App）或者登录相应的网站，便可以自助完成。同时，由于更加直接便捷的金融服务以及良好的用户体验，使得互联网金融企业拥有了越来越广泛的客户基础。此外，第三方支付等平台的自我创新也使得它们提供的服务更为便捷。

2.惠普金融

互联网金融的出现改变了金融行业一直盛行的"二八法则"，将"长尾理论"发挥到极致。互联网金融的出现，让普惠金融不再是一个空洞的概念，使人们切实能感受到它带来的利益。互联网金融通过挖掘和收集海量的用户信息，运用互联网思维，为用户带来了前所未有的体验。每个阶层的人，都能享受到互联网金融带来的服务体验。

3.成本低、效率高

互联网金融模式主要是采用线上服务的模式，借助各类互联网平台，让用户足不出户便可以享受到各种金融服务。互联网金融的线上服务模式，减少了实体服务网点的设置，节省了服务成本，甚至可以将服务的边际成本降为零。因此，服务成本的降低使得互联网金融企业让利于用户，从而获取了更强的竞争力。利用互联网平台简化了实体网点烦琐的服务流程，提高了整个服务效率。以贷款为例，传统的商业银行从客户提出贷款申请到最后银行进行放款，最快也需要一周的时间，其中得经过客户经理签字、银行风险部门审核、银行行长签字等各种不可缺少的程序。但是，互联网金融可以实现申请当日放贷。

4.大数据的特征明显

信息时代的关键在于对数据的收集、处理和应用。互联网金融运用大数据处理技术集合处理海量、非结构化数据，高效快速地进行信息匹配和管理，相比传统金融，互联网金融在这方面的技术优势非常明显。由此可见，数据是互联网金融的核心资产。

大数据的运用使得高频交易、信贷风险分析、社交情绪分析三大金融创新得以实现。运用大数据的优势还体现在其提升了金融市场的透明度。以往为了减少或避免信息不对称的情况，传统商业银行会进行信息收集、整合、分析和决策以获取金融客户的信用状况包括其资产状况、经营情况和各类交易状况。近年来，大数据在互联网金融中的运用改变了传统商业银行的这种做法，通过收集处理历史金融交易、商品交易、社交网络等各类海量数据信息，来精准获知金融客户信息，细化了交易价格信息和社会经济状况等数据，也使得利率更接近市场的真实水平。同时在拓展客户市场、研发新型金融产品和企业决策等方面也起到了积极作用。

5.信息化程度高

在金融服务中，企业和用户信息不对称的形式一直存在，从而导致了逆向抉择、道德风险等问题。随着互联网技术的发展，信息化逐渐成为众多传统金融机构的核心竞争力。而互联网金融的出现，使得信息不对称问题大幅度减少，企业和用户的信息越来越公开透明。信息不对称的减少，一方面使得互联网金融企业能更好、更全面地掌握用户的信息，从而减少客户违约等现象；另一方面用户可以更好、更直接地对各种金融产品进行对比，从而得出最适合自己的选择。

6.经营模式多样化

从系统各组成要素来看，互联网金融系统是一个多层次的系统，包括金融互联网子系统和互联网企业金融子系统。金融互联网子系统是负责金融机构互联网化；互联网企业金融子系统是指互联网企业涉足金融领域。正是因为互联网金融各系统在结构和功能上均有差异，便形成互联网金融多样化的业务模式。

金融互联网子系统具有基础设施完善、资金实力雄厚、社会公信力强、风险管理机制健全等特点。其开展的业务模式主要有：互联网技术在传统金融机构的运用，即利用互联网平台销售传统的金融产品，扩充商业银行的线上渠道，其形式有互联网银行、互联网证券、互联网保险等；电商模式，即由传统的银行和券商等金融机构搭建自己的电子商务平台，如建设银行的"善融商务"、招商银行的"非常e购"、交通银行的"交博汇"等；与互联网公司合作，借助对方的平台，进行自己产品的线上营销，如银行与具有社交场景和大数据科技的公司合作，强化客户下沉，提升长尾客户服务力度。

二、互联网金融的发展趋势

第一，垂直化。互联网金融的优势在于利用互联网迅速整合金融的各个领域业务。以互联网理财市场为例，互联网金融机构不能单纯地比较谁提供产品的收益率更高，不能简单以收益率高低来获得客户，而需要根据细分市场客户的特点，抓住目标客户群体，设计相应的产品，提供便捷、安全与可靠的服务，培养用户黏性。

第二，普惠化。普惠金融的核心理念是让社会所有阶层，尤其是弱势群体和低收入群体，都能获得公平、便捷、低成本的金融服务。大部分互联网金融企业正在利用技术和数据的力量，与传统金融机构一起，拓宽金融业的服务边界，更好地去帮助小微企业和普通消费者。互联网金融进入的市场属于长尾市场。长尾市场是针对小型经济单位，尤其是个人的金融服务。互联网金融通过克服空间或地区性限制、降低交易成本以及准入门槛、减少信息不对称以推动金融普惠化。

第三，技术导向。联网金融是金融科技的一种形态，技术推动金融创新发展是基本规律。近年来，深度学习、交互学习、增强现实（AR）与虚拟现实技术（VR）、区块链、人工智能、大数据处理等技术在金融领域广泛应用，不断支持金融服务创新。互联网金融机构之间的竞争，在某种程度上是技术实力的竞争。大部分互联网金融公司也逐步转化为技术公司。互联网金融技术的应用，能够更好地解决信息不对称、融资搜寻匹配、风险控制等金融基本问题。因此，技术驱动将成为互联网金融行业发展的趋势。

第六章　企业金融与财务管理

第一节　财务管理的内容与价值基础

一、财务管理的内容

（一）财务管理的基本特征

（1）企业外部环境。企业外部环境与整合企业的财务管理密切相关，二者相互影响、相辅相成。以国家财务管理为例，国际的整合金融体系的状况会直接影响到国家的财务决策，相反，国家的财务管理也会对企业的外部环境产生巨大的影响。这就需要在企业的需求与收益、成本与风险之间做出衡量，使股东财富最大化。

（2）企业资产。资金或资产是企业能够正常运行的重要支撑，任何企业的运行都离不开企业资金，这是企业运行的核心与基础。资产根据其流动性分为流动资产以及非流动资产两大类。财务管理人员最主要的工作就是研究关于资金的一系列问题，如筹资、资金运转、撤资等，最终使得所筹集资本效益最大化，从而使企业价值最大化。

（3）企业资本。资本与资产有着本质上的区别，产业资本主要囊括技术、资源等众多要素，企业资本的管理主要体现在资金运行的管理、投资风险的评估等众多方面。财务管理不仅要筹措资金，更要在法律允许的范围内对资金加以运用。为了更好地运用资本对资本加以控制，必须优化调整企业的供、产、销等管理活动，并且要借助一些数量模型来进行各种定量分析故投资决策也是财务管理中研究的重要问题。

（二）财务管理的主要原则

在市场经济日益发展的环境下，企业面临着广泛的资金运动和复杂的财务关系，需要正确地加以组织和处理。财务管理的原则是组织财务活动，处理财务关系。

1.预见性原则

预见性原则是指企业在调查研究的基础上，根据已掌握的资料，运用科学的方法对未来的财务活动发展趋势和财务成果进行分析和预决算的原则。遵循预见性原则，可以为企业生产经营决策和其他财务决策提供依据。企业在进行市场调查，市场预测的基础上，根据国家的有关方针政策及理财环境，对产品产量进行预测后，做好资金、成本利润、现金流量、投资回收期等方面的财务预测。从而在价值方面来确定生产经营活动的最佳经济效益，为选择投资效果最好的项目提供依据。加强企业财务的预见性，是编制企业财务预算的重要依据。

投资者在初始投资、追加投资和转让投资时，需要分析企业当前的资本结构、获利能力和未来发展能力，通过分析销售利润率、总资产周转率、净资产收益率、资本保值增值率等，对企业的安全性和未来盈利能力进行评价。如果是上市公司，作为投资者的股东，还要对公司未来的股利分配情况及股票市场的市价变化进行分析。企业要编制出符合实际、切实可行的财务预测，就必须对影响财务预算的各种因素进行分析和判断，预算期内拟定各种增产节约措施，并进行论证和评价。加强企业财务的预见性，是财务管理所必需的基础工作。通过预测，使企业能正确安排筹资的数量和时间，寻找合适的资金来源，保证企业生产经营的正常进行。

2.成本效益原则

以经济效益最大化作为理财目标，这是我国经济建设方针所决定的。企业经济效益主要通过财务指标如资金、成本、收入等表现出来。成本效益原则作为企业管理需要秉持的一大重要选择，成本效益原则要求管理者需要对企业所产生的一系列经济活动从收入、成本等众多方面进行系统分析，选择出在保证收益最大的前提下所耗费的最少成本，这实质上是提高了公司的总收益。

3.收支平衡原则

保持资金的协调平衡，是企业财务管理工作的一个基本环节。企业获得利润的同时，也标志此企业又完成了一大项目，换言之，企业又经历了一个周期的资金循环，这也就意味着新的一轮循环即将开始。可见资金的运转在企业运行过程中发挥着至关重要的作用，为了进一步保证资金的良好流通，管理者就需要遵循收支平衡的原则，来确保企业的稳定发展。企业购产销活动的平衡是资金收支平衡的决定性因素。对于企业而言，若想实现资金收支平衡，就必须先实现生产线的高度统一，在企业的生产线上、采购原材料、加工生产、销售作为其三个核心环节，三者必须相互影响、相辅相成，在企业生产过程中保持一个相对稳定的状态。收支平衡在企业发展过程中占据重要地位，企业必须采取一定的措施来维持企业的收支平衡。

4.利益关系协调原则

利益关系协调原则是指企业财务在组织实施管理中，应兼顾和协调好国家、投资者、债权人、经营者及劳动者的经济利益和合法权益，处理好企业内部各部门、各单位之间的经济利益关系。企业在组织财务活动中，要从国家大局出发，贯彻执行企业财务通则、企业财务制度和国家有关法律法规，处理好各方面的经济关系。

投资者在初始投资、追加投资和转让投资时，需要分析企业当前的资本结构、获利能力和未来发展能力，通过分析销售利润率、总资产周转率、净资产收益率、资本保值增值率等，对企业的安全性和未来盈利能力进行评价。如果是上市公司作为投资者的股东，还要对公司未来的股利分配情况及股票市场的市价变化进行分析。对投资者要做到资本保全，并合理安排分配红利与提取盈余公积金的关系；对债权人要按期还本付息；各企业之间要实行等价交换原则，促使各方认真履行经济合同，维护各方物质利益；对企业各部门、各单位要运用各种结算手段划清经济责任和经济利益；企业和职工之间，要实行按劳分配原则，把职工的收入和劳动成果联系起来。要处理各种经济利益关系，遵守国家法律，认真执行国家政策，保障有关各方应得的利益；要处理好个人利益和集体利益、局部利益和全局利益、眼前利益和长远利益之间的关系。处理物质利益关系时，要加强思想政治工作，提倡顾全大局，防止本位主义、极端个人主义。

5.收益风险均衡原则

企业财务管理工作几乎都是在风险和不确定的情况下进行的，特别是在剧烈的企业竞争之中，投资行为必然会承担相应的风险，因此对于企业而言，风险评估显得尤为重要。财务的一切活动都会面临一定的风险，而这也是企业追求盈利过程中不可避免的一大重要问题，收益风险均衡原则对风险以及收益进行了完美诠释，企业需要对所涉及的风险进行评估，再进行适当的投资，从而获得最大的利润。

风险意味着可能出现与人们取得收益的愿望相背离的结果。而在财务活动中，低风险只能获得低收益，高风险则可能得到高收益。企业要按期还本付息，需承担较大风险。而发行股票因股东要依法承担所购股额为限的企业经营亏损责任，相对而言，企业承担的风险小。因此，无论投资者还是受资者，都要求收益与风险相适应，风险越大，则要求的收益也越高。无论市场状况如何，企业都应当对决策项目的风险和收益做出全面的分析，还要尽可能回避风险，化风险为机遇。

6.资金结构优化原则

资金合理配置是指通过资金活动的组织调节来保证各项资源具有最优化的结构和比例关系。合理的资金配置是企业持续高效经营必不可少的条件。企业物质资源的配置情况是资金运用的结果，同时又通过资金结构表现出来。

合理的资金结构，能保证企业生产经营活动顺利进行，从而获得最佳的经济效益。若企业不优先保证内部业务的资金需求量，而把资金大量用于对外长期投资，则企业主营业务开展必然受到影响。如企业长期资金和短期资金比例失调，则将造成设备闲置、生产能力剩余或资金周转不畅、短期支付能力削弱的不良后果。因此，企业在筹集资金时，应适当安排自有资金的比例，正确进行负债经营。既要发挥负债经营的积极作用，又要避免可能产生的债务风险。在运用资金时，必须根据生产经营需要来合理配置长期资金和短期资金。从上述情况可知，优化资金结构是企业财务管理中的一项基本要求。

二、财务管理价值基础

（一）资金的时间价值

在进行生产经营的过程中，企业会投入一定的资金，随着生产的深入和不断推进，资金会在整个过程中不断流转运动，经过一定的时间后，就能够产生和过去不同的新的价值，使资金得以增值。因此，一定量的资金投入生产流通环节，会取得一定的利润和利息，从而产生资金的时间价值。资金时间价值主要是指，在不同的时间节点上，同样的一部分数额的资金所产生的价值之间具有的差额，换句话说，就是指在流通的过程中，随着时间的不断推进，资金会出现价值增值的现象，因此它也被称作货币时间价值。我们对企业的发展过程进行梳理，可以发现，在投入、运用以及回收等涉及资金的各环节中，即使是同样数额的资金，在不同的时间节点上，其所蕴含的价值也是完全不一样的，因此产生了资金的价值差额，对外表现出的就是资金的时间价值。

1.资金时间价值的基本特征

站在全社会的角度上，如果我们忽略掉通货膨胀的影响，也忽略掉可能存在的风险，那么，对资金的时间价值起到决定作用的就是资金利润率的社会平均水平。资金本身是会趋向于盈利规避风险的，如果资本市场是有效的，那么在市场中就会具有十分充分的竞争，这种情况下，市场是不会有产生暴利的可能的，整个行业的利润水平是完全透明的，这就造成了在整个社会中，无风险的利润率达到平均化水平，我们付出同样的资本，就会收获同样的利率。所以，如果我们要对资金的时间价值进行定量分析的话，它实际上就是在没有通货膨胀的情况下，全社会的无风险利润率的平均水平。我们采用对资金的时间价值进行计算的方法其实就是对相关的利息进行计算的方法，所以，我们经常会分不清利率和资金的时间价值，常常将二者混为一谈。

事实上，任何一个企业，在将财务管理组织起来的过程中风险都是一定存在的，通货膨胀作为一种经济现象在市场经济中是客观存在的，所以，我们所说的整个社会的无风险利润率的平均水平，除了包括了上面说到的资金的时间价值，像通货膨胀情况以及风险价值，也都应当被考虑进去。

货币的时间价值通常使用相对数表示，但用绝对数来进行表示也不是完全不行的。我们在进行实际操作的过程中，对资金的时间价值进行表示时，一般都会采用国债的利率或者是银行的存款利率。在通胀率比较低的情况下，整个社会的无风险利率的平均水平，也是可以用国债的利率或者是银行的存货款的利率来进行表示的。资金的时间价值作为一种经济范畴是客观存在的，企业的组织财务管理活动需要对资金的时间价值进行重点考虑。财务管理纳入资金的时间价值，企业在筹集资金、使用资金和配资节需的时间价值。这能够促进企业财务管理水平的提高，使企业的投资和资金分配得到保障。

2.资金时间价值的主要作用

资金时间价值在企业财务管理中的作用主要表现在以下方面：

（1）资金时间价值与企业筹资决策。在企业短期筹资决策中，短期借款、应付账款、票据贴现等筹资方式的选择和利用都涉及资金时间价值的计量。在企业长期筹资决策中，一般都要计算资金成本。资金成本与货币时间价值有着密切的联系。首先，资金成本是筹资方为了筹集资金所付出的代价，但从投资方（资金所有者一方）来看则是其让渡资金使用权所要求得到的必要的报酬。筹资方要付出多大代价，资金所有者要求得到多少报酬，主要取决于资金的时间价值。实际的资金成本还要受风险价值等其他因素的影响和制约。其次，资金成本的计算还应考虑资金时间价值并采用贴现方法确定。同时，在长期筹资决策中，还会遇到还本方式、付息方式的选择，需要将各期现金流出量换算成现值，因此，也属于资金时间价值的计量和比较形式。

（2）资金时间价值与投资决策。在短期投资决策中，资金时间价值的计算通常用机会成本来反映。例如，现金的持有量决策、信用政策决策、存货最佳采购批量决策等都存在机会成本的计算问题。做出正确的短期投资决策需要对资金的时间价值进行考虑，对机会成本进行正确的计算。在对长期投资进行决策的过程中，主要的方法是动态分析法。在研究项目投资的可行性，分析项目投资方案的优劣时，都需要将项目投资的现金流量按时间价值率（附加的风险补偿率）换算成现值，才能做出进一步的经济评价。资金时间价值贯穿于建筑施工企业财务管理的全过程，是建筑施工企业进行筹资决策和投资决策的重要依据。

（二）风险的报酬均衡价值

风险需要有一定的条件作为前提。风险的大小随时间延续而变化，风险存在一定的时期内。风险和不确定性并不完全一致。风险是指事发之前能够了解到的可能的结果以及各个结果的概率。不确定性是指事前不能预测的可能结果，或是即使知道可能的结果但不能确定出现的概率。或是可能结果和出现的概率都不知道，都只能做预测。不确定性投资方案，是指对各种情况出现的可能性不清楚，无法加以计量的投资决策。但在实际问题面前，区分风险和不确定性存在困难，通常不能准确掌握风险问题的概率。不确定性问题能够估算出概率，对不确定性投资方案中的各种情况出现的可能性规定一些主观概率，所以能够将不确定性投资方案向风险性投资方案转变，因此在财务管理中，不严格区分风险和不确定性，都想风险当作问题，将风险当作能够估算概率的不确定性。

风险具有客观性和普遍性，在企业的财务活动中普遍存在，并且能够对企业的财务目标产生影响。企业的财务活动一般都是在存在风险的情况下进行的，存在大量的不可预测不能掌控的原因导致企业因风险亏损。企业在存在风险的情况下投资的是为了获得更大的收益，对风险进行仔细分析可以承担较小的风险。某一行动的结果具有多种可能而不肯定，就称为风险；反之，行动的结果是肯定的就称为没风险。

如购买政府发行的国库券，该国库券的利率到期肯定可以实现。在财务管理方面，风险是在企业的财务活动过程中，因为不能预测或不能控制的因素，导致企业的实际收益和预计收益之间出现偏差，从而有出现经济损失的可能。但人们在投资活动中，由于主观努力，把握时机，往往能有效地避免失败，并取得较高的收益。

1.风险报酬

风险报酬，是指决策者冒着风险进行投资而获得的超过货币时间价值的那部分额外报酬，是对决策者冒风险的一种价值补偿，也称风险价值。公司在风险环境中开展财务活动和经营管理活动，在风险项目投资决策中，不同的决策者有不同的出发点，有的决策者力求规避风险，有的决策者敢于冒风险。一般而言，决策者冒着风险投资，是为了获得更高的报酬，冒的风险越大，要求的报酬就越高；反之，要求的报酬就越低。风险与报酬之间存在密切的关系，一般而言，高风险的项目会有高的报酬，低风险的项目会有低的报酬。

风险报酬的表现形式有风险报酬额和风险报酬率两种，在实务中，一般用风险报酬率来表示。如果不考虑通货膨胀，决策者投资风险项目所希望得到的投资报酬率是无风险报酬率与风险报酬率之和。投资报酬率的计算公式为：

　　投资报酬率=无风险报酬率+风险报酬　　　　　　　　　　　　　（6-1）

　　其中，无风险报酬率是在没有风险条件下的资金时间价值，是决策者投资某一项目一定能够实现的报酬，可用政府债券利率或存款利率表示。风险报酬率是决策者进行风险项目投资获得超过资金时间价值的额外报酬。风险报酬率与风险项目的风险程度和风险报酬斜率的大小有关，并成正比关系。风险报酬斜率可根据历史资料用高低点法、直线回归法或由企业管理人员根据经验确定。

　　2.风险衡量

　　财务决策将资金风险作为其基本依据。如在投资决策过程中要对资金的时间价值和资金风险收益的获取进行考虑。在进行风险投资要明确风险价值观念，对风险和收益之间的关系进行衡量，尽量选择风险较低、收益较高的投资方案。在投资过程中，尽量通过投资组合对投资风险进行防范；在筹集资金的决策中要综合考虑资本成本和筹集资金的风险，对负债经营进行合理使用而获得收益，同时要对财务危机进行防范；在外汇收支决策中，需要事先采取减少外汇风险的措施，对财务进行科学的运作，以求在投资中获得收益。

　　在市场环境中，风险是客观存在的，时刻伴随着公司而存在。在财务管理中，风险决策是很重要的，既要充分认识到风险的普遍性和客观性，又要尽量地避免风险，降低风险程度。因此，在财务管理中，正确地衡量风险非常重要。在实务中，可以利用概率分布、期望值和标准差来计算与衡量风险的大小。

　　（1）概率。概率，是指用来反映随机事件发生的可能性大小的数值。如果某一事件可能发生，也可能不发生，可能出现这种结果，也可能出现另外一种结果，这一事件就称为随机事件；如果某一事件一定出现某一种结果，这一事件就称为必然事件；如果某一事件不会出现某一种结果，这一事件就称为不可能事件。

　　（2）期望值。期望值，是指随机事件可能发生的结果与各自概率乘积的加权平均数。

　　（3）标准差。标准差，是指用来衡量概率分布中各种可能值对期望值的偏离程度，标准差反映风险的大小。标准差越大，风险就越高；标准差越小，风险就越小。

　　（4）标准离差率。标准差可以用来反映期望值在相同条件下的风险大小，但在实际工作中，各种风险投资项目的期望值不一定相同，因此，有必要引入标准离差率来分析期望值不同的风险投资方案。标准离差率，是指风险投资项目的标准差除以期望值得出的系数，也称离散系数。标准离差率是一个相对数，在期望值不同的条件下应用。标准离差率越大，预期结果的不确定性就越大，风险就越高；反之，标准离差率越小，预期结果的不确定性越小，风险也越低。

第二节 企业筹资与运营资本管理

一、企业筹资管理

一个项目资金筹措是需要借助一定的渠道，并且采用某种方式来保证的。

（一）筹资的渠道

对于自资金的筹集或者筹措有着各式各样的渠道，具体体现来了资金具体的来源和供应量的大小上。所以限期了解和掌握渠道的特点和特征，对于一个企业的资本补充或者扩大是有长效的帮助，总体而言，资金的筹措渠道主要有以下构成：

（1）国有财政拨款，国有财政资金主要是国家政府相关机构通过税收所得的收入，在市场下的进一步分化而形成特有资金。我国具有国有权属性质的企业、事业单位的主要资金来源都是出自此。简而言之，虽然国家财政资金在一定的条件下可以划拨给相关企业，但这部分资金的权属是属于国家所有。

（2）银行的信贷资金，对于此类资金的供应在我国主要是通过银行结构来完成的。从银行的性质上可以划分为两种类型：一是商业银行，是以资金借贷获取利息的纯粹商业行为的金融机构；二是以政策为导向的银行，目的是在一定的政策前提下，为特定的企业提供资金贷款的金融机构。

（3）非银行类金融机构。非银行类金融机构是在中国经济市场上除了银行以外的各类借贷公司、融资租赁公司、证券公司、投资公司等。他们的业务形式相对而言比较灵活，能够为企业提供灵活的资金，以及物资。

（4）其他的企业资金。一个企业在日常经营发展过程中，每个年度或者经营周期都会或多或少存在分配后所利润所剩的闲置资金，这不仅可以对本企业未来发展进行战略性的投资，还可以在企业与企业之间进行信用借贷或者用作三方保证，这种商业行为会形成企业与企业之间的债券关系，所以企业的资金也是市场化资金的一个重要来源。

（5）居民的个人资产。对于居民个体而言，在有生活必须资金以外往往都会有一定的结余用作个人投资以获得红利，企业优先股与普通股的发行，其实质就是居民个人资金的筹集和使用。

（6）企业自留资金，对于企业自留资金是指，企业在一个会计周期内，完成的所有营业利润以及营业外利润减去设备折旧、管理分摊、法定公积金、盈余公积金、未分配利润以外所剩资金。从定义得知，企业自留资金的多寡与管理效率、设备使用、保养情况、企业资本的扩大与减缩都有着直接的影响。

（二）筹资的方式

企业筹资形式是一个企业对于资金的筹集所采用的方法与方式。资金的筹集渠道如上所述是一种客观的存在的经济行为，而筹资方式则具有一定的主观性。所以企业在筹资的决策上，选择何种筹资方式或者措施是资金筹资的另一个重点。这不仅对企业筹集资金的效率有着至关重要的影响，对于其筹资成本也有着决定的影响。

当下，我国企业的资金筹措主要有六种形式：第一，吸纳直接的投资；第二，发行优先股、普通股；第三，采用银行贷款；第四，商业信用借贷；第五，公开化发行债券；第六，进行融资租赁。

资金的获取必须通过一定的渠道来导入和完成的。而资金的筹措方式是指为了获取资金采取怎样的手段和措施。他们两者的关系是比较明晰的，渠道可以是很多种，一定的筹资方式也许只能匹配一种渠道，但是一个渠道可能会匹配多种方式。

二、企业营运资本管理

（一）现金的管理

1.持有现金的目的

在企业的所有资金或者资产中，最活跃、最具流通性和交易性的非现金莫属。对于现金在目前财务系统中主要包括库存的现金、金融存款、银行的本票、银行的汇票等。而现金的另一种替代品就是有价证券，换言之有价证券就现金的另一种表现形式或转换形式。在企业的正常运行中，当企业在某一阶段现金短缺时，有价证券可以及时通过相关渠道转化为现金以便公司的应急要求，如果当企业在某一阶段现金充裕时，可以将现金转换为有价证券。

在日常的工作生活中的大量交易行为都是需要依靠现金的支付来实现的。公司在经营过程中，经常发生现金流入量和现金流出量不能同步同量的情况。流入量大于流出量时，形成现金置存；流入量小于流出量时，则需补充不足现金。预防性需要是指意外支付的准备需要。公司在经营过程中有时会发生预料之外的开支，所以现金的流动在流量上是具有一定的不确定性的。现金的流动性对于企业初期预防性准备金投入多少有直接的关系，当现金流动性的不确定越大，那么预期的预防性准备金投入越多。而预防性准备金的多少与企业的借贷能力有极大的关系，当企业的短期筹措能力越强，也可以相应的减少预防性准备金投入，市场上各种商品及证券的价格随时会发生变动，使人们产生了"为买而卖"的心理。

当公司确信得到了有利的购买时机而需要动用现金时，拥有一定数额的现金储备可以为捕捉有利的投机机会提供方便。

公司持有现金，一方面可以满足交易性、预防性与投机性的需要；另一方面可以提升企业现金的机会成本。在目前的经济市场下，投资收益低的项目或者企业一般都是流动性较大的资产，所以企业就必须按需留置或者存置现金。对于现金的多少和处置方式对于一个企业的投资收益也是有重要的影响，不管是现金的富裕或者现金的亏缺，最终带来的都是企业经济的负面效果。另一方面在现金的管理和使用上，流动性和盈利性也是企业经济的重要影响因素。所以平衡现金的数量与明确现金的使用是公司资金方案决策的重要依据。

2.目标现金持有量

一个公司现金的留存数量是与该公司的业务类型和经营方式及管理模式有关的。

（1）现金周转模式。现金的持有量计算，首先要明确具体的周转模式，而且要从企业运营的角度出发，通过对现金周转周期与现金周转次数的计算来权衡判断最终的持有量。具体的计算过程大致可以分为三个部分：第一步，通过公司对原材料、设备或其他服务的采购到生产直至投产资金回收的时间统计计算其现金周转期。第二步，依据上步所算得现金周转期换算出年度或一个运营期的现金运转次数。按照计算法则，现金周转期数与周转次数是互为倒数的。第三步，依据周转周期与周转次数推算现金持有量。

（2）成本分析模式。对于成本的分析与计算主要是通过对比不同现金的持有量方案来寻求最优的方案。现金占用或者使用成本最低的方案就是最优方案。而现金的成本主要表现主要有以下三种：

第一，占用成本。公司对于现金的使用，其实就是对于资金的占用，而资金的占用是有代价的，往往与资金占有的多少，占有时间的长短，当期银行利率有直接的正向关系。

第二，管理的成本。在公司占用现金后，势必会发生资金的使用和管理，例如企业员工的日常工资支出、安全管理措施、风险规避措施等。而管理的成本是一种固定成本，它与现金的占有量不存在线性关系。

第四，短缺的成本。短缺的成本对于公司或者企业的正常运营有着直接的关系，尤其现金的短缺甚至对于企业有着根本的关系。当现金持有量不足的时候，企业就会存在不能及时采购原材料，企业不能弥补流动资金的不足，或者现金的不足导致后期采用更大的投入弥补企业生产和运行的诉求。

（3）存货模式。对于存货这种模式的分析可以类比与经济的批量模式。如果采取这种存货模式来确定现金的最优持有量，会存在三个基本假设：第一种假设，企业对于自身现金的流入是相对稳定，而且是可以测算的。第二种假设，企业的资金流出同样是稳定和可以预测的。第三种假设，在一定期限内，现金的需求是一定的。第四种假设，在一定期限内，企业不能出现现金的短缺。

对于一个企业或者一个公司的现金最优持有量的计算，用存货模式来解决是相对便捷的。通过对现金在一定时期内的变现次数可知，当公司现金数量不足的时候，用有价证券变现来解决。但是不管是现金还是可变现的有价证券的占有和使用都是有代价和成本的。如果要降低占有资金的成本就要相应减少现金的持有量，同时加大证券变现的次数。随着变现次数的增加，那么交易的成本必然同步提升。所以现金持有成本的计算和确认其本质就是要理性确认占有成本和交易成本之间的博弈关系。按照等价关系计算，占用成本与交易成本的叠加的最终结果就是现金的综合使用成本，两者之和的最低点就是公司现金的最优持有量。

（4）随机模式。随机模式是伴随着某种现象的随机出现次数或者频率而出现的。它是一种在数学体系中概率与统计的运算结果，是通过计算某种现象的平均水平的推算。如果公司的财务现金的支出不仅随机而且事先无法预测，那么可以依据公司第一时段内现金的随机支出中的最高支出额和最低支出额，制定一个现金控制区域，再确定其平均水平。在控制区域内，当现金金额达到上限时，将现金转换成有价证券或通过资本市场短期拆借给需用单位、短期投资于其他项目；当现金余额降到下限时，则转让有价证券或贷款拆借。现金持有量上下限额（控制区域）的确定则取决于货币资金持有量的机会成本和筹集货币资金的相关成本。随机模式主要是在未来现金流量不可预测的假设下确定最佳现金持有量，因此，其准确性是相对的。实践证明，通过这一模型计算出来的现金持有量相对保守。

（二）企业应收账款的管理

1.应收账款风险的评估

对于企业信用产生的风险，主要是因为在商业运作的过程中产生的应收账款不能按期回收或者不能按量回收的不确定因素。所以为了规避和预防这种信用风险。对于每个信用的申请人进行必要的信用评估是必不可少的行为环节。信用的评估过程或者程序可以分为三个阶段：第一是要通过申请书或者申请表了解用户信息；第二是要逐条分析信息以确定申请人的可靠度；第三是对信用进行最终的评估和确认。公司在进行风险分析与评估时，可以借鉴5C评估法（或5C评估系统）和信用评分法。

（1）5C评估法。5C评估法是通过对影响客户信用的5个主要因素进行定性分析，以判别客户还款意愿和能力的一种专家评分法。由于这五种因素的英文首字母都是C，所以称之为5C评估法。

第一，品质（Character），代表了用户的信用程度，是用户进行偿还债务的可靠性。作为借款公司或者融资公司必须首先要了解用户的历史财务信息，掌握该用户之前是否存在拖账的问题。这是权衡客户诚实守信的重要基础，也是决定其借贷的先决条件。

第二，能力（Capacity），代表了用户的财务基础或者资本实力。其中对于财务的流动资产和速动资产是衡量财务能力大小的基础，流动比率、速动比率越高，就证明该用户具有很强的偿债能力。不仅如此，借贷公司还要关注用户流动资产和速动资产的质量。查看是否存在不能随时变现及现金支付优良情况。

第三，资本（Capital），代表了用户的资本状况和财务能力。这是用户借贷偿还能力的物质基础。

第四，抵押（Collateral），代表了用户在特殊情况或者不可抗力情况下不能按期还债的时候，通过不动产或动产的抵押而形成的一种抗风险能力。一旦后期出现款项不能回收的情况，可以及时用抵押品抵补。

第五，抵押（Collateral），代表了用户在不同的政策背景和经济环境下的财务应对措施。如果出现消极环境影响，用户会采取何种措施以应对债务的偿还。这就要提前了解用户在以往的经济窘境中的财务状况。

（2）信用评分法。这是一种对用户财务构成及信用优良差进行打分与评判，而后对其作以加权平均运算，最终得出用户的综合信用评分值，借此来进行信用评估的一种手段。在现实中，尤其是对销售业务中向用户发货过程中逐一或统一的评估其实是不现实的。所以在客观的评估中还要借助其他一项或多项信息，主要有以下方面：

第一，交易核查。经常与同一客户销售的各公司之间交流信息，公司可以向客户的其他供应商询证与该客户的交往经历。

第二，银行核查。许多银行设有大型信用部门，将承担信用核查作为对客户的一项服务。与个别直接查询者相比，银行通常更倾向于与其他银行共享信息，因此，获取信息的有效方式是通过自己的开户行直接进行信用调查。

第三，公司经验。公司销售部门和销售人员在经常性甚至临时性销售业务中，对客户的信用历史和付款记录比较清楚，这些经验将为财务管理者提供相当有用的信息。当然，在信息传递过程中，销售人员会本能地倾向于客户，管理者应当具有一定的辨别力。

第四，权威机构的信用评级和信用报告。权威机构的信用评级与报告是公司了解客户的简捷路径。另外，商业信用数据库也将为公司信用分析提供相应的数据信息。

2.应收账款的信用决策

信用准则、条件和相关政策是应收账款信用政策的三大主要构成。信用政策分析决策的基本原则是将实施信用政策或改变信用政策所引起的销售收入变化带来的收益增加额与应收账款成本增加额进行比较，从中选择能够使公司收益增加的信用政策方案。

客户的选择，尤其是对于信用客户选择是建立在信用与收益度量权衡的基础上的。信用准则不仅是公司信用交易的前提条件，还是扩大产业规模和吸收客户的重要基础。如果企业对其准则定位较高，或者不切实际，虽然可以降低信用风险带来的赊账和坏账，但是也会失去一部分市场和客户。如果信用准则定位较低，信用的风险必然增大，这时就需要企业对其度量权衡，尤其在市场的扩大与风险的增加之间进行平衡，最终选择适宜的信用准则。

信用条件包含三项内容，即信用期限、现金折扣与折扣的期限。信用的期限是指，公司在为客户提供资金、物质或者服务的时候给予一定的免息期限，在此期限内偿还或者付款是给予免息优惠的，现金折扣是超过免息期限后再给予一定时期的折扣期限，在此期限内偿还或者付款是享受一定比例的折扣优惠。折扣期限就是上述折扣优惠的时间段。客观的分析，信用条件虽然在企业发展和经营中能够有效地开拓市场，吸引更多的客户，最终提升企业的营业收入和企业利润。但是信用条件也可能带来一定的负面影响。尤其是在信用风险上表现为死账、坏账、沉没成本等。

公司在决定对客户应当核定多长的折扣时限和确定赋予用户折扣力度的大小方面，务必将信用期限与偿债回收期统一结合起来加以考虑。如果加速收款带来的收益能够充裕地弥补现金折扣成本，公司就可以采取现金折扣或进一步改变当前的信用条件；反之，现金优惠政策便是不恰当的。

在不同的客户信用使用中，首先要运用前文所述的信用评价进行综合评判。然后公司依据其打分结果客观的给予相应的信用条件。所以说不同的客户其信用条件不是统一的。而且随着市场的变化、政策的调整、生产经营的改变，信用条件也必须做以相应调整和变化。

第三节 企业财务分析与财务管理系统

一、企业财务分析

财务分析是进行财务管理的重要手段之一，其核心的工作就是通过企业经济运行的日常概况，进行财务分析，并实时或按既定周期做出财务报表，以供投资者、债权人以及其他与企业有管的机构和政府职能部门。其中，上市公司还应向证券交易所和证券监管委员会提供企业的财务报告。因此，企业应按规定按月、按季报送资产负债表、损益表、财务状况变动表，以及其他附表和财务情况说明书，这是企业财务分析的重要依据。企业进行财务分析时，必须收集内容真实和准确的资料。对收集到资料进行深入的分析，还要收集财务决策、股票发行等有关会议记录、决议、纪要、报告、备查簿、备忘录等文字资料和情况。

（一）企业财务分析的基本内容

（1）企业发展能力分析（成长性评价）。财务分析的数据是历史的和当前的，但需要得出的却是对未来的发展趋势的判断。一个企业，如果当前的盈利状况良好，但根据分析和判断，未来的盈利能力却较差，那将不可避免地影响到公司利益相关者的决策，也会影响企业的当前经营，尤其是对筹资的影响更为明显。如果一个企业的未来前景欠佳，那么筹资必然会比较困难。

（2）企业获利能力分析（盈利性评价）。企业存在的目的就是追求最大的获利，获利是企业生存的前提条件，也是企业经营的最基本的目的。为了取得一定的收益，就必然耗费一定的人力、物力、财力，生产经营中所发生的成本费用支出按配比原则，由一定的受益对象负担，从其收入中取得补偿。所以成本费用的大小直接影响企业的盈利。获利能力分析不仅要看绝对数还要看相对数，不仅看目前的情况，还要比较过去和预测未来，找到成本费用增减变动的原因和利润增长的原因。

（二）企业财务分析的主要目的

财务分析着眼于人们对财务信息的需求。财务的数据与信息众多，其分析角度也不尽相同，由于不同的人群和不用的利益主体对财务信息的关注点各有不同，所以财务分析的最终目的也有所差异。会计信息的主要使用者有债权所有人、管理层、政府相关部门等。下面主要分析不同的人群对财务分析的目的进行阐述。

1.债权人财务分析的目的

债权人按照借款给企业的方式不同可以分为贸易债权人和非贸易债权人。贸易债权人向企业出售商品或者提供服务的同时也为企业提供了商业信用。按照商业惯例，这种商业信用都是短期的，通常在30～60天之间，在信用期限内企业应当向债权人付款。有时为了鼓励客户尽早付款，贸易债权人也会提供一定的现金折扣，如果客户在折扣期限内付款，可以享受现金折扣。大多数的商业信用都不需要支付利息，因此，对于企业而言，这是一种成本极低的筹资方式。非贸易债权人向企业提供筹资服务，可以是直接与企业签订借款合同将资金贷给企业，也可以是通过购买企业发行的债券将资金借给企业。非贸易债权人与企业之间有正式的债务契约，明确约定还本付息的时间与方式，这种筹资方式可以是短期的，也可以是长期的。

对于一个企业的债权人，给予资金的供给是他既定的义务。与此同时，债权人可以通过企业的盈利而获得毛利或者分红。尽管报酬只能被限定为固定的利率或者利息，但是在企业运行期发生亏损或者不可抗力的困难时，很可能不具备偿付能力，那么债权人也就无法达到预期的利润汇报，甚至老本亏空。也正是因为这种不确定的风险与固定的期望汇报特征，决定了贷款的可靠性与安全性。这也是财务分析必要性的真正原因。

考虑到债权人的利益得以保证，对于债务人固定资产或者现金流量的稳定性与可靠性是债权人关注的焦点。在进行财务分析时，债权人对债务企业未来的预期更为稳健，要求债务企业的管理层对未来的预期应与企业现有资源具有确切的联系，同时有足够的能力实现预期。债权人的分析集中于评价企业控制现金流量的能力和在多变的经济环境下保持稳定的财务基础的能力。

对于不同形式的债务，债权人所关注的焦点也不尽相同，进而对财务分析的侧重点也不同。短期贷款，由于期限相对较短，所以债权人所关注的是企业目前的财务情况、短期资产的负债率及流动资金与速动资金的周转速率。对于长期债务，时间较长，债权人主要关注的是企业在未来财务中现金流量和整体的盈利能力。另外以持续经营的角度来分析，盈利能力是企业举债能力基础，还决定了企业信用程度。除此之外，企业自身的资本构成也决定了企业财务抗风险能力的大小。

2.股权投资者财务分析的目的

股票的持有者当资金注入企业后，也就意味着股权人成为企业的所有者，也被称作为股份公司的内在股东。他们可以享受企业的剩余利润。也就是说，当企业在给企业债权人和优先股的的利益分配以后才能给予普通股股东分配。在企业持续经营情况下，企业只有在支付完债务利息和优先股股利后，才能给股权投资者分配利润；在企业清算时，企业在偿付债权人和优先股股东后，才能将剩余财产偿付给股权投资者。在企业效益较好或者整体经营向上发展的时候，普通股权拥有者可以获得比优先股更多的权益，但是在企业衰败的时候，普通股权人对于风险损失的承担是首当其冲的。这就要求普通股权人在投资的时候要根据预期的风险选择合适的财务分析以作权衡。

进行有效的投资决策。普通股权人在对企业财务分析时，要重点分析企业的财务盈利和抵抗风险能力。企业价值是企业未来的预期收益以适当的折现率进行折现的现值。企业未来的预期收益取决于盈利能力，而折现率受风险大小的影响，风险越大，折现率应当越高。由此可见，股权投资者的财务分析内容更加全面，包括对企业的盈利能力、资产管理水平、财务风险、竞争能力、发展前景等方面的分析与评价。

3.企业管理层财务分析的目的

企业的高级管理者或者企业经理是企业经济运行的主要领导者和引导者，他们代表公司或者企业法人进行各项管理，如在企业财务出现危机的时候，他们可以通过财务分析来具体了解和掌握财务的实际状况，并对财务对症的措施和方法进行纠偏。由于他们能够经常地、不受限制地获取会计信息，因此能够更加全面和系统地进行财务分析。管理层不是孤立地看待某一事件，而是系统地分析产生这一事件的原因和结果之间的联系，利用财务分析进行预判和预警，不仅可以提醒他们企业在未来出现的突发状况，还可以提前采取相应的措施避免状况的发生。

（三）企业财务分析的应对方法

财务分析主要依据的是企业的会计核算资料，其中财务报表是最主要的。由于在财务分析主体目标不同，企业资本构成不同，所以在进行财务分析时，也存在不同的应对方法。

1.比率分析法

比率的分析方法，是指在财务报表中选取相关的几项数值，进行比重、比例的分析和论证，以此分析企业的财务状况。比率分析法既包括相关比率，也包括结构比率。利用结构比率所进行的分析，有时也称为结构分析法。

2.比较分析法

（1）在运用比较分析法时，必须强调指标之间的可比性，即指标间的计算口径、时间宽容度、计算方法等各方面应保持一致。计算口径一致，是指实际财务指标所包含的内容、范围要与标准指标保持一致。比如，财务数据大多是以货币计量的，这就必然受不同地区价格的影响，不同地区的价格水平不同，财务数据的可比性差，同样地，价格水平的波动也会削弱同一企业在不同时期数据的可比性。所谓时间宽容度一致，是指实际财务指标的计算期限要与标准指标保持一致，如果实际指标是年度指标，那么，标准指标也应是年度指标。所谓计算方法一致，是指实际财务指标的计算程序以及在计算过程中考虑的影响指标的各项因素与标准指标均保持一致。同一经济业务，不同的会计处理、计价方法会导致数据的不可比。例如，固定资产的折旧方法的不同，必然导致企业资产价值、成本费用大小和利润高低的不同。再如，存货计价有加权平均法、先进先出法等多种方法可供选择，不同的计价方法会产生不同的存货价值和不同的利润。如果存在不可比的情况，应进行调整计算，剔除不可比因素后，再进行对比。只有指标可比，比较的结果才有现实意义，才能说明实际问题。

（2）例外分析原则，即比较分析时需要突出经营管理上的重大特殊问题，分析的项目应符合分析的目的；注意一些重大事项和环境因素对各期财务数据的影响。企业财务在组织实施管理中，应兼顾和协调好各方的利益和关系。财务分析的总目标是要评价与研究企业的财务能力。但在总目标一致的情况下不同的主体对财务分析的目的和要求不尽相同。

3.定性与定量分析法

定量的分析方法就是通过对财务资料分析的过程中采用数理与统计的方式和方法进行计算，以此寻求个要素在数量上对企业发展与运营的影响程度。财务报表的这种特性，决定了定量分析方法在进行财务报表分析的过程中的重要性。财务分析主要包括趋势分析法、结构分析法、比率分析法等。定性分析方法，对于一些在财务分析，中，量化的数据难以获取或难以计算时，所采取的一种定性取代的一种分析方法。通过此方法找出对于财务影响的关键影响因子。

一般而言，定性分析方法主要包括因素分析法、比较分析法、指标分解法等。需要注意的是，定性和定量的划分并没有绝对的界限。在进行企业财务分析时既要研究其质的变化，又要研究其量的变化。因此，通常结合运用定性与定量的方法。

二、财务管理系统

（一）财务管理系统的特性与功能

1.财务管理系统的特性

（1）安全性。安全性是整个系统中最需要重视的，但安全性也不是并不是单一存在的，安全性被分为系统内部的安全和访问安全，以及其他重要但却不同的安全性，而如今的系统数据库安全都是体现在内部安全上面的。在数据库做计划时要注意按照不同的情况，修改不够合理的条件，通过防火墙的防范阻止非法程序的进入，并对其屏蔽。保证系统信息的安全，使之能够正常运行。

（2）实用性。财务信息管理系统实验课题是一项大工程，需要系统建设，也是因为在财务管理方面的范围以服务，以及企业对于财务信息的服务需求。按照这一需求，系统的建设应当对此进行满足，且在以后有效地运行着。

（3）灵活性。由于当今时代面临着各种各样的需求，因此在对系统进行设计时必须考虑灵活性方面，以求满足多种需求，使之各方面都能进行查询。而灵活性的要求，就是能够让系统为查询功能设计任意组合，无论是哪一条数据或是与之有联系的数据都能进行删除，这样数据库中就不会再有多余的数据了。

2.财务管理系统的功能

（1）总账管理系统。总分类账管理系统包括设置账户，重复记账，填写审计凭证，注册账户等。在整个财务系统中处于基本与核心位置的是总分类账管理系统，它能够接收其他子系统传递过来的计费处理与凭证，实现与其他子系统的无缝衔接。同时，它除了能够将重复的数据输入进行裁减，还能自动地收集数据并对财务工作效率进行提升。总账管理系统除了管理会计账簿和处理总账，还有提供支票、预算控制、部门收支分析等管理功能。

（2）应收管理系统。销售、采购与应收款项，以及全面监控应收情况与相关单据等是主要被应收管理系统所处理的，目的是提升企业的资金周转速度，培养好的与供应商、客户间的关系。这一系统的本质是桥梁，他将总账系统和销售系统进行连接，同时也带来了财务和业务的一体化。应收管理系统能够对多币种进行处理，适应的也是多种收付款方式与多国税制，这样也能使应收账款管理在企业全球化经营中被适应。

（3）应付管理系统。应付账款管理系统主要处理销售、采购和应付账款。它监测应付账户和有关文件的状况。提高资金周转速度，促进客户与供应商之间的良好关系。这一系统能够对多种货币进行处理，适用于多种支付方式与多国税制，也能进一步在企业全球化中被适应。

（4）库存核算系统。库存核算系统主要核算各种出入库物料的成本，此外，还具备对出入库情况进行实时统计和监控的功能。对销售、采购等系统数据进行接收，对其成本进行核算与最终确定，并且按照结果生成相关记账凭证。

（5）工资管理系统。工资管理系统主要是为人们提供很多简单易懂的工资核算、发放的功能，其中包含了工资分析与管理功能，例如部门工资的构成分析、单位工资增长情况分析、人员档案管理等。

（6）成本管理系统。成本管理系统能够接收到固定资产系统提供的折旧费资料、工资管理系统提供的人工费用资料和库存核算系统提供的原材料领料资料，并计算其在成本核算模块中的成本，以及为存货核算模块提供入库产成品成本。

（7）财务报表系统。财务报表系统指的是使会计报表的编制方法与计算机技术相结合设计的，且专门用在报表数据处理的系统。其还可以将对外报表及各对内报表进行编制。报表系统取得相关会计信息的途径是在总账系统与其他系统之中的，能够对各会计报表进行自动编制，同时审核并汇总该报表，生成各种分析图。按照预定格式输出。同时，财务报表系统还能合并跨国公司、企业集团中的不同类型企业的财务报表，还能合并起多币种、多账套与多会计日报表，并且也能实现和其他系统的信息共享，为各级管理者搜集数据等，企业信息系统重要的数据输出口。

（二）财务管理的子系统分析

1. 财务处理

会计的主要目标是达到经济效益的提升，从而进行的系统性、全面性、连续性的核算和监督，并对经济活动进行必要的控制、决策、预测以及分析的过程。为了达成这一目标，会应用到很多专业的会计方法，如会计控制方法、会计分析方法、会计核算方法等，而最基础的会计方法就是会计核算方法。会计核算需要进行账户设置、复式记账、凭证填制和审核、账簿登记、成本计算、清查财产、会计报表编制等一系列工作，而且各个工作之间的关系是亲密联系，不可分割的，从而形成了一套系统的会计核算方法体系。在整个会计核算工作中，其基础工作包括了账户设置、复式记账、凭证填制和审核、账簿登记思想，不管是怎样的经济业务，都需要经过这四个步骤来进行成本核算。而且会计核算主要是依据财产清查、编制会计报表以及财务分析来进行。简而言之，会计账务处理就包括了账户设置、复式记账、凭证填制和审核、登记账簿等。

2. 销售与应收账款

在商业经营管理中的一个关键步骤就是进、销、存核算管理。电算化进、销、存核算和管理软件要依据商品进、销、存管理要求设置，并实现以下功能：首先是基于商业企业业务经营和财务管理的需求，进行各种进货核算账簿，做好进货和商品采购核算工作。其次是核算商品的销售。核算和统计商业销售业务时要依据国家的规定进行，并对经营业绩和增值税金进行核算等；再次是核算企业的库存商品。认定商品的计价成本、结转销售成本以及处理盘盈盘亏的商品等。最后是将相关的数据传递给账务软件，主要管理和河段商品的进、销和存。

3. 固定资产核算

固定资产的使用期限要超过一年，具有规定标准以上的单位价值，而且其实物形态比较稳定，通常而言由房屋、建筑、机器设备以及运输设备等组成。企业的固定资产包括以下七种类型和相应的明细科目：一是生产经营用固定资产；二是非生产经营用固定资产；三是出租用固定资产；四是未使用固定资产；五是不需用固定资产；六是融资租入固定资产；七是土地。针对固定资产核算的项目主要包括了三种：一是固定资产；二是累计折旧；三是固定资产清理，从而全程核算固定资产的取得、建造、使用以及报废等。固定资产登记簿和固定资产卡片是对固定资产进行明细核算的科目。

固定资产核算可以通过手工方式和电算化方式两种方式进行，在手工方式下先要根据固定资产卡片进行固定资产明细账的等级，对每一项固定资产的当月折旧、累计折旧以及净值进行核算，并和总账进行核对。电算化核算固定资产的流程和手工处理流程比较类似，用户进行基本数据、公式和定义输入后，之后就只要对新购、报废等有变动的固定资产进行相应处理即可，当月折旧、累计折旧以及净值的计算都由计算机自动完成，之后依据用户指令完成统计、查询、汇总以及打印程序。和手工管理模式相比较，电算化的固定资产处理具有精度上、速度上以及灵活性上的优势，在降低财会人员的劳动量和劳动强度上都产生了积极的作用，同时还使得财会工作的效率得到了显著提升。

4.薪资核算

工资是对职工个人的劳动给予的货币报酬，对于企业而言是一种负债，是对职工付出知识、技能、时间和精力所给予的补偿。工资核算需要完成以下任务：对职工的工资进行正确的计算，分门别类的对工资进行分配和登记入账，进行工资发放表的编制，对个人工资条进行汇总。所以一般而言，工资核算子系统由以下几个内容组成：首先是从单位人事部获取的职工个人工资原始数据，并作为实发工资、各项扣款以及应付工资核算的凭证；其次是依据机构层次进行各种费用的统计、汇总、分配和计提。进行工资转账完成；最后对工资发放表进行打印，对个人工资条件进行汇总，以供不同方式的查询和打印等。

第四节 金融管理在企业经营中应用

现代企业制度中，金融管理在企业管理中占据的作用日益显著，是推动企业发展的重要环节。目前，我国部分企业已经认识到金融管理的重要性，在企业中建立健全金融管理制度，或者成立相应的部门进行金融管理，取得了一定的成绩，但是也存在很多不足，包括认知上的不足、行动上的不足等，导致金融管理效果并不显著。企业应该对金融管理的概念、重要性、意义等有个科学的认知，能够基于企业内外部状况，将金融管理纳入经营管理体系中，就金融管理制定专门的政策，培训专业的人员，设置专门的岗位，发挥金融管理的预期作用，通过金融管理这一角度，促进企业的前行。

一、金融管理在企业经营中应用的价值分析

对于一个企业而言，金融管理是非常重要的一项经营管理工作，对于企业的发展有着重要的影响，是提升金融工作效用的重要途径。通过进行科学的金融管理，将金融工具的作用体现出来。如今，越来越多的企业开始重视金融管理，对自身的金融体系进行优化，创新投融资环节，这也给企业带来了更多的经济效益，并且也让企业认识供应链的重要意义，是很多企业能够实现可持续发展的保障。

科学合理的金融管理可以对财务管理产生积极的影响，可以加强财务风险的防范能力，企业在强化了自身的金融管理工作以后，财务管理的前瞻性更强，能

够制定更加科学的财务决策，财务管理能够收到更好的效果，对于财务风险进行防范的能力也变得更强。金融管理工作的实施还能够对企业的经营管理产生影响，使其变得更加的系统，这是因为企业的经营管理大多都是和金融有关系的，在企业在进行融资的时候，就可以利用金融工具来辅助进行融资管理，这样能够提升融资的效率而降低融资的成本，使融资变得更加的科学、合理，如对于长期融资以及短期融资之间关系、结构的控制，就能够对资金的使用效率产生很大的影响。有效的金融管理可以促进企业战略目标的实现，通过金融对金融风险进行防控，那么企业战略的实现就会更有保障。

二、金融管理在企业经济中应用的策略

（一）扩展融资渠道

足够的发展资金是企业实现有效运营的基础，企业要不断拓宽融资渠道，进行顺利融资，才能够筹集到一定数额的资金，满足企业发展需求。对于达到一定标准的企业，可以通过上市的方式，在资本市场中通过发行债券和股票的方式进行融资，吸收债权人和股东的资金。另外银行贷款也是融资的重要途径，企业可以加强与银行的联系，加大信息披露力度，赢得银行的认可，获得银行的信贷资金支持。我国企业金融管理在社会主义市场经济条件下，需要做到以下内容：第一，要结合市场经济发展具体情况进行金融管理，金融管理应该与市场经济行情相符合，遵循市场经济发展规律，逐步提升企业的金融管理能力，确保企业的稳定发展；第二，要与国家政策相符合。我国政府对市场经济的发展进行宏观调控，国家通过政策的方式来协调金融市场的健康发展，因此企业的金融管理，应该与国家政策相符合，根据不断调整的国家政策以及具体政策内容，进行有所侧重的金融管理，利用利好政策，为企业的融资提供支持。

（二）强化企业经济管理信息化

目前我国信息技术已经渗入各行各业发展中，企业通过信息技术，管理水平也有了提升，金融管理也应该紧跟信息技术潮流，实现金融管理的信息化。企业要在经济管理层面着手，推动经济管理向着信息化方向转化。比如在企业内部建立信息平台，在该平台中，实现经济相关信息的集成和共享，为金融管理提供平台支撑，各个部门相互配合，共同在金融管理上出谋划策，提供相应的信息，实现金融管理彻底的革新，包括理念、技术、模式革新，促使企业在金融管理方面走在行业前沿甚至世界前沿。

例如企业在经营管理方面，可以建设ERP系统，系统中设置财务数据在线分析整合功能，系统为企业所有部门共享，工作人员通过设置的权限登录系统，便

可以获得与自身工作岗位相关的金融信息，一方面有利于金融政策的落实，指导企业向着规定的方向发展；另一方面也可以为高管制定金融政策提供所需要的信息，保证企业管理者可以及时了解企业的运作情况。

在信息化系统的建设中，企业要加大投入力度，对于有能力的企业，可以考虑自建信息化系统，对于小规模、资金有限的企业，可以考虑引入市场中成熟的信息系统，按照企业业务情况和发展战略等进行系统的调整。企业还需要进行信息技术人员的培训，有专门的人员建设财务数据库，且负责财务数据库的更新完善，并且加强对财务等相关人员的培训，促使这些工作人员通过对数据库的灵活操作，实现财务信息的有效统计、分析、核算、应用等，保证企业财务工作的与时俱进性，持续性的提升企业金融管理水平。

金融管理对于企业的经营管理有着重要的作用，是社会经济能够稳定发展的保障。可是，如今的企业在进行金融管理的时候还是有着很多的问题，影响了金融管理效用的发挥，这对于企业自身的发展而言是相当不利的。所以必须调整金融管理的策略，采取切实可行的措施解决问题，这样才能发挥金融管理的作用。因此，金融管理在企业经营管理中的应用，还要更用心，多总结，多优化，推进企业金融管理工作的不断提升。

第七章　国际金融与资本管理

第一节　跨国公司及其金融管理环境

一、跨国公司的基本内容

（一）跨国公司的产生及其经营模式

1.跨国公司的产生

跨国公司（Multi-national Corporation，MNC）又称为国际公司、全球公司、跨国企业、无国界公司，是指通过资本输出的形式，超出本国界限在两个或两个以上的国家（地区）注册设立分公司或通过并购、控制当地企业成为它的子公司，并在母公司的统一决策下从事国际性经营活动的企业。在跨国公司内部实体之间实行信息资源共享、责任分担的管理模式。跨国公司是国际企业发展的高级阶段，通常被认为是最具代表性的国际企业。

从跨国公司的界定中可见，凡能称为"跨国公司"的企业必然具备三个属性：①多国性。跨国公司是由分布在多个经济体中的实体企业构成。实体企业的全球分布实际上是跨国公司全球配置资源的具体体现。②统一的决策体系和共同战略。跨国公司的内部实体按照母公司的统一部署实现公司战略。③跨国公司内部实体共享资源、分担责任。

2.跨国公司的经营模式

（1）跨国公司的经营模式的分类。按照公司跨国经营的实现路径及其承担的风险，可以将跨国公司经营模式划分为以下六类：

①贸易模式。公司在全球范围内采购原料并跨国销售产品，实现低成本、高

利润的经营目标，这样跨国公司在垄断技术的同时，能最大限度地降低成本，实现高利润。

②许可证模式。许可证贸易是国际技术贸易中最为普遍的一种形式，是指技术出售者将其技术标的物的使用权通过许可证协议或合同的形式销售给技术接受方的一种贸易方式。相对于产品出口、直接投资而言，许可证贸易具有独特的优势：是避开进口国限制、作为产品出口转换形式的最佳途径；可降低或避免国际营销的各种风险；可节省高昂的运销费用，提高价格竞争的能力；有利于特殊技术的转让；便于服务性质的企业进入国际市场；使小型制造企业也能进入国际市场。

③特许经营模式。特许经营是指特许经营权拥有者以合同约定的形式，允许被特许经营者有偿使用其名称、商标、专有技术、产品及运作管理经验等从事经营活动的商业经营模式。公司可以将自身的专利、品牌、技术模式通过特许经营的形式渗透到他国市场，在扩大自身影响的同时获取丰厚而稳定的回报。

④合资模式。跨国公司可与东道国境内企业共同投资以合资企业的形式进入东道国市场。合资模式的特点是合营各方共同投资、共同经营、按各自的出资比例共担风险、共负盈亏。合资模式的优点在于减少跨国公司进入东道国市场的阻力，而且能凭借合资方的既有渠道迅速实现网络覆盖和产品渗透。当然这种模式也会存在一定的风险，如跨国公司与东道国合作方会因经营战略、控制权而产生纠纷。

⑤并购模式。并购一般是指兼并（Merger）和收购（Acquisition）。兼并又称吸收合并，指两家或者更多的独立企业、公司合并组成一家企业，通常由一家占优势的公司吸收一家或者多家公司。收购是指一家企业用现金或者有价证券购买另一家企业的股票或者资产，以获得对该企业的全部资产或者某项资产的所有权，或对该企业的控制权。跨国公司出于经营协同效应和财务协同效应（Financial synergies）的考虑对境外企业进行并购，取得对并购对象的直接控制权，进而服务于跨国公司的整体战略。

⑥新设模式。公司还可以通过新设投资（又称绿地投资）的形式开展跨国经营。新设投资具体指跨国公司等投资主体在东道国境内依照东道国法律设置的部分或全部资产所有权归外国投资者所有的企业。采用新设投资策略可以使跨国公司最大限度地保持垄断优势，充分占领目标市场。对于新设投资而言，其成功的关键在于：跨国公司拥有最先进的技术和其他垄断性资源；东道国经济欠发达，工业化程度较低。

（2）跨国公司的经营目标。

①股东价值最大化。股东价值最大化的经营理念认为，公司的成立和运营是

一种经济性质的投资，所以如何有效地利用这些已投入的资本为公司所有者牟取最大利益，是公司管理者的首要目标。从资产负债表可见，公司的出资者包括股东和债权人；但若从法律角度上来看，真正的公司所有者是股东。"所有者"的意义在于通过董事会控制公司的运营方向。董事会的成立和改选的权利在法律上亦赋予股东有权利召开股东会，进行有关重大事项的决策。因此，股东才是公司真正的所有者，股东利益最大化成为跨国公司经营的应然目标。"股东价值最大化"的目标概念清晰、易于计算。

②企业价值最大化。企业价值最大化是指企业长期稳定发展的情况下，在其价值增长中应满足各方利益关系，不断增加企业财富，使企业总价值达到最大化。这种观点认为，企业的经营目标应与企业多个利益集团有关，是这些利益集团共同作用和相互妥协的结果。在一定时期和一定环境下，某一利益集团可能会起主导作用；但从长期发展来看，不能只强调某一集团的利益，而置其他集团的利益于不顾，不能将企业管理的目标集中于某一集团的利益。从这一意义上而言，股东价值最大化不是财务管理的最优目标。

企业价值最大化目标克服了股东价值最大化目标的缺陷，汲取了股东价值最大化观念的长处，是人们对现代企业财务管理目标深层次认识的拓展。企业价值最大化的真正实现，是建立在正确处理企业的各种关系及保证企业长期稳定发展基础之上的。它不仅考虑了股东的利益，使股东财富达到最大，而且也充分考虑了其他利害关系人的利益，使他们的利益也得到了最大满足。

③利益相关者价值最大化。在利益相关者理论（Stakeholder Corporate Governance Theory）中企业是一个由利益相关者构成的契约共同体，利益相关者既包括企业的股东、债权人、雇员、消费者、供应商等交易伙伴，也包括政府部门、本地居民、当地社区、媒体、环境保护主义者等压力集团，甚至还包括自然环境、人类后代、非人物种等受到企业经营活动直接或间接影响的客体。这些利益相关者都对企业的生存和发展注入了一定的专用性投资，他们或是分担了一定的企业经营风险，或是为企业的经营活动付出了代价，因此企业的经营决策必须考虑他们的利益，并给予相应的报酬和补偿。因此，企业对利益相关者必须承担包括经济责任、法律责任、道德责任、慈善责任在内的多项社会责任（Corporate social responsibility，CSR）。

（二）跨国公司的组织架构与财务管理

1.跨国公司的组织架构

跨国公司应该根据外部环境要求制定相应的经营战略，然后根据战略目标调整、优化原有的组织架构。也就是说跨国公司的组织架构是根据经营规模、产品结构、竞争环境的变化而调整的。

从组织层次上看，跨国公司的组织形式可以划分为母公司、分公司、子公司。母公司通过股权或非股权安排对分公司和子公司进行控制，分公司和子公司在与母公司的关系上具有不同的法律特征。从管理方式上来看，跨国公司对其跨国经营行为的组织可以采取国际销售部、国际业务部、全球性产品组织结构、全球性地区分部结构、全球性职能分部结构、全球性混合组织结构和全球性矩阵式组织结构。典型的跨国公司组织架构包括以下五种：职能式组织架构、分布式组织架构、混合式组织架构、矩阵式组织架构、网络式组织架构。

（1）职能式组织架构。职能式组织架构也称为出口业务部式架构，一般在传统的生产、销售、财务、研发等职能部门外单设海外业务部或国际部，以处理与国外生产或销售相关的工作。这种组织形式的优点在于能实现专业化分工，较好地节省成本、确保效率。职能式组织架构比较适合于产品品种有限、海外销售规模小于国内销售的跨国公司，同时分支机构与管理总部在地理上不太分散，经营受国外环境影响较小。

（2）分布式组织架构。分布式组织架构是按照产品或区域建立的部门组织安排，其特点是每个产品或者区域都存在利润中心，并设置各项职能。第一，产品组织架构。产品组织架构是以产品为中心设置相应的职能部门，这一组织架构的特点是突出产品的差异性，根据不同市场特点设置相应的职能部门。其不足在于不能充分利用资源，容易造成浪费。第二，区域组织架构。区域中心的组织框架是以区域为中心，依据国家或区域实现产品或服务的差异化，其优势在于能减轻总部负担，具有较强的灵活性。同样，其缺点在于资源整合困难，运行效率不高，同时难以贯彻公司的整体战略。

（3）混合式组织架构。混合式组织架构是区域中心的分布式组织架构和产品中心的分布式架构的混合体，兼具二者的优点，即以产品为重，注重不同地域的差异化需求。但这种架构又可能存在共同的缺陷，如组织效率低下、区域利益超越整体利益、总公司全球战略难以落实等问题。

（4）矩阵式组织架构。矩阵式组织架构是在横向产品组织系统的基础上，再增加一种纵向的领导系统，它由产品部门和纵向领导组织组成，从而同时实现了分部式与职能式组织结构特征的组织结构形式。矩阵式组织结构也可以称为非长期固定性组织结构。矩阵式组织结构是一种较为常见的组织结构，一般比较适用于协作性和复杂性强的大型组织。矩阵式组织中信息和权力等资源一旦不能共享，横向项目经理与纵向职能经理之间势必会为争取有限的资源或权力不平衡而发生矛盾；成员之间还可能会存在任务分配不明确、权责不统一的问题，这同样会影响组织效率的发挥。

（5）网络式组织架构。网络式组织架构是一种只有很精干的中心机构，以契约关系的建立和维持为基础，依靠外部机构进行制造、销售或进行其他重要业务经营活动的组织结构形式。被联结在这一结构中的各经营单位之间并没有正式的资本所有关系和行政隶属关系，只是通过相对松散的契约纽带，透过一种互惠互利、相互协作、相互信任和支持的机制来进行密切的合作。采用网络型结构的组织，通过公司内联网和公司外互联网，创设一个物理和契约关系网络，与独立的制造商、销售代理商及其他机构达成长期协作协议，使它们按照契约要求执行相应的生产经营功能。由于网络型企业组织的大部分活动都是外包、外协的，因此，公司的管理机构只是一个精干的经理班子，负责监管公司内部开展的活动，同时协调和控制与外部协作机构之间的关系。

网络式组织架构的优点是实施授权式管理，简化了组织机构层次，降低了管理成本，实现了全球范围供应链和销售环节的整合，极大地促进了企业经济效益。这种组织结构具有更大的灵活性和柔性，随时可以根据市场需求的变动情况增加、调整或撤并。另外，由于这种组织结构简单、精炼，组织中的大多数活动都实现了外包，且这些活动更多地靠电子商务来协调处理。组织结构可以进一步扁平化，效率也更高。不过其缺点在于组织结构的可控性差。

网络式组织的有效运作是通过与独立的供应商广泛而密切的合作来实现的，由于存在着道德风险和逆向选择性，一旦组织所依存的外部资源出现问题，如：质量问题、提价问题、及时交货问题等，组织就会陷入被动的境地。另外，外部合作组织都是临时的，如果某个组织中的某一合作单位因故退出且不可替代，组织将面临解体的危险。网络组织还要求建立较高的组织文化以保持组织的凝聚力，然而，由于项目是临时的，员工随时都有被解雇的可能，因而员工对组织的忠诚度也比较低。

2.跨国公司的财务管理

跨国公司总部与子公司或分公司之间在财务管理决策问题中存在两种管理模式：集权模式和分权模式。

（1）集权模式。集权模式的财务管理是指跨国公司的财务决策权集中在企业的总部，子公司、分公司只负责日常的财务工作，涉及宏观、总体的财务战略、财务决策则由总公司制定，分公司、子公司落实。这种决策模式可有效控制子公司的财务活动，使其符合总公司的预定目标。但这种模式的缺点在于缺乏灵活性，影响子公司、分公司的积极性，进而影响管理效率。不过由于网络信息技术的普及应用，集权财务管理模式的缺陷得到了一定的抑制。

（2）分权模式。与集权财务模式相对应的是分权财务模式，该模式将财务决策权大部分让渡给下属单位，如分公司可以自由决定产品的开发、原料的采购及融资决策。这种模式的优点在于下属单位可以灵活应对市场变化，有效地趋利避害。但缺点在于总公司存在对分公司失控的风险，各分公司各自为战、缺少比较的财务协同。

（3）模式的选择。企业财务管理模式的选择主要取决于对公司委托代理成本与企业灵活性之间的权衡。对于跨国公司而言，其母公司与子公司之间由于信息不对称会存在显著的委托代理成本。集权的财务管理模式有助于降低委托代理成本，但会以牺牲海外子公司的灵活性为代价。同样，分权的财务管理模式下海外子公司的灵活性比较强，但这将会增加企业的委托代理成本。因此，代理成本与灵活性之间的权衡决定了财务管理模式的选择。

影响代理成本和企业灵活性的因素主要有企业的国际化水平、企业的规模和文化传统三个因素。通常而言、国际化程度比较低、企业规模比较小、受儒家传统文化浸淫较重的企业比较倾向于采用集权式的财务管理模式。而伴随企业的国际化程度提升、规模扩张，海外公司的灵活性、应变性对跨国公司愈发重要，那么财务管理模式也就相对倾向于分权化。

二、跨国公司的金融管理环境

（一）跨国公司金融管理环境的特征

跨国公司的金融管理环境是指存在于其周围并对其金融管理活动产生积极或消极影响的各种客观条件的总和。相对于国内公司而言，跨国公司的经营环境更加复杂、多变。

（1）经营管理环境的复杂性。由于跨国公司的经营范围超出了一国地域，其面临不同于国内的经济环境、政治环境、法律环境和文化环境。国内外环境之间有可能存在显著的、难以调和的差异，在这种背景下跨国公司的管理目标、手段，决策的方式、过程，控制的方法、途径都需要在追求整体利益一致的基础上，增强上述手段、方法的灵活性。

（2）经营管理环境的多变性。对于跨国公司而言，其面临的管理环境并非一成不变。由于各国政治经济、文化交融等因素的作用，跨国公司面临的环境也会发生相应变动。

（二）跨国公司金融管理环境的类型划分

（1）自然环境和社会环境。与国际金融管理相关的自然环境因素包括：海外分公司经营场所与母国的地理距离，东道国的自然资源、禀赋优势，东道国的基础设施及环境状况。不同的自然环境状况会影响跨国公司的机构设置、生产安排和投资计划，社会环境是指影响跨国公司金融管理的非自然因素，主要包括东道国的文化背景、传统习俗、教育状况、人口构成、政治体制、法律体系等因素，较之于自然环境而言，社会环境对跨国公司经营管理行为的影响更甚。

（2）宏观环境、中观环境和微观环境。宏观环境是指跨国公司进行经营活动的国际大环境，具体包括国际经济、政治、金融环境。当代国际经济发展的特点是融合各经济体充分地参与到全球产业分工之中，各国充分利用自身的比较优势参与到产品的生产网络中。与此同时，国际政治环境日趋复杂。中观环境指东道国或地区的各类宏观因素的总和。微观环境指那些直接影响个别跨国公司管理活动的外部因素，包括：海外供应商情况，即为跨国公司提供经营所需的各种资源、生产要素的企业和个人；海外分销商情况，即协助跨国公司推广、销售及分配产品给最终消费者的营销中介机构；海外中间商情况，如经销商、代理商、批发商、零售商的网络及运营情况；营销服务机构情况，即提供促销服务的各类调研公司、广告公司、传播媒介公司、咨询公司等；金融服务机构，即提供信贷和资金融通的各类金融中介机构，如银行、保险公司、信托投资公司的服务水平、质量及收费状况。

在分析上，通常将跨国公司的金融管理环境划分为政治环境、经济环境、法律环境和文化环境四个层次。其中，经济环境最为重要，会对跨国公司金融管理产生直接影响。政治、法律环境次之。文化环境对跨国公司金融管理的影响较小。

目前，跨国公司面临着复杂多变的国际环境，这对其金融管理提出了挑战。现代政府在各种利益集团（本国或者国外）的压力下会对跨国公司的经营管理施加不同程度的影响政治环境的重要特点之一是强制性和变化性。

跨国公司在东道国受到的法律规制（规定）主要集中在避税行为、商业贿赂、并购行为以及环境侵权行为等方面。跨国公司的经济环境是由一系列经济要素构成的，如东道国的产出水平、经济增速、物价水平、金融市场发育程度、税收制度、监管制度、国际收支情况等。上述因素随时间推移而改变，因此跨国公司处于动态的经济环境之中，应适时调整政策。跨国公司的经济面临着文化差异带来的挑战。文化差异主要是指不同的民族有不同的文化模式，存在语言沟通、价值观念、思维方式、社会组织、风俗习惯、教育和工作态度等方面的差异。文化差异源于文化产生的具体历史过程，具有普遍性和客观性，有其各自产生的历史必然性与合理性。

跨国公司要消除文化差异所导致的种种矛盾和冲突，必须发展有效的跨文化沟通。其管理者要识别和区分各文化的差异并尊重这些差异，同时也要认识到各文化间的共性，并找出其利益的最大平衡点。可以使用PEST方法评估跨国企业金融管理环境状况。PEST评价体系涵盖政治（Political）、经济（Economic）、社会文化（Social and Cultural）和技术（Technological）四大类影响企业经营的因素。

第二节　外汇汇率与汇率预测技术

一、外汇汇率

（一）外汇及其类型划分

外汇是"国际汇兑"（Foreign Exchange）的简称。外汇有广义与狭义之分。广义上外汇是指能用于弥补国际收支逆差的本外币国际债权。按照 IMF 的界定，广义外汇是"货币行政当局（中央银行、货币管理机构、外汇平准基金、财政部）以银行存款、财政部国库券、长短期政府债券形式持有的在国际收支逆差时可以使用的债权。其中包括中央银行及政府间协议发行的在市场不流通的债券，而不管它是以债权国还是债务国的货币表示"。

我们通常所说的外汇是狭义上的外汇，指以外币表示的用于清偿国际债务的支付手段。狭义上的外汇须具备三个必要条件：①普遍可接受性（Universal acceptability），即外汇必须为各国政府及投资者接受其作为债权债务的清偿工具；②可兑换性（Convertibility），即外汇必须在国际金融市场上可以自由买卖，自由兑换为其他国家的货币而无限制；③可偿性，即外汇必须是在国外能得到清偿的债权。按照这三个标准，国际上诸如美元、欧元、英镑、日元、澳元、加元、瑞士法郎、新加坡元、港币等属于国际常用外汇。尽管人民币启动了国际化进程，但限于中国现行的资本管制和汇率制度，人民币的可接受性有限，尚不属国际常用外汇。

（1）自由兑换外汇、有限自由兑换外汇、记账外汇。按照外汇兑换的限制性程度，可将外汇划分为自由兑换外汇、有限自由兑换外汇和记账外汇。第一，自由兑换外汇是指在国际结算中用得最多、在国际金融市场上可以自由买卖、兑换，可用于偿清债权债务的外汇，如美元、欧元、加元、英镑、港币、瑞典克朗、瑞士法郎等。第二，有限自由兑换外汇是指未经货币当局批准不能自由兑换成其他货币或他国进行支付的外汇。国际货币基金组织规定，凡对国际性经常往来的付款和资金转移有一定限制的货币均属于有限自由兑换货币。世界上大多数国家的货币都属于有限自由兑换货币，包括人民币。第三，记账外汇指记账在双方指定银行账户上的外汇，不能兑换成其他货币，也不能对第三国进行支付，只能根据协定规定在签订协定的两国之间使用。大部分第三世界国家，为了节省自由外汇，经两国政府协商，对两国间的进出口贸易，或其他指定的项目收付，用某一种货币支付和清算，只在双方银行开立专门账户记载，年度终了，将发生的顺差，转入下一年平衡或用其他方式清算。

（2）贸易外汇和非贸易外汇。按照来源可将外汇分为贸易外汇、非贸易外汇。贸易外汇指来源于出口和支付进口的货款以及与进出口贸易有关的从属费用，如运费、保险费、样品、宣传、推销费用等所用的外汇。非贸易外汇指进出口贸易以外收支的外汇，如侨汇、旅游、港口、民航、保险、银行、对外承包工程等外汇收入和支出。

（二）汇率及其类型划分

汇率又称汇价，是以一国货币表示的另一国货币的价格。货币本身具有价值，其外在价格在国内表现为购买力（一般物价水平的倒数），其对外价格则体现在汇率上。货币的对内价格是对外价格的基础，同时对内价格和对外价格是统一的。当一国由于本币供应过度而导致通货膨胀时，货币对内价格（购买力）下降，同时货币对外贬值。汇率实际上是双边货币的交换比率，按照不同标价方法、计算方法，可以将汇率划分为多种类型。

（1）直接标价与间接标价。直接标价法（Direct Quotation）是以本币表示单位外币的标价方法。直接标价法使用范围较广，除美元、英镑外，几乎所有国家的货币都使用直接标价法。在直接标价法下，汇率上升说明本币贬值、外币升值，反之则本币升值、外币贬值。间接标价法（Indirect Quotation）是以外币表示单位本币的标价方法。在间接标价法下，汇率上升说明本币升值、外币贬值，反之本币贬值、外币升值。标价法的选择与货币的历史和现实地位密切相关，之所以美元、英镑使用间接标价法，源于其货币辉煌的历史地位。

（2）买入价、卖出价、中间价。银行是外汇市场交易的主体，其外汇交易中采用双向报价（Two-way Price）的方式获取营利。买入价（Bid Price）又称买入汇率（Bid Rate），是银行从同业或客户买入外汇时所使用的汇率。卖出价（Ask Priee）也称卖出汇率（Offer Rate），是银行向同业或客户卖出外汇时所使用的汇率。买入价、卖出价通常一起出现。通常在直接标价法下，外币折合成本币较少的那个汇率是买入价，较多的是卖出价间接标价法下，单位本币折合成外币较多的是买入价，单位本币折合外币数量较少的是卖出价。中间汇率（Middle Price），指银行买入价和银行卖出价的算术平均数，即两者之和再除以2。中间汇率的实质意义并不大，主要在新闻报道中用于体现双边汇率走势。与买入、卖出价相关的汇率重要指标是买卖差价率（Bid-Ask Spread）。这一指标用于刻画银行的外汇买卖报价差，通常以公式（卖出价-买入价）/买入价表示。这一价差越大，说明银行从中获利越丰厚，从另一侧面反映客户的兑换成本越高。

（3）现汇价与现钞价。按照交易对象的形态，可以将汇率分为现汇汇率（现汇价）和现钞汇率（现钞价）。这里的现汇是指由国外汇入或由境外携入、寄入的外币票据和凭证，在日常生活中能够经常接触到的主要有境外汇款和旅行支票等。现钞主要指的是由境外携入或个人持有的可自由兑换的外国货币，如美元、日元、英镑等。在大多数国家，外币是不允许在境内流通的，也不能作为支付手段，只有在境外才能成为流通货币。银行在管理外币现钞中需要支付保管、包装、运输、保险等费用，而现汇作为账面上的外汇，其转移出境只需进行账面上的划拨即可。因此站在银行的角度，其现汇买入价高于现钞买入价。但现汇卖出价和现钞卖出价一般是相同的。

（4）基本汇率与套算汇率。基本汇率（Basic Rate）是本币与关键货币（如美元、欧元、英镑等）之间的汇率。所谓关键货币，主要是指对一国贸易、资本流动、国际收支影响较大的货币，同时该货币在本国的外汇储备、对外债务的币种结构中占据较大比例，因而该货币与本币的汇率成为一国汇率管理的参照，又称"锚（Anchor）"。套算汇率（Cross Rate）是指以关键货币为媒介，通过交叉计算得出的双边汇率。对于存在买卖报价的汇率而言，计算交叉汇率略显烦琐，但仍有规律可循。在计算交叉汇率的买入价时，可假定客户拥有1单位A货币，借由银行兑换为B货币，那么所得的B货币数量即为A货币交叉汇率的买入价。同样，客户想从银行购买1单位A货币，其支付给银行等值B货币的数量即为A货币的卖出价。

（5）即期汇率与远期汇率。按照外汇买卖达成后实物交割的时间，可以将汇率划分为即期汇率（Spot Rate）和远期汇率（Fomard Rate）。即期汇率是指外汇买卖双方达成交易后在当天或者两个营业日内办理外汇交割所使用的汇率，远期汇率则指买卖双方成交，约定在未来一段时间进行交割所使用的汇率。远期汇率按月计算。常见的远期汇率有7天、1个月，3个月、6个月，9个月和12个月六种类型。12个月以上的远期汇率由买卖双方约定。与即期汇率一样，远期汇率也每日挂牌公布，一般而言。远期汇率的买卖差价要大于现汇的买卖差价。在实践中，远期汇率的报价有两种：其一是直接报价（Oulrighl Rate），即直接将各种不同交割期限的期汇的买入价和卖出价表示出来，这与现汇报价相同。其二是用远期差价（Forward Margin）或掉期率（Swap Rate）报价，即报出期汇汇率偏离即期汇率的值或点数。

（6）名义汇率与实际汇率。名义汇率（Nominal Exchange Rate）就是现实中的货币兑换比率，它可能由市场决定，也可能由官方制定。实际汇率（Real Exchange Rate）是名义汇率用两国价格水平调整后的汇率，即外国商品与本国商品的相对价格，反映了本国商品的国际竞争力。与名义汇率、实际汇率相关的另一个指标是有效汇率（Effective Exchange Rate），它是一种以某个变量为权重计算的加权平均汇率指数，指报告期一国货币对各个样本国货币的汇率以选定的变量为权数计算出的与基期汇率之比的加权平均汇率之和。通常可以一国与样本国双边贸易额占该国对所有样本国全部对外贸易额比重为权数。有效汇率反映出报告期一国加权平均汇率与基期汇率的变动程度，通常用于度量一国商品贸易的国际竞争力、货币危机预警等。

二、汇率的预测技术

（一）汇率预测技术的影响渠道与理论依据

汇率预测与跨国公司经营活动密切相关。由于跨国公司的"跨国"经营特性，其往往面临着不同币种的资金流。而汇率频繁波动必然影响资金流的本币价值，从而对公司的收入和支出乃至公司总体价值产生影响。

1.汇率变动的影响渠道

汇率变动对公司价值的影响具体可以通过以下渠道实现。

（1）汇率变动影响跨国公司套期保值决策。对于存在外币应收/应付款的公司而言，未来汇率走势直接决定着其进行套期保值的必要性及程度。

（2）汇率变动影响跨国公司短期投资决策。一般而言，跨国公司拥有一定的闲置资金。为提高资金使用效率，通常会进行短期投资。而汇率变动恰恰会影响公司短期投资的收益。比如，跨国公司将一笔美元资金投资于境外，那么未来到期时外币与美元之间的汇率走势将直接影响其投资收益。

（3）汇率变动影响跨国公司资本预算决策。一般而言，跨国公司进行海外项目投资前都会进行资本预算，测算海外项目的当地货币现金流。对于母公司而言，其投资收益是以本币测度的。未来汇率波动将影响到海外项目现金流折算成本币的价值，从而使母公司的项目投资决策、后续资金管理难度增加。

（4）汇率变动影响跨国公司长期融资决策。跨国公司在使用债权融资时倾向于发行以存在贬值趋势的外币标价的债券，因为这样可以减少母公司的财务压力。但在发行这种债券之前，须首先预测未来外币的汇率走势。汇率变动正是通过上述四个途径影响跨国公司的经营活动，并对跨国公司的价值产生最终影响。因此跨国公司有必要掌握汇率预测技术以趋利避害。

2.汇率预测的类型划分

（1）弱式有效市场。弱式有效市场（Weak Form Efficiency）认为目前汇率水平已充分反映了过去外汇市场所有的各项信息，所以投资人无法运用各种方法对过去的汇率进行分析，再利用分析结果预测未来汇率走势这意味着投资者无法利用过去信息来获得高额报酬。所以在弱式有效市场中，以过去量价为基础的技术分析来进行预测效果将会十分不准确。

（2）半强式有效市场。半强式有效市场（Semi-slrong Form Efficiency）认为，目前的汇率水平已充分反映了包括历史和当前所有的公开信息，投资者无法利用历史和当前的公开信息进行汇率预测进而获取高额报酬。半强式有效市场效率越高，依赖公开经济情况、货币供应、收入水平及政治形势等来进行基本面分析，然后再预测汇率走势就越是徒劳无功。

（3）强式有效市场。强式有效市场（Strong Form Efficiency）认为，目前股票价格充分反映了所有已公开和未公开之信息。即使信息未公开，但投资者仍能利用各种渠道来获得相关信息，进而反映于汇率走势在这种情形下，投资者也无法因拥有某些内幕消息而获取高额报酬。

到目前为止，对外汇市场效率的研究无论采用哪种方法，都没有得出与有效市场假设相吻合的结论。大多数的研究表明，弱式有效市场假设基本上不存在，半强式有效市场假设比较含糊，而强式有效市场假设基本正确。正是由于现行外汇市场并非强式有效甚至半强式有效，这为汇率预测提供了前提和空间。固定和浮动汇率制度下的汇率走势差异明显，对应的预测技术也有差异，因此应在两种汇率制度背景下分别进行预测。

（二）固定汇率制下的汇率预测技术

在固定汇率制下，汇率的预测主要是对官方汇率水平的预测，而对汇率水平变动的预测主要是对变动时间、变动方向和变动程度的预测。

汇率水平变动方向比较容易确定。如果通货膨胀率较高、国际收支赤字较高、货币供给增加均表明该国货币已出现贬值的压力，相反则存在升值压力。对固定汇率的这种压力最终将导致汇率水平的调整。

汇率水平调整的时间一般与外汇储备消耗时间、政府的外部融资能力和资本外逃强度相关联，因而比较难预测。在资本大规模外逃的背景下，官方为维持汇率平价而不得不进行外汇市场干预，抛售外币回收本币，这样往往会导致外汇储备数量骤降。一旦官方储备不足时，官方首先会考虑到国际金融市场借贷，如果无法获取足够的资金融通，那么汇率贬值在所难免。这一点在东南亚金融危机中频频得到印证。一国储备下降的速度、政府的外部融资能力和国际资本投机性外逃的强度共同决定着平价调整的时间。

汇率水平调整的幅度也难以确定。对于存在贬值压力的经济体而言，如果外汇储备减少，官方不得不采用贬值策略，但贬值的数量难以确定。如果贬值不足，资本外逃现象不仅不会被抑制，反而会诱发国内资本外逃动机；如果贬值过度，那么资产负债表效应使外贸企业资不抵债，企业就会面临倒闭。所以官方要权衡不同贬值程度所带来的影响，根据自身的经济结构、贸易条件和承受能力选择合适的贬值幅度。

（三）浮动汇率制下的汇率预测技术

浮动汇率制下的汇率预测方法相对比较成熟，一般认为有三大类方法：基础预测法（Fundamental Forecasting）、技术预测法（Technical Forecasting）和基于市场预测法（Market-based Forecasting）。

1.基础预测法

所谓基础预测法是建构于汇率同重要经济指标如通货膨胀率、利率、收入、货币供应量等基础之上，运用购买力平价理论、利率平价理论进行预测的方法。这类方法比较强调汇率变动背后的经济原因，具有比较坚实的微观基础。

（1）基于购买力平价理论的预测，基础预测的最基本形式就是利用通货膨胀率（预期）来预测未来汇率走势。

（2）基于利率平价理论的预测，除利用购买力平价理论，还可利用利率平价理论预测汇率走势。

（3）基于多元回归分析的预测，多元回归分析实际上是建立一个影响汇率波动的多因素模型，然后根据历史数据估计模型参数，得到一个比较显著的回归模型，最后利用该模型预测未来汇率走势。

基础预测方法（包括多元回归）本身存在缺陷，纵然建立更复杂的、更先进的模型，也不一定能完美预测出汇率走势。同时跨国公司在预测汇率时要高度注意预测误差问题。

2.技术预测法

利用技术分析法预测汇率同用技术分析股票的原理相似，主要假设未来价格（汇率）以一定的趋势延续，相信"历史会重演"。技术分析法根据历史上汇率的量价关系，外推到未来以获得未来的汇率走势。技术分析法主要借助指标类、切线类、形态类、K线类及波浪类分析工具。

（1）形态的基本原理。形态指主要通过价格波动中形成特定的形态，对后市的走势进行评估和预测。除遵循技术分析法的三个基本假设外，其本身还有一个假设：价格波动通过特定的形态运作。

（2）通道。在上升或下跌趋势或横向盘整中，常出现一些矩形般的图形。它是由连接最高价的直线（阻力线）与连接最低价的直线（支持线）构成的，两条直线巧妙地互相平行，构成一条矩形般的通道。上升趋势构成上升通道，下降趋势构成下降通道，横向延伸趋势构成横向通道。

①上升通道。上升通道反映的是一种以买方力量为主导的市场，尽管卖方力

量也不断反击，造成价格不时下跌，但在买方力量占有优势的情况下，卖方力量反复被消化，价格持续上升，处于上升趋势。

②下降通道。下降通道反映的是一种以卖方力量为主导的市场，尽管买方力量也不断反击，造成价格不时反弹，但在卖方力量占有优势的情况下，买方力量反复被消化，价格处于下降趋势。

③横向延伸通道。横向延伸通道反映市场买方和卖方的力量相持，市场进入一个短暂均衡状态，这样的市场往往缺乏明确的方向，价格被限定在水平区间中反复波动。价格突破横向通道的时候，往往代表新的趋势即将展开。横向延伸通道一般持续时间较短。

（3）通道的识别。通道一般具有比较明显的形态特征，包括：①通道的两条轨道线相互平行；②通道可以相互包容；③通道包含所有价格变化；④上升通道先确定支持线，下降通道先确定阻力线；⑤通道的轨道线被触及次数越多，通道越重要，突破所造成的波动越大；⑥下降通道通常较上升通道陡峭，且下跌过程较快。

3.基于市场预测

基于市场预测方法一般着重以即期汇率、远期汇率作为基础来预测未来的即期汇率。这是因为在发达、完善的金融市场中，公众具有完全的理性预期，任何影响汇率走势的因素都会体现在即期和远期汇率的变化上。因此，跨国公司只需要根据即期和远期汇率即可做出对未来汇率走势的预测。

（1）即期汇率。利用即期汇率预测的逻辑在于：在完备的市场环境中，如果理性的公众预期未来（短期内）人民币对美元贬值，那么出于投机的考虑，公众会在即期市场中买入美元抛出人民币，这样会导致即期人民币对美元升值。反之，如公众预期未来人民币对美元升值，那么公众会在即期市场抛售美元，又会推动即期人民币升值。这样人民币汇率的即期汇率充分反映了市场的预期，则对于跨国公司而言可以利用即期汇率作为未来即期汇率的参照。但要注意的是，这种方法比较适用于短期预测，对于长期预测，这种方法误差较大。

（2）远期汇率。根据预期理论，现行的远期汇率包含了公众基于今天时点对未来即期汇率的预期。因此，可以使用远期汇率代表未来时点的即期汇率。但这种预测建立在完美预期的基础上，即今天公众的预期（体现在远期汇率上）是完美无误的，这与现实会有一些不符。

4.混合预测

在实际操作中，单一的预测方法难免存在偏误，因此可以考虑采用混合预测的方法取长补短。具体而言，混合预测实际上是建立在基础预测、技术预测、基于市场预测这三类方法基础之上，按照一定的综合技术将上述这三类方法的单独结果进行综合评估的方法。常用的综合技术就是加权方法，即对上述三种方法的预测结果进行加权处理，最终得到综合的估计结果。

第三节　交易、经济与折算风险管理

一、交易风险管理

（一）交易风险中的管理工具

交易风险管理是跨国公司通过各种金融工具防范金融风险的过程。这一过程涉及五个问题：第一，公司面临的是何种风险。跨国公司面临的汇率风险有三种形式：交易风险、经济（营运）风险、折算风险。不同风险对应的管理方案存在显著差异。第二，风险程度如何。风险程度如何就是使用资产组合汇率标准差或VaR的方法测度交易风险的问题。如果风险程度很小，则无管理的必要；如果风险程度很大，那么必须进行有效管理。第三，公司面临的是外币"应收款"（Receivable）还是"应付款"（Payable）问题。不同的问题决定管理方向上的区别。对于"应收款"问题，管理的目标是实现外币应收款的本币价值最大化问题；对于"应付款"问题，管理的目标是实现外币应付款的本币价值最小化问题。第四，应采用何种风险管理工具。典型的风险管理工具有远期、期货、期权、货币市场套期保值。对于"应收款"问题，工具选择的标准就是实现本币价值最大化。对于"应付款"问题，工具选择的标准就是实现本币价值最小化。第五，最终的管理方案。前面已经明确采用何种管理工具进行套期保值，现在还需将其同不做任何套期保值情况下的本币价值进行比较，给出最终的管理建议。

以上五个环节是跨国公司进行风险管理过程中不可或缺的步骤，必须说明的是。在多数情况下，对所有风险都进行防范是不可能的，而且对某些风险的防范要付出代价（成本）。因此在防范风险之前，必须根据自身的实际情况确定风险管理目标，再采取具体的风险控制措施。

（1）远期工具。远期交易是指买卖双方同意在未来某特定日以约定的交割价格进行资产的买卖。这种工具广泛运用于外汇避险上，能锁定外币收入的本币价值或外币支出的本币成本。这一交易的特色在于期初签订时双方无须支付现金，交易的价值只有在到期日才会实现。

使用远期交易事前能锁定交易风险。对于面临"应收款"问题的跨国公司，能提前锁定外币收入的本币价值；对于面临"应付款"问题的公司，远期交易能提前锁定外币支付的本币成本。但采用远期进行套期保值的缺陷在于，即便市场汇率走势对自己有利，自己依然无法从中获利。比如，公司存在一笔外币应收款，为防止外币汇率贬值，公司卖出外币远期。至交割时，如果外币即期汇率非跌反而大涨、公司依然需要按照既定的汇率卖出外币，而不能违约。如果采用无本金交割远期外汇交易（Non-deliverable Forwards，NDF）远期，公司可以放弃履约，但须补偿交易对手履约价与市场价的差额。

（2）期货工具。针对 Coleman 公司面临的外币应收款问题，同样可以考虑使用期货进行套期保值。期货交易实际上是"标准化"的远期交易，所交易标的物的质量、数量、交割地点均有明确规定。

（3）货币市场套期保值。交易风险产生的原因是存在外汇敞口。如果企业能使外汇债权、债务的规模、期限相互匹配，那么就能消除汇率风险。具体而言，对于面临"应收款"问题的出口商，为了防止汇率变动，先借入与应收外汇等值的外币（以此消除时间风险），与此同时、通过即期交易把外币兑换成本币（以此消除价值风险）；然后将本币存入银行或进行投资、以投资收益来贴补借款利息和其他费用。届时应收款到期，就以外汇归还银行贷款。从理论上讲、这样可完全消除外汇风险。对于面临外币"应付款"问题的进口商，为防止汇率变动、先借入一笔本币并将其兑换成外币、然后将外币以存款的形式持有至到期日。到期时以外币存款本息和偿付外币"应付款"，同时支付确定数量的本币借款本息和。这样就将不确定的外币支付问题转化为确定的本币支付问题，从理论上讲可以完全消除"应付款"的外汇风险。

（4）期权。针对面临应收款问题的公司，应采用买入期权的方式进行套期保值。针对面临应付款问题的公司、应采用买入卖出期权的方式进行套期保值。

（二）交易风险管理的局限性

运用衍生金融工具避险应坚持审慎的原则。各种避险措施都存在着利弊，经济主体应根据自身业务需要，慎重选择避险工具。首先，规避外汇交易风险要付出相应的管理成本，因此，要精确核算管理成本、风险报酬和风险损失之间的关系。其次，应综合全面考虑，尽可能通过抵销不同项目下的货币资金敞口，降低或消除外汇交易风险。最后，防范外汇交易风险的方法多样，达到的效果各不相同，经济主体应按自身情况选择合理的避险方案。

（1）现金流的不确定性。前面提到的针对"应收款""应付款"交易风险管理的工具都假定现金流是确定的。但现实中跨国公司面临的现金流往往存在不确定性。这样基于确定现金流下的避险方案，在不确定现金流的背景下有可能招致新的汇率风险。

（2）重复避险问题。对于长期从事固定进出口业务的公司而言，如果它重复进行交易避险可能具有一定的局限性，尤其是汇率处于长期升值或者贬值的通道时，重复避险可能导致局部理性但整体上的非理性。

（三）其他交易风险的管理方法

（1）加强账户管理，主动调整资产负债。以外币表示的资产负债容易受到汇率波动的影响，资产负债调整是将这些账户进行重新安排或转换成最有可能维持自身价值甚至增值的货币。

（2）签订合同时的防范措施。可供签订合同时选择的防范措施，包括选择好合同货币、加列合同条款、调整价格或利率。

第一，选择好合同货币。在有关对外贸易和借贷等经济交易中。选择何种货币作为计价结算的货币或计值清偿的货币，直接关系到交易主体是否将承担汇率风险。在选择合同货币时可以遵循两个基本原则：①争取使用本国货币作为合同货币；②出口、借贷资本输出争取使用硬币，即在外汇市场上汇率呈现升值趋势的货币。

第二，在合同中加列货币保值条款。货币保值是指选择某种与合同货币不一致的、价值稳定的货币，将合同金额转换用所选货币，按所选货币表示的金额以合同货币来完成收付。目前，各国所使用的货币保值条款主要是"一篮子"货币保值条款，就是选择多种货币对合同货币保值，即在签订合同时，确定好所选择多种货币与合同货币之间的汇率，并规定每种所选货币的权数如果汇率发生变动，则在结算或清偿时。根据当时汇率变动幅度和每种所选货币的权数，对收付的合同货币金额做相应调整。

第三，调整价格或利率。在一笔交易中，交易双方都争取到对己有利的合同货币是不可能的，当一方不得不接受对己不利的货币作为合同货币时，可以争取对谈判中的价格或利率做适当调整：如要求适当提高以软币计价结算的出口价格，或以软币计值清偿的贷款利率；要求适当降低以硬币计价结算的进口价格。或以硬币计值清偿的借款利率。

（3）根据实际情况，灵活掌握收付时间。在国际外汇市场瞬息万变的情况下，提前或推迟收、付款，对经济主体而言会产生不同的效益。因此，应善于把握时机。根据实际情况灵活掌握收付时间，采用提前或延后、配对、保险等方法规避汇率风险。提前或延后收付外汇是指涉外经济实体根据对计价货币汇率的走势预测，将收付外汇的结算日或清偿日提前或错后，以达到防范外汇风险或获取汇率变动收益的目的。

外汇配对是指涉外主体在一笔交易发生时或发生后，再进行一笔与该笔交易在币种、金额、收付日上完全相同，但资金流向正好相反的交易，从而使两笔交易所面临汇率变动的影响相互抵销的一种做法。外汇保险是指涉外主体向有关保险公司投保汇率变动险，一旦因汇率变动而蒙受损失，便由保险公司给予合理的赔偿。

二、经济风险管理

汇率波动对跨国企业以及本国企业的现金流入量和现金流出量等方面都产生了一定的经济影响，因此经济风险的管理最重要的是将汇率波动因素放进企业的基本经营决策中加以考虑。企业不能被动地在金融市场上规避经济风险，管理层应该从企业发展的长远利益出发，制定具有前瞻性的、主动的经营策略去管理经济风险。经济风险的管理主要包括调整经营战略与利用交易管理办法进行保值。

（一）调整经营策略

（1）提前或滞后支付。企业可以运用提前或者延后支付和接受外汇的时间来减少经济风险。当企业预计本币将要贬值时，则应该提前支付外币应付的货款、贷款或融资利息支出等，同时延迟收回外币应收的货款、投资利息收入等。反之，当企业预计本币将要升值时，则应该延后支付外币应付款，同时提前收回外币应收款。通过这样的方法企业能够获得外汇波动带来的收益。但是这种方法属于零和博弈，交易的对方企业并不会轻易放弃汇率收益，承担过多的经济风险。在交易双方签订合同时一般会对收款和付款时间做明确的界定，因此这种方法存在局限性。

（2）多元化的经营安排。企业从事的业务种类越多，经营范围越广，企业分散风险的能力就越强。多元化的经营安排不仅仅是在不同的业务领域经营，最重要的是在全球不同国家进口原材料、生产及销售出口产品。当跨国企业在不同的国家分散经营后，某个国家汇率的波动对该企业的不利影响将可能被其他国家汇率波动带来的有利影响所抵消，企业整体的经济风险将降低。多元化经营的另一个优点是如果跨国企业已经实现了海外生产，那么在本币升值时，可以通过增加在外国的生产活动，利用外国的原材料和劳动力进行生产，进而降低企业的生产成本。反之，在本币贬值时，将减少外国原材料和劳动力的使用，减少在该国的生产活动。这种转移产品产地的方法会造成生产效率的下降，不利于实现规模经济。

（3）产品定价策略。企业面对经济风险进行产品定价时，需要考虑以下两个问题：

第一，市场占有率与利润额的抉择问题。当本币升值时，以本币标价的出口产品的外币价格提高，降低了该产品在外国市场的竞争力，导致企业在当地市场的销售收入下降。企业不论选择市场份额还是利润额，其最终目的都是实现利润的最大化。

企业的具体决策受到许多因素的制约，比如，汇率需求价格弹性、规模经济、波动持续时间以及企业面临的竞争激烈程度等。显然，产品的需求价格弹性越大，出口产品价格的降低将较多地增加产品销售，进而使利润增加，此时选择降价以扩大市场份额的策略就越有利。同时，规模经济效应越显著，则随着单位产品生产成本的降低，降低出口产品价格以扩大市场份额的策略也将越有利。如果汇率的变化是短期的，那么为了维持利润额而放弃市场份额是极其不理智的，因为一旦失去了这一部分市场份额再想要重新占领市场将变得比较困难。另外，如果跨国企业面临的市场竞争非常激烈，那么当本币贬值时，公司调整产品价格的余地会增大。公司既可以保持产品价格不变进而扩大市场份额，也可以随着进口产品价格的上涨而提高出口产品价格。

第二，价格调整合适频率的问题。跨国公司在调整价格时，需要考虑到这一行为对下游零售商所产生的影响，过于频繁的价格调整使零售商的成本不断发生变化，会对其既定的整个经营策略带来较大的影响，使零售商不得不紧随着价格的变动调整利润率。因此，跨国公司为了维持公司的信誉，将不得不保持产品出口价格不变进而承担一部分损失。所以跨国公司在决定是否需要调整出口产品价格时，需要权衡各方面因素的利弊，审慎抉择。

（4）促销策略。企业在制定营销方案的时候需要考虑广告、推销的成本预算，管理层在做预算的时候需要对未来的汇率走势有一个预期，并在全球各个国家和地区间安排促销预算。在本币贬值的背景下，出口企业用于广告、推销的资金成本的回报率提高，因为本币的贬值使出口企业的利润增加。反之，本币升值将使出口企业利润下降，营销支出的回报也因此减少。

（5）革新策略。产品革新也是降低经济风险的有效策略出口产品如果常年不变、不加入新的创新因素，因此，出口企业需要不断研制符合市场需求的独特新产品，利用产品的独特性使该产品在外国市场上难以找到替代品，进而保持产品的竞争优势，降低需求价格弹性。

（二）经济风险交易保值的管理办法

经济风险的交易管理办法主要包括远期外汇交易保值、期货合同套期保值、外汇期权套期保值、货币市场套期保值以及利用借款与投资方式保值。

1.远期外汇的交易保值法

在国际进出口贸易中，从签订合同到履行合同、首付货款通常需要一段时间，在这期间进出口商将很有可能因为汇率的波动而遭受损失。汇率的变动影响了进口商的实际支出成本以及出口商的实际收益水平。为了降低汇率波动带来的交易风险，进出口商可以进行远期外汇买卖将贸易成本与收入固定下来。远期外汇交易的买卖规模比较大，是大型跨国企业普遍采用的保值方法。远期外汇交易在签订合同时进出口商的成本与收益已经按照合同上的远期汇率固定下来，从而规避了由于汇率波动带来的未来现金流量的不确定性风险。但是远期外汇交易本身也存在着交易风险，进口商为了固定贸易成本而购买远期外汇，如果在合同到期时市场的即期汇率低于合同约定的汇率，那么进口商在外汇交易中虽然固定了交易成本，但是也因此承担了远期外汇交易带来的交易风险；同样，出口商为了确保贸易收益卖出远期外汇，如果合同到期时市场的即期汇率高于合同约定的汇率，那么出口商将因为做了外汇交易保值而少赚取一定的收益。

2.外汇期货保值法

尽管远期外汇交易可以用于保值，但是远期交易的规模较大并且资信要求高，对于一般需要规避较小金额风险的进出口企业很难与外汇银行签订合同进行远期外汇交易。因此企业只能通过经纪人利用外汇期货交易进行保值。外汇期货交易与远期外汇交易的操作原理一样，即持有与现货市场头寸相反的期货头寸。然而由于期货合约有固定金额，企业需要保值的金额很可能与期货合约的交易金额不一致，企业只能选择最接近保值金额的合约数量进行保值，而不能对所有的外币金额进行保值或者超过外币的金额进行保值，因此企业无法完全避免未来本币现金流量的变动风险。进出口企业是否决定采用外汇期货保值同样取决于对汇率变化趋势的预期，如果汇率朝着预期的相反方向变动，企业将可能多花费或者少收益。

3.外汇期权保值法

远期外汇交易与期货外汇交易本身也都存在着交易风险，在很多情况下进出口公司不愿意去承担这部分未知限度的风险；而外汇期权交易以其成本低和兼具保值与投机双重作用的优势，在国际贸易和金融交易中被广泛应用于防范交易风险。期权的买入者与卖出者获得的收益与承担的风险有很大不同。期权的买入者买入外汇期权是用以防范汇率波动带来的风险，交易者买入的是权利。如果到期不行使期权，到期只是让期权失效，仅是损失一点权利费的问题，风险是有限度的。而期权的卖出者只有义务而没有权利，承担的风险较大。一般期权的卖出者做的是投机交易，而非出于保值的目的。

4.货币市场套期保值法

货币市场套期涉及借款、换汇与投资环节，投资者利用两个地区金融市场短期利率的差异，将资金从利率低的国家转向利率较高的国家，从而赚取利差收益。在投资者将资金投资于国外进行套利时，需要将持有的本币兑换成外币，在投资到期后再将外币兑换回本币。这一期间便产生了交易风险，如果投资者在套利时采取措施消除这部分风险，这种套利行为称为抵补套利；反之则是无抵补套利。

5.借款与投资保值法

交易风险产生的原因是存在外汇敞口，即外币债权与债务没有完全冲抵。如果企业能够对应地制造相反的债权与债务，就可能消除外汇敞口，避免交易风险。借款投资是指存在外币债权和债务的公司利用借贷方式来消除交易风险的方法，对于一些不适合做远期交易的短期支付业务，企业将要收回的外币债权或支付的外币债务可利用借贷义务来规避交易风险。

当企业存在外币债务时，可以借入本币购买外币并进行投资，这相当于创造了一笔外币债权。当外币债务到期时，将投资获得的外币用以支付需要偿还的债务，并归还本币的借款本息。由于本币借款的本息是确定的，因此企业固定了其外汇债务需要支付的本币价格。当企业的外币投资到期日与债务偿还到期日一致并且投资到期后的外币本息总额与外币债务等值时，企业将能够完全消除外汇敞口，规避汇率波动引起的交易风险。

三、折算风险管理

折算风险只存在于跨国企业母公司合并子公司财务报表以汇总编制综合财务报表时的情况，完全立足于母公司的立场，就子公司而言本身不存在折算风险。即使在折算时点外币大幅贬值，对总公司的损失也是账面的，与企业的实际价值与经营并没有直接的联系，除非折算风险影响到管理人行为或税收流量。跨国企业管理层最关心的始终是汇率波动是否对企业未来的现金流量带来不利影响，折算风险对跨国企业未来现金流量的影响大多是间接的，因此折算风险远不如经济风险大。

虽然折算风险对企业的实际价值与经营的影响并不严重，但是在国际知名的跨国公司中，部分企业非常注重折算风险的管理。管理折算风险的手段主要有三种，包括资产负债表保值、远期外汇交易保值以及澄清事实。

（一）折算风险管理中的资产负债表保值

折算风险产生的根本原因是公司资产负债表中各种以某一功能货币表示的受险资产与受险负债不相匹配，不能够完全对冲抵消，因而公司的净暴露资产头寸不等于零。因此，如果人为地将净暴露资产头寸变为零，那么折算风险将不存在。资产负债表保值的操作原理是将承担汇率变动风险的资产额与承担汇率变动风险的负债额相匹配，以使净暴露资产头寸为零。虽然企业通过对资产、负债进行对冲抵消可以规避折算风险，但是采用这种方法企业需要付出较大的代价。企业在减少风险暴露资产时，减少外币现金资产、催收账款、减少库存甚至提早收回投资这些做法极有可能对公司的业务经营以及信誉造成不利影响。此外，由于事先采取的保值措施只能根据预计得出的净暴露资产进行保值，保值的效果会受到估计准确性的影响，无法做到完全保值。

（二）折算风险管理中的远期外汇交易保值

跨国企业的子公司可以采用卖出远期外币的做法来规避其未来利润承担的汇率波动带来的风险。运用这种方法，公司需要创造一笔有抵消意义的远期外币负债以消除折算风险。跨国企业采用卖出远期外汇的做法规避折算风险，存在以下方面的局限性：

第一，增加企业的交易风险。跨国企业采用卖出远期外汇合约的做法来规避折算风险的同时将会增加企业的交易风险。特别是当子公司所在国的货币在本财务年度期末升值时，跨国公司将获得汇率波动带来的折算收益。而跨国公司采取卖出远期外汇交易的做法形成的损失将会冲抵货币升值给企业带来的折算收益，使得公司实际现金减少，折算损益只是账面上的损益，而远期外汇交易的损失却是实实在在的现金流损失。因此，跨国公司在对折算风险进行具体的管理时，需要在折算风险与交易风险之间做出抉择。

第二，会计信息的扭曲。远期外汇交易的损益反映的是合同约定的远期汇率价格与合同到期时的即期汇率价格之间的差价，而企业合并财务报表时的折算损益反映的是入账时的历史汇率与合并财务报表时的即期折算汇率的差异。此外，折算损失并不能抵税，而远期外汇交易的收益却需要纳税。

第三，子公司对未来利润的预期与实际利润存在差异。子公司对本财务年度期末将获得利润的预测与到期实际获得的利润极有可能不一致。如果企业实际获得的利润远远超过了预期的利润，那么当子公司所在地货币贬值时，公司卖出远期外汇进行保值获得的收益将不足以完全冲抵货币贬值给跨国企业带来的折算损失。

第四，有一些货币不存在远期外汇交易。如果跨国公司的子公司设立在一些很小的国家，则很有可能当地货币不存在远期外汇交易，无法通过卖出远期来规避交易风险。

（三）折算风险管理中的澄清事实

澄清事实是指以公告方式申明公司对折算风险的处理态度，引导公众对公司折算风险的理性认识。通过澄清事实让股东和潜在的投资者认识到折算风险表现出的是一种账面上的损失，而不是实际现金流量的损失。因此，即使子公司所在地货币发生贬值，子公司获得的当地货币利润被按照低汇率汇总到母公司后，以母公司所在地货币表示的利润将会下降，公司的股东和潜在的投资者也并不会因此改变对公司的看法。然而在实际的经营过程中，有一些跨国公司并不规避折算风险，因为公司管理层认为折算风险影响的是账面上的损益，不会对未来的实际现金流量造成影响。

折算风险只存在于跨国企业母公司合并子公司财务报表以汇总编制综合财务报表时的情况，折算损益只是账面上的损益，因此并不会影响到企业未来的现金流量。然而采取措施对折算风险进行管理却会影响到企业的现金流量，尤其是当采取了保值措施后，汇率变动与企业的预期方向相反时，企业不仅无法获得应有的折算收益，反而要承担保值带来的实际现金流出。此外，采取保值方法的效果会受到企业对未来资产与利润估计准确性的影响，无法做到完全保值。因此，是否采取措施规避折算风险取决于企业的股东、投资者或其他财务信息使用者是否看重折算风险引起的账面损益的变化。

第四节　跨国资本与国家风险管理

一、跨国资本

（一）资本要素的类型划分

（1）权益资本。如果跨国公司打算在国外建立子公司，那么它便有可能将自有的现金投入子公司，这笔现金就是母公司的权益投资。子公司在所在国经营了一段时间后，会将收入汇回母公司作为权益投资的回报。随着时间的推移，子公司通过其经营创造出的利润可以增加更多的权益资本。子公司获取权益资本的主要方式是公开发行股票。而母公司为了防止潜在的利益冲突，一般都希望得到所有的股份。因此，为了自身价值最大化，子公司更倾向于采用利润留存的方式而不是发行股票的方式来增加权益资本。

（2）债务资本。子公司也可向当地银行借款或者发行债券来增加自身资本，而通过这些方式筹措来的资金就成为公司的债务资本。

（二）跨国资本的来源

1.权益资本的来源

（1）国内股票。跨国公司可以在本国发行以本币计价的股票。跨国公司可能会将一部分股票发行收入分配给子公司，子公司将其兑换成自己所在国家的货币来使用。

（2）全球股票。为了获得更多的权益资金，一些跨国公司开始追求全球权益资本，即同时获得多个国家的权益资金。而要做到这一点，就需要筹集资金的子公司在所在国发行股票，股票以外币计价并且在当地外汇市场上市，以便当地投资者买卖股票。如果跨国公司在某国发行了大量的股票，那么就更能吸引当地的投资者购买。通常情况下，在全球发行股票的企业比在国内发行股票的企业更容易在当前市场发行新股，因为这些跨国公司一般具有很强的国际生存能力，有了国际声誉的公司在国外发行股票自然会容易许多。目前一些国家关于证券发行的法律还不是很完善，如果在这些国家发行全球股票就不可行，因为这些国家的投资者对股票的需求比较少。另外，跨国公司倾向于在股票价值相对较高的国家发行股票。如果价值相对较低，股票发行就不会吸引投资者，同时也就不能为跨国公司筹集足够的资金。

（3）私募股权。权益资本的另一个重要来源是对国内机构投资者或者扩张地机构投资者募集资本，也就是私募股权。而通过私募股权获得的资金只能来源于数量有限的大型投资者，所以跨国公司通过私募股权很可能得不到足够的资金。而且，私募股权的转让有条件限制，投资者一般都会长期持有这些投资，因此资金的流动性也比较有限。

2.债务资本的来源

（1）国内债券。跨国公司通常在本国以本币发行债券，并与投资银行一起决定债券的发行数量和发行价格。债券期限一般为10~20年，期间债券持有者可以将债券转让给其他投资者。

（2）全球债券。相比于国内债券，全球债券的发行范围更广，可以发行多种货币计价时债券，而其重点是从需要筹资的子公司所在国获取资金。投资者购买这些债券后，也可以在到期日之前将其转让给其他投资者。

（3）私募债券。跨国公司也可以向国内或扩张地的机构投资者发行债券。然而，和私募股权一样，跨国公司通过此方式不能得到所有所需资金，因为私募债券在二级市场的交易不像国内和全球债券那样方便，其自身存在很多限制，即在投资者之间流动性较低。

（4）金融机构贷款。跨国公司的母公司一般会从金融机构贷款。这样跨国公司不仅可以通过资金获利，还可以与金融机构建立良好的商业关系来帮助自己发展，比如，让机构帮其分析汇率走势或者提供现金管理的咨询等。金融机构的贷款利率一般为浮动利率，该利率每六个月或者一年根据银行同业拆借利率的变化而变化。支付的高于同业拆借利率的溢价部分取决于跨国公司能够接受的信用风险程度。债权人将非常有利可图的跨国企业作为抵押品，可以获得相对低的溢价相反，如果债权人没有作为抵押品的企业，就需要面对相对高的溢价，如果跨国公司打算借入大笔资金，那么就需要依靠银团贷款。银团贷款的结构可以根据跨国公司的需要来进行调整，例如，贷款可以被分割为几个部分，每个部分可根据相应子公司的需要以某一特定货币借入，每种货币的贷款利率可根据伦敦银行同业拆借利率每六个月或一年进行周期性调整。

　　跨国公司通常依靠长期贷款进行筹资活动，同时为了短期的现金需求也会利用短期贷款和信贷额度。许多跨国公司通常将短期贷款展期，进而可以将短期贷款作为永久性资金使用并使其成为资本要素的另一来源。

二、国家风险的管理

　　在制定对外投资政策时，跨国公司必须对东道国的经济环境以及未来一段时间内可能出现的投资气候进行分析。国家风险是指由于东道国或投资所在国国内政治环境或东道国与其他国家之间政治关系发生改变，也即由于国家的强制力量而给外国的企业或投资者造成经济损失的可能性。简而言之，国家风险是指东道国国内发生的非预期性事件导致投资者资产价值蒙受损失的可能性。国家风险由国家政治风险和国家金融风险两部分组成。

　　国家风险代表了国家政治、经济、文化环境对跨国公司投资收益产生的潜在的不利影响。对于跨国公司而言，国家风险不仅包括东道国的国家风险，也包括母国的国家风险。国家风险并不是指外国企业或者投资者所遭受的实际经济损失，而是指发生这种政治变化的可能性以及由此可能导致的经济损失的大小。

　　国家风险对于对外直接投资有着较大的影响，其中最严重的情况便是海外子公司以及分支机构被东道国政府征收，这种接管会对跨国公司造成重大的损失。常见的用来减少东道国政府接管风险的管理方法包括：缩短投资期、运用当地资源、垄断技术和原材料、购买投资保险和利用项目融资。

（一）缩短投资期限

　　跨国公司对外投资的一个主要目标是获得超额利润。但随着时间的推移、新的竞争者的加入以及市场行情的变化，这种超额利润会逐渐减少。因此跨国公司通过将项目锁定在一个较小的投资期内，通过加速折旧、分批分次将子公司资产出售的方式，可以在尽快获得超额利润的同时减少被东道国政府征收的可能性，这种方法的关键在于能迅速获得现金流，且万一出现最坏的情况，也可以将损失降到最低。

（二）运用当地的资源

　　为了减少子公司被东道国接收的可能性，跨国公司可以考虑雇佣当地劳动力和从当地借入资金，与当地的利益集团形成比较紧密的利益关系，在一定程度上可以减少国家风险。例如，子公司从当地银行获得巨额融资，当地银行将会关心公司未来的经营业绩。当政府试图征收子公司并且影响到银行收回贷款的时候，银行可能会对东道国政府施压以避免征收。虽然这种方法也存在一定的局限性，如当地政府可以向银行担保偿付贷款，然而与跨国公司失去子公司还承担本国债权人债务相比，这种策略也是一种较好的方式。

通过雇佣当地劳动力，可以为该国居民提供就业机会。当政府接管可能发生的时候，当地的雇员或者工会可能会对政府施压以避免这种情况的发生。但这一方式也存在着局限性，如政府可以在无偿接管的同时保证当地雇员的工作岗位不改变。

（三）垄断技术与原材料

通过对子公司技术的垄断和技术信息的高度保密，跨国公司可以有效地降低被东道国政府接管的风险。接管可能奏效的唯一方法是跨国公司同意提供必要的技术。如果跨国公司在政府征收过程中不能够获得足够的补偿，这一情况就很难实现。如果子公司生产所需的生产原材料必须依赖于母公司的进口，且当地无法生产，那么东道国政府在没有寻找到替代原材料来源或者没有足够的技术能力生产必须原材料的时候，一般不会征收该子公司。甚至在跨国公司子公司受到政策歧视的时候，母公司可以考虑停止原材料供给。

（四）购买投资保险

一般而言，跨国公司的母公司为了鼓励国内优质企业走出去，积极向海外投资，往往会采用设立海外投资保险机构等方式，当发生接管或者货币冻结风险的时候，对跨国公司在海外的经济损失给予一定的补偿。那些在国外有大量投资的发达国家，都建立了比较健全的国外投资保险体系。

部分保险机构并不赔付因政府征收行为对企业造成的损失。即便赔付，保险机构在补偿公司因被征收而蒙受损失之前，有一年甚至更长时间的等待期。而且，为了获得这种保险，跨国公司的海外子公司需要按照保险机构的要求限制自身的经营范围，比如子公司产品销售地域限制，主要用于出口而不是在当地销售（减少因与当地企业市场竞争而引起东道国政府的不满）。当然还要考虑保险费率的问题。通过权衡保险的收益和成本，子公司可以选择一种相对有利的策略。虽然这种保险是有用的，但是它并不能够防止征收带来的损失。

世界银行等国际组织也纷纷设立了多边保险机构，为那些在发展中国家有直接投资项目的跨国公司提供政治保险。例如，世界银行设立了一个叫多边投资保险机构的附属机构，为在欠发达国家直接投资的跨国公司提供保险。多边投资担保机构对接管、违约、货币不可兑换提供保险。

（五）利用项目融资

世界上许多庞大的基础设施项目都采用"项目融资"的方式，以此来降低跨国公司的风险。第一，项目融资交易主要依赖信贷。跨国公司只做有限的股权投资，这样它的风险是有限的。第二，银行可对支付给跨国公司的资金进行担保。第三，项目融资交易可以以该项目未来的收入作为担保，项目与管理项目的跨国公司是分开的，这是其独特之处。贷款不可追索，债权人不可以向跨国公司追索除项目资金和现金以外的现金。因此，作为借款人的项目风险与项目现金流有关，与跨国公司无关。由于项目的目标单一和终止计划明确，使得项目的整个过程较为透明，这样项目才能得到项目融资的资助。若非如此，项目不能得到融资，因为这将会承担信贷安排带来的现有负债，东道国政府不可能接管这种类型的项目。

第八章　金融风险管理与控制

第一节　金融风险分类与管理方法

一、金融风险分类

根据不同的标准，从不同的角度，金融风险可以分为若干不同的类别。分类的目的在于更加深刻、全面地认识和理解金融风险。

（一）根据金融风险的形态分类

1.流动性风险

流动性具体表现为一种获取现金或现金等价物的能力，是每一个金融机构的生命活力所在。流动性风险是指由于流动性不足而给经济主体造成损失的可能性。

流动性风险可分为两类：①市场流动性风险。市场流动性风险是指由于市场活动不充分或者市场中断，无法按照现行市场价格或以与之相近的价格对冲某一头寸所产生的风险，对柜台交易合约、对冲交易的影响较大。②现金风险。现金风险是指无力满足现金流动性的要求即履行支付义务，从而迫使银行较早地破产。

流动性风险状态可以分为三种：第一种是极度不流动，就是由于客户的信用风险造成或出现挤兑，企业破产，并将商业银行账面上的损失转化为巨额资金的现实损失，最终使商业银行倒闭。第二种是由于流动性资产构成的组合难以起到"缓冲器"的作用。流动性风险意味着短期资产价值不足以弥补短期负债和非预期的资金外流。保持银行经营流动性是一种有效的缓冲，为银行在困难时期赢得时间。第三种是不能以正常成本筹集资金。在银行筹集资金时存在困难，即缺少以合理价格及时取得资金的能力，主要看市场流动性和银行流动性的状况。

保持流动性对于一个企业、家庭、国家，特别是金融机构而言是至关重要的问题，流动性风险可以置经济主体于死地。保持良好的流动性是企业和银行的基本经营原则，但并不是说流动性越高越好，也不是说流动性资产越多越好，因为流动性与营利性是相互矛盾的，流动性越高，往往营利性越低。因此，银行和企业要保持流动性与营利性的平衡。

通常流动性风险的产生是由于银行将筹集的短期资金用于长期贷款，这样就存在流动成本。所谓流动成本是指由于贷款而限制了资金流动所产生的成本。良好的流动性管理政策就是要对筹集资金与使用资金进行科学合理规划，尽量降低或减少资金缺口，保持两者在时间上和数量上的对称性及稳定性，使银行在任何时候都可以从市场或经过担保基金以适当的价格获取资金，不会因为资金枯竭带来经营困难，这就是流动性管理的基本框架。

20世纪以来，操作风险越来越引起人们的广泛关注。测定操作风险的方法：一是基本指数法，是以某种单一指数来确定操作风险的必需资本金；二是标准法，把银行业务按公司资产、项目融资、零售等类别加以区分，分别计算操作风险指数，再乘以某一固定比例得出必需资本金；三是内部测试法，银行根据内部数据计算操作风险指数、引致损失事件发生的概率以及事件发生的损失程度，再以所得数据与巴塞尔委员会确定的相应比例得出必需资本金。

2.国家风险

国家风险是指由于国家行为而导致经济主体发生损失的可能性，包括国家政治、经济、社会等方面的重大变化。国家风险与其他风险比较，有两个显著的特点：一是风险发生在跨国境的金融活动或投资经营活动中，在一个国家范围内发生的活动则不存在国家风险；二是在跨国境的往来活动中，不论对方是政府、企业还是个人，经济实体都可能遭受国家风险所带来的损失。国家风险按其性质可以分为两类：①政治风险，是指由于一个国家内部政治环境或国际关系等因素发生变化而使他国的经济实体受到损失的可能性。②经济风险，是指由于一个国家各种经济因素的不确定性，使他国经济实体遭受损失的可能性，如国民收入水平、经济发展状况、通货膨胀、汇率、各种外汇资产的流动性和清偿能力、进出口贸易关税政策等。

3.政策风险

政策风险是指国家政策变化给金融活动参与者带来的风险。一个国家的货币政策、财税政策、产业政策、地区发展政策等都与金融活动存在密切的联系，国家在不同时期必然根据经济发展的不同情况，采取不同的经济政策。国家经济政策的调整对金融参与者将会产生不同的影响，有些可能是正面的，有些可能是负面的，这种负面影响就是政策风险。

4.法律风险

法律风险是指金融机构或其他经济主体在金融活动中因没有正确遵守法律条款，或因法律条款不完善、不严密而引致的风险。法律风险的表现形式有：①金融合约不能受到法律保护而无法履行或金融条款不周密；②法律跟不上金融创新的步伐，使得创新的金融交易的合法性难以保证，交易一方或双方可能因找不到相应法律保护而遭受损失；③形形色色的犯罪及不道德行为会给金融资产安全构成极大的威胁；④经济主体在金融活动中如果违反法律规则，将会受到法律的制裁，这也是法律风险的一种表现。

法律风险往往与信用风险、监管风险联系在一起，如当金融参与者在一笔交易中遭受巨额损失后，按相关法律进行诉讼，结果因法律不完备或不严密使交易无效，就是与信用风险有关的风险。另外，法律风险会破坏正常监管活动，因为不同国家的监管条例有很大区别，即使在一个国家监管条例对同一法律条款也有不同的解释，对监管条例的不同理解可能会为一些投机者提供利用法律谋取暴利的机会，使监管当局难以发挥规范市场行为的作用。

5.操作风险

操作风险是指由于企业或金融机构内部控制不健全或失效、操作失误等原因导致的风险，包括信息系统、报告系统、内部风险监控系统失灵等因素形成的风险。

操作风险可分为两个层面：一是技术层面，主要指信息系统、风险测量系统的不完善、技术人员的操作不当或违规操作，操作人员业务技能不高或偶然失误可能造成的损失，也包含交易系统、清算系统发生故障可能造成的损失。技术风险具体包括：报告系统出现错误，信息系统不完善，缺少测量风险工具等；信息系统不能提供足够信息取得社会公众的信赖，由于丢失某一信息而造成的损失；同时，技术风险还包括交易过程产生的风险，如欺诈、交易员伪造信息或越权交易等形成的风险。二是组织层面，主要指由于风险报告和监控系统出现疏漏，以及相关法律不完备、政策执行不当、有关信息没有及时传达给操作人员、操作人员没有正确领会上司意图等原因造成的损失。

6.信用风险

信用风险又称为违约风险，是指因交易对方（债务人）无法履约还款或不愿意履行债务而造成债权人损失的可能性。信用风险存在于一切信用交易活动中。信用风险是最古老也是最重要的一种风险，最初表现为商品货币关系，当商品货币经济发展到一定程度，信用更多地表现为银行信用，同时信用风险也成为交易对方信用等级下降的风险，这种风险不是暗示违约结果，而是意味着违约可能性的提高。

　　信用业务是银行的传统业务，也是主要业务，银行是社会的信用中心，也是信用风险的集中地，因此，在现代信用经济条件下，银行面临的信用风险是比较突出的风险，而且信用风险给银行带来的损失是巨大的。

　　导致信用风险的因素包括主观因素和客观因素。主观因素是指借款人有没有还款的意愿，这是由借款人的品质决定的，借款人不愿意还款而造成银行无法收回贷款，这一主观因素在多种因素中起决定性作用。客观因素是指借款人有没有还款的经济能力，如由于经济环境的恶化、借款人经营决策的失误等原因导致借款人无法偿还贷款。

　　7.利率风险

　　利率风险是指由于利率变动导致经济主体收入减少的风险。无论是金融企业还是非金融企业，只要其资产和负债的类型、数量及期限不一致，利率的变动就会对其资产、负债产生影响，使其资产收益、负债成本发生变动。资产负债表的绝大多数收入和费用是以利率为标准计算的，由于利率是不稳定的，收入也是不稳定的，这就导致借贷双方都要受到利率的制约。当利率降低时借方会受到损失，当利率提高时贷方会增加支付成本。利率的变化会影响双方的头寸，因此，存在利率风险，如果巧妙地规避利率风险也可以带来盈利的机会。

　　利率风险，对于某个时期内被重新定价的资产而言，就是指到期日利率下降、利息收入减少的风险；而对于某个时期内被重新定价的负债而言，就是指到期日利率上升、利息支出增加的风险。对于一些固定利率资产或负债而言，尽管未来现金流量确定，但是利率升降也可能带来一些间接损失，如按固定利率收取利息的投资者，必将面临市场利率可能高于原先确定的固定利率的风险。此外，利率的变动可能会影响资产的市场价格，还会影响汇率，进而影响金融活动的当事人。

　　利率风险也是一种复合风险，既与操作风险相关，又受市场条件的约束，同时受更深层次的因素如货币供求、宏观经济环境变动等因素的影响。在货币政策宽松时，资金供给充足，市场融资环境好，市场利率就会随之下降；在经济高速增长时期，投资机会增多，社会资金增加，市场利率就会提高。

　　8.汇率风险

　　汇率是一国货币相对于另一国货币的价格。汇率风险（也称为外汇风险）是指一个经济主体持有的以外币计价的资产与负债、经营活动中的外汇收入与支出以及未来可能产生的以外币计价的现金流的现值，因汇率的变动而发生损失的可能性。随着全球经济一体化进程的加快，金融机构业务日趋国际化，汇率波动的频率也越来越大，外汇业务的风险也日趋增大。

　　外汇风险有广义外汇风险和狭义外汇风险两个不同范畴。广义外汇风险是指汇率变化对经济活动的影响，如汇率的变动会从宏观上影响一国的进出口，进而波及国民经济的其他部门；对该国贸易和债权产生不良影响，妨碍经济正常发展。狭义外汇风险是指外汇汇率变动对某一项具体经济活动产生的影响。

汇率风险主要有四种：①买卖风险，即外汇买卖后所持头寸在汇率变动时出现损失的可能性；②交易结算风险，即以约定外币交易时发生的风险；③评价风险，即会计处理中因货币换算时所使用的汇率不同而承受的风险；④存货风险，即以外币计价的库存资产因汇率变动而产生的风险。

（二）根据金融风险的其他特征分类

在按金融风险形态分类的基础上，可根据金融风险的不同特征、从不同侧面进一步分类。

1.根据金融风险性质分类

金融风险按性质可分为系统性金融风险和非系统性金融风险。系统性金融风险是指波及地区性和系统性的金融动荡或严重损失的金融风险。系统性金融风险可表现为周期性金融风险和结构性金融风险。周期性金融风险是由经济周期引起的，经济周期往往形成周期性的金融危机；结构性金融风险通常是由经济、政治、军事、自然灾害等特殊原因引起的。非系统性金融风险是指由于内部或外部的一些因素影响，使个体经济主体或金融机构遭受损失或倒闭的情形。非系统性金融风险属于个别事件，对其他经济主体不产生影响或影响较小，一般不会产生连锁反应。系统性风险与非系统性风险的划分也不是绝对的，因为金融风险具有传染性，而非系统性金融风险积累到一定程度也可能会转化为系统性金融风险。

2.根据金融风险主体分类

金融风险按主体可划分为：①金融机构风险。金融机构是专门经营金融业务的企业，在金融业务活动过程中面临各种各样的风险，是金融风险的集中地。金融机构如何分散风险是决定金融机构成败的关键。商业银行是金融机构的主体，在金融体系中占据主导地位，面临着金融风险的挑战与考验。②企业金融风险。企业是金融服务的主要需求者，也是金融活动的主要参与者。企业筹资有风险，企业投资风险更大，企业参与任何一次金融活动和交易过程都是有风险的。企业金融风险与金融机构风险之间既有联系又有区别。企业与金融机构在金融活动中面临着许多共同风险，企业金融风险可能转化为金融机构风险，同时金融机构风险在特定的条件下也可能转化为企业金融风险。但是企业与金融机构属于不同的经济实体，有着不同的利益，在风险转化过程中若一方获利，另一方可能就是风险损失。③居民金融风险。居民在从事金融活动过程中无论以债权人身份还是债务人身份出现，都会面临各种各样的风险。特别是随着金融化程度的加深，居民金融风险资产的增加，金融风险也呈现出多元化的特征。随着存款、股票、债券等金融工具的增加，居民选择不同的金融工具，其风险程度是不一样的。如即使选择了现金，虽然没有信用风险，但还存在通货膨胀的风险；居民如果是债务人（如消费信贷的借款人），就会面临着清偿风险和利率风险。④国家金融风险。国家金融风险是国家作为经济主体，在金融活动中面临的风险。它意味着金融风险的承担者是国家。如外债风险是国家金融风险的主要表现形式，对外债风险处理不好，可能会转化为债务危机。

3. 根据金融风险程度分类

金融风险按风险程度可分为高度风险、中度风险和低度风险。金融风险的程度取决于两个因素：①经济前景的复杂程度；②可能遭受损失或获得额外收益的资金数额。金融风险程度是一个相对的概念，一般无法精确测定金融风险的程度，应根据历史资料记载与它的作用进行估算。可能损失的资金数额越大，视为金融风险程度越大。尽管不能准确界定金融风险程度的大小，但是从理论和观念上把握好高度、中度、低度三种不同类型的金融风险，对分析金融风险、控制金融风险是有重要意义的。我们一般把高难度技术开发项目和经济前景复杂的项目、失败可能性较大的贷款视为高风险贷款；把比较常见的工商企业贷款视为中度风险贷款；把项目经济前景明朗、国家扶持的重点建设项目贷款看成是低风险贷款。

4. 根据金融风险层次分类

金融风险按层次可划分为微观金融风险和宏观金融风险。微观金融风险是指金融活动的参与者，如居民、企业、金融机构等发生风险的可能性。微观金融风险虽然产生于内部，影响的主体是其自身，但是微观金融风险的积累和爆发会给宏观金融、经济造成不良影响，甚至当微观金融风险扩散到一定范围后，会成为宏观金融风险。宏观金融风险是国家、整个国民经济和整个金融体系的风险。宏观金融风险主要产生于宏观经济因素，包括金融体系风险、外债风险、国家风险，以及货币当局实行不合适的汇率政策或货币政策等产生的金融制度风险。微观金融风险与宏观金融风险是有区别的，但又是相互影响的。

5. 根据金融风险业务结构分类

金融风险按风险结构可划分为资产风险、负债风险、中间业务风险和外汇业务风险。这是一种常见的分类方法，各种风险从内容和形式看是不相同的，但是彼此之间又是相互联系的，不可截然分开。

6. 根据金融风险区域分类

金融风险按区域可划分为国内金融风险和国际金融风险。国内金融风险源于国内金融活动，风险承受者仅限于本国居民和企业。国际金融风险是指国际金融活动中存在的风险，风险承担者可以是居民，也可以是非居民。国际金融风险要比国内金融风险复杂，它包括政治、经济和社会风险。在经济全球化和金融国际化程度不断加深的情况下，国际金融风险的影响、渗透、转化的可能性越来越大，有的国际金融风险通过"输出"会转化为国内金融风险。

二、金融风险的管理方法

（一）金融风险识别方法

1.通过资产负债表的总体状况识别

资产负债表是对债务人整个经营成果的总体概括，既具体反映了该债务人的全部资产和负债情况，又详细反映了其资产和负债的内部结构情况，是债权银行从总体上和结构上了解债务人整体情况的最好方法之一。

商业银行的资产项目可以分为五大类：现金资产、各种贷款、证券投资、固定资产与其他资产。不同的资产具有不同的风险特征：

（1）现金资产，包括库存现金、在中国人民银行的存款、同业存款、托收未达款等，它是流动性最高的资产项目，因此，被视为银行的一线准备金。该准备金过少会导致银行流动性不足，而过多又会增大银行的现金持有成本。

（2）各种贷款，这是商业银行最主要的资产项目，也是商业银行最大的盈利来源，它们具有信用风险大和流动性低的特点。在贷款项目中，不同方式、不同期限的贷款又具有不同的金融风险。例如，信用贷款的风险比保证贷款的风险大；保证贷款的风险比抵押贷款的风险大；中长期贷款的风险比短期贷款的风险大；以外币计值的贷款风险比以本币计值的贷款风险大；利率、汇率变化时期的贷款风险比利率、汇率不变时期的贷款风险大。

（3）证券投资，包括国库券、股票、公司债券等，它们一般具有较好的流动性，因此，被视为银行的二级准备金。但是，证券投资也会面临证券的价格风险、利率风险和信用风险。

（4）固定资产和其他资产，也会因为折旧和通货币值不稳（通货膨胀或通货紧缩）的存在而出现历史成本与现实价值不一致的问题，从而隐含风险。

商业银行的负债项目由存款负债、借入负债和结算中负债三大负债组成。其中，存款项目主要由交易账户存款和非交易账户存款构成。交易账户存款又由活期存款、可转让支付命令账户存款、货币市场存款账户存款等构成。非交易账户存款主要由储蓄存款、定期存款构成。借入负债由同业拆借、从中央银行的贴现借款、证券回购、国际金融市场融资和发行中长期债券筹资构成。结算中负债主要由委托收款等构成。

银行在管理负债时，一般要考虑如何才能以最低的成本吸收负债，银行需要多大规模的负债来维持其经营。它们所面临的主要风险有两种：一是利率风险；

二是流动性风险。利率风险是由保持和吸引资金所必须支付的利率的不确定性引起的。流动性风险则是由客户提取资金的不确定性所引起的。

除了关注资产负债以外，为了更详细地识别可能的金融风险，我们还要对表外业务进行分析。这里的表外业务主要是指贷款承诺、备用信用证之类的保证业务、金融衍生产品（如金融期货合约、金融期权合约等）等业务。这些业务往往隐含着巨大的风险，容易给银行造成重大损失，甚至破产。

2.通过信贷资产的结构识别

对于国内商业银行而言，贷款是其主要的资产来源。因此，从贷款结构角度研究贷款风险对于防范银行总体风险至关重要。目前，这方面最有代表性的理论和实践就是"贷款风险五级分类法"。

（1）贷款风险分类。

第一，正常类贷款。正常类贷款是指"借款人能够履行合同，没有足够理由怀疑贷款本息不能按时足额偿还"。我们可以理解为借款人能够用正常经营收入偿还贷款本息，无论从借款人本身还是从外部环境看，都不会影响贷款按时足额偿还。其基本特征就是"一切正常"。

第二，关注类贷款。关注类贷款是指"尽管借款人目前有能力偿还贷款本息，但存在一些可能对偿还产生不利影响的因素"。我们理解为借款人能够用正常的经营收入偿还贷款本息，但存在"潜在缺陷"，可能影响贷款的偿还。如果这些不利因素消失，则可以重新划为"正常类贷款"；如果情况恶化，影响本息偿还，则要划为"次级类贷款"。

第三，次级类贷款。次级类贷款指"借款人的还款能力出现明显问题，完全依靠其正常营业收入无法足额偿还贷款本息，即使执行担保，也可能会造成一定损失"。我们可以这样理解：借款人必须靠正常营业收入之外的其他收入来偿还本息，有可能造成一定损失。其明显特征是"缺陷明显，可能损失"。

第四，可疑类贷款。可疑类贷款是指"借款人无法足额偿还贷款本息，即使执行担保，也肯定要造成较大损失"。我们可以这样理解：可疑类贷款具有次级类贷款所有的表现特征，只是程度更加严重，往往是因重组或诉讼等原因使损失程度难以确定而划分为可疑类贷款。划分可疑类贷款时要把握"肯定损失"这一基本特征。

第五，损失类贷款。损失类贷款是指"在采取所有可能的措施或一切必要的法律程序之后，本息仍然无法收回，或只能收回极少部分"。这里，损失类贷款的基本特征是"损失严重"，无论采取哪些措施和履行怎样的程序，贷款都注定要全部损失或收回价值微乎其微，已经没有意义将其作为银行信贷资产在账面上保留了。不过要注意，贷款划分为损失类只是在账面上的处理，并不意味着放弃债权，但凡有可能，还是要催收的。

（2）贷款风险分析。在对信贷资产进行分类以后，可以对其结构比重进行详细分析。为此，采用量化的若干指标，可帮助我们识别信贷风险。

3.通过资产负债表的结构识别

在金融风险的识别中，详细考察资产负债表的内在结构是又一个重要的环节。因为资产与负债的多样化和合理搭配，能够有效地转嫁、分散和冲销金融风险。如果某一类资产过多，将会使经营者面临较大的金融风险。如银行的中长期资产过多，就会面临较大的流动性风险；如果贷款在银行资产中占的比例过高，尤其是对高风险行业或对单个企业的贷款过高，就会使银行面临较大的信用风险。另外，在一定时期内，商业银行资产负债表中的某些资产和负债可能会到期或重新定价，如果这些资产和负债的到期日、数量等不对称，利率的波动就会导致资产收益和负债成本的变动，从而影响收益的稳定性和流动性。如当利率敏感性资产大于利率敏感性负债时，利率的下降会引起净利息收入的减少；而当利率敏感性资产小于利率敏感性负债时，利率的上升会引起净利息支出的增加。

4.通过险资产价值与资本充足程度识别

资本金是银行承担日常经营风险、保持清偿能力和体现实力的根本。例如，商业银行的资本金为其承担损失和维持偿债能力提供了"缓冲器"，而且资本金充裕的银行可以通过发行新债务或股权来补偿其现金流入的不足，从而增大承受客户拖欠资产的能力。为了从商业银行的资本充足程度来识别商业银行的金融风险，《巴塞尔资本协议》设计了两个比率：一是一级资本充足率；二是总资本充足率。

一级资本，又称为核心资本，包括普通股权额和留存收益。二级资本又称为补充资本，包括优先股权额（非投票权股东持有部分）和大部分从属债务。

关于资产权数，《巴塞尔资本协议》的侧重点放在了信用风险及信用风险的更深层面——国家转移风险方面。所以，该权数体系包括两个部分。一部分是资产负债表内的资产风险权数，它分为五种：①OECD（经济合作与发展组织）成员国政府发行的债券，以及由这些国家政府提供的抵押或担保债权，权数为0；②国内政府公共部门机构（不包括中央政府）的债权和由这类机构提供担保的贷款，权数为0、10%、20%、50%（各国自定）；③中央政府以外的公共机构和跨国开发银行拥有的债券，权数为20%；④由房地产作抵押的贷款，权数为50%；⑤上述四类以外的资产，如对房地产的投资、对私人的贷款、对非OECD成员国政府债券的投资等，权数为100%。

另一部分是信用换算系数，与资产负债表的表外项目有关，分成四类：①短期（不到一年）、能随时取消的信贷额度，系数为0；②贸易有关的短期债权，如担保信用证、货物抵押跟单信用证，系数为20%；③履约担保书、即期信用证、证券发行便利等一年以上的信贷额度，系数为50%；④直接信贷的替代工具，如担保、银行承兑、回购协议、有追索权的资产销售和远期存款的购买等，系数为100%。

为了保证商业银行的稳定，避免可能出现的金融风险，《巴塞尔资本协议》规定：银行的一级资本充足率不能低于4%，总资本充足率不能低于8%。

《补充协议》在《巴塞尔资本协议》的一级资本和二级资本的基础上，增加了三级资本的概念。三级资本由短期次级债务组成，具有如下四个特征：一是无担保的、次级的、全额支付的；二是至少有两年原始期；三是不可提前偿还（除非监管当局许可）；四是如果它的支付会使资本数量低于最低资本要求，则无论利息还是本金都不可支付。

资本充足率的计算仍然按照《巴塞尔资本协议》中的框架，将市场风险的测量值（资本保险金）乘以12.5%（最低资本要求8%的倒数）加到原协议的风险加权资产中，而计算式的分子是原协议中的一级资本、二级资本与三级资本的总和。

（二）压力测试方法

金融机构压力测试通常包括金融机构的信用风险、市场风险、流动性风险和操作风险等方面内容。压力测试中，金融机构应考虑不同风险之间的相互作用和共同影响来确定测试方法。在实务中，银行业采用压力测试更加普遍，以下则用银行业风险因子压力测试方法为例进行分析。

1.针对信用风险因子的压力测试方法

针对信用风险可以采取的压力情景包括但不局限于以下内容：国内及国际主要经济体宏观经济出现衰退；房地产价格出现向下波动；贷款质量恶化；授信较为集中的企业和同业交易对手出现支付困难；其他对银行信用风险带来重大影响的情况。

我国银行业在信用风险压力测试中常用的风险因子为违约概率（probability default，PD）、违约损失率（lose given default，LGD）及违约风险敞口（exposure at default，EAD）三个主要风险因子。进行压力测试的方法，大致可区分成敏感性分析、情景分析和资产组合评估三种方式进行。

（1）敏感性分析通过改变模型中的某个或某组特定的风险因子来观测模型结果的变化，从而得知相应资产的变化。

（2）情景分析同时考虑多因素变化对资产质量的影响，比如，选取宏观经济衰退情景分析。情景构建的方法主要有以下三种：

第一，历史模拟情景法。就是观察在特定历史事件发生时期，市场风险因子在某一天或者某一阶段的历史变化将导致机构目前拥有的投资组合市场价值的变化。

第二，极值理论法。极端情景分析是依照资产组合的特性，估计可能极端情景下的最大损失。极端情景分析起始端为设计这样一个问题：投资组合在特定的持续时期内，有可能出现的最坏情况是怎样的。极值理论法将统计理论极端值研究运用于金融风险管理，针对极端值及概率分布加以分析，故使用上较有弹性，尤其是针对偏度及肥尾情形的调整更加有用，这一方法的局限在于风险因子的波动是依照假设的分布来计算的，但在实务上难以验证各风险因子的真实分布状况。

第三，假定特殊事件法。使用某种可预知的发生概率极小的压力事件所引发的影响来估计金融机构可能遭受的损失，由于这样的压力事件在最近没有发生过，因此必须运用历史经验来创建这些假定的情景。

在正常的情况下，以上三种方法都可以对风险因子进行估计，一般而言，各风险因子的变动是呈正态分布的，此时采用一般的风险管理模型便已足够，但在市场出现重大变化时，各风险因子便会变得难以预测，过去的历史资料对预测此类变化的帮助极少。因此金融机构要进行完整的风险管理，针对这两种截然不同的市场情况，必须采用不同的模型加以管理，所以同时使用一般的风险模型与压力测试模型是不冲突的，事实上金融机构同时使用这两种模型能使其风险管理更趋完整。

（3）资产组合的评估。此方法是指评估在这些不利的情况下银行的损失大小、赢利能力变化等，以衡量银行的稳健性和安全性。问题的关键是确定这些不利情况下的情景参数（GDP、利率上升、失业率上升、房价下跌、股指下跌等）和风险因子（PD、LGD、EAD等）之间的联系，以及风险因子对资产组合价值、损失等的影响关系。

2.针对市场风险的压力测试情景

针对市场风险的压力测试情景，包括但不局限于以下内容：市场上资产价格出现不利变动；主要货币汇率出现大的变化；利率重新定价缺口突然加大；基准利率出现不利于银行的情况；收益率曲线出现不利于银行的移动、附带期权工具的资产负债的期权集中行使可能给银行带来损失等。

压力测试情景除了以上列举的各类以外，还可以考虑以下情况：银行资金出现流动性困难；因内部或外部的重大欺诈行为以及信息科技系统故障带来的损失等，包括可能发生的自然灾害如大地震、大规模破产、一些重要法规的制定和出台以及突发性政治事件等，进行这样的假设性情景分析将使压力测试更具完整性。在这种分析方法下，银行可建立在判断和历史经验上，自行设计各种价格波动和相关系数等情景，但也因此会有许多经验和主观性模型的设定。

（三）风险准备金计提方法

风险准备金计提是风险承担策略的一种重要方法。风险准备金计提策略表明，如果损失发生，经济主体将以当时可利用的任何资金进行支付。风险保留包括无计划自留、有计划自我保险。

（1）无计划自留。无计划自留是指风险损失发生后从自有资金中支付，即不是在损失前做出资金安排。当经济主体没有意识到风险或是认为该损失不会发生时，或将意识到的与风险有关的最大可能损失显著低估时，就会采用无计划保留方式承担风险。一般而言，无资金保留应当谨慎使用，因为如果实际总损失远远大于预计损失，将引起资金周转困难。

（2）有计划自我保险。有计划自我保险是指可能的损失发生前，通过做出各种资金安排以确保损失出现后能及时获得资金以补偿损失。有计划自我保险主要通过建立风险准备金的方式来实现。其应对的损失属于预期损失（EL）。为了使累积的风险不致危及银行的生存，银行通过提取呆账准备金和坏账准备金的方式来缓冲风险，提高银行的抗风险能力。

（四）风险调整绩效配置方法

1.绩效度量

目前，经济资本在实务中得到了更多发展，用于应对越来越多的新问题，在银行及其他金融机构中尤其如此。这些新的应用包括：对企业、业务单元以及个人层次上的绩效度量以及薪酬激励，进入/退出决策的积极组合管理，为合同、交易进行定价。

经济资本的度量可以帮助我们实现以上应用，这对于为其提供与其风险、绩效相匹配的报酬，并决定随后扩张的业务种类而言至关重要。而在经济资本概念出现前的绩效考评中，如资本报酬率（relurn on assets，ROA）和权益回报率（relurn on equity，ROE），虽然计算非常简便，但因为未考虑风险的因素，可能会导致一些危险的行为。在系统考虑风险与收益之间关系的工具出现之前，风险管理者仅仅只能出于对交易产品的直观感觉来做类似判断，缺乏足够科学客观的工具来支持决策。

为了解决类似这样的问题，美国信孚银行（Bankers Trust）在20世纪70年代末期提出了风险调整后资本收益率（risk.adjusted return on capital，RAROC）这一概念。另一个类似的概念是风险调整后绩效度量（risk.adjusted performance management，RAPM），这个概念可以为各个业务提供统一的经风险调整的绩效度量，无论是管理层还是外部利益相关者都可以利用这些绩效度量指标比较金融机构的经济赢利能力，而不是会计赢利能力，比如账面权益的回报率。此外，RAROC还可以作为平衡计分卡的一部分，帮助金融机构根据特定部门的高管层和基层员工对股东价值的贡献确定他们应得的酬劳；RAROC可以辅助做出进入或退出一项特定业务的决策，可以协助回答这样一个问题，"向一项新业务或已有业务配置资源，或是取消它，究竟可以创造多少价值"；RAROC可以对单个交易进行风险调整定价，以保证金融机构在交易过程中遇到的经济风险可以获得补偿，比如，常识告诉我们，向财务状况相对脆弱的非投资级企业的贷款应比投资级企业定价更高，即利率更高，但是只有在计算出预期损失的数额以及对每项交易设定了风险资本成本后，方能确定这种差别的数额。而在RAROC和RAPM出现前，这种差额更多来自风险管理者的主观判断，缺乏说服力。

应当指出的是，绩效度量方法从一个独立的角度来考察风险。比如，使用每一个产品的波动率。从理论上而言，为了进行资本分配，应当在银行所有的投资组合环境中考察风险，并按照它对银行整体风险的边际贡献来度量。然而，在实践中，最好能向交易者针对在其控制范围内的风险核算成本，即对他们掌控的投资组合的波动率进行相应的成本分摊。

2.资本收益率

管理者在战略决策中经常遇到这样的情况：无论是选择进入一个新的业务、项目，或是并购一家新的机构，还是决定对已有的业务项目进行扩张或关闭，管理者都不得不在经营活动的业绩已知之前做出决策。进行资本预算时，实务界通常根据下式计算税后RAROC：

RAROC=（预期收益-成本-预期损失-税收+风险资本回报±转移支付）/经济资本　　　　　　　　　　　　　　　　　　　　　　　　　　　　　（8-1）

预期收益是指该经营活动预期产生的收益，在此过程中假设不存在财务损失。

成本是指与经营活动运行相关的直接费用，如工资、奖金、基础设施支出等。

预期损失对银行业而言主要是指信贷违约造成的预期亏损，相当于贷款损失准备金，这是银行为维持经营所必须承担的一项成本。和其他经营成本一样，这项成本已计入借款成本在交易价格中得以反映，因此不再需要风险资本作为吸收风险的缓冲器。预期损失还包括其他风险造成的预期亏损，比如市场风险和操作风险。

税收是指根据公司有效税率计算得到的经营活动的预期税额。

风险资本回报是指在这项经营活动中配置的风险资本的回报。该回报通常以无风险证券，比如政府债券的利率计算。

转移支付与转移定价机制相联系，主要指各业务单元和资金部门之间的转移支付，比如向各业务单元提供资金并因此而收取费用，以及由于对冲利率或者外汇风险而向业务单元收取费用。它还包括公司总部管理费用的分摊。

经济资本是专用于覆盖非预期损失的资本，是风险资本和战略资本之和，其中，战略风险资本=商誉+燃尽资本。

战略风险资本是指那些成功与否及赢利能力有很高不确定性的重要投资项目的风险。如果投资项目失败，那么金融机构将会面临巨额减值，其声誉也会遭到损害。实务界目前以燃尽资本与商誉之和来度量战略风险资本。战略风险资本可以被视为一项资本配置，目的是应对近期的收购或其他战略项目失败的风险，尽管它并未被巴塞尔协议体系所接纳。战略风险资本随着战略失败风险的消失，这项资本被逐渐摊销。商誉则与投资溢价相联系，后者即收购一家公司时支付的数额高于其净资本重置价值的部分，可在一定时期内计提折旧。

在绩效度量中，该公式会发生相应变化，将预期收益和预期损失由实际收益和实际损失代替。

第二节　金融机构及企业风险管控

一、证券公司的风险的管控

（一）证券承销风险的管控

（1）建立、健全风险管理组织。为了防范上述承销业务风险以及由此带来的公司信誉损失，一些证券公司成立了控制风险的专门机构——证券发行内核小组和发行定价联席会。证券发行内核小组由财务、法律等方面的专家组成，对发行项目的选择提出意见，并负责对发行申报材料的制作质量和披露信息的真实性、准确性和完整性进行审查，以降低政策风险和项目选择风险。发行定价联席会由公司有关业务部门领导和专家组成，在与发行人协商发行价格的过程中，公司发行定价联席会成员从自身的专业角度对发行价格提出倾向性意见，以降低发行风险。同时，公司对投资银行业务制定了一系列规章制度，强化内部控制机制，规范项目选择、立项、企业重组、材料制作、文件签署和发行承销等主要业务环节的运作，实施项目的全流程管理，以降低承销风险。另外公司投资银行业务部门还将加强对承销业务的研究，紧密跟踪一级市场的最新政策，深入探讨证券市场的变化趋势，以求最大限度地降低承销风险。

（2）坚持诚实、信用与守法的原则。诚实、信用与守法，就是指证券公司在开展证券承销业务的过程中，对上市公司进行财务重组等信息的生产和加工时，要客观、公正，严格遵守相关法律、法规，对承销人员培养良好的职业操守。

（3）选择好承销方式。承销方式的不同，作为承销商的证券公司所承担的风险也是有所差异的。如前所述,包销的风险最大,余额包销次之,而代销的风险最低。但是,在不同的承销方式中,证券公司收取的承销费用也是不同的,证券公司承担的风险越高,收取的承销费用也就越多。在市场风险较高时,证券公司应当把规避风险放在非常重要的位置,而不应当为追求既定的收益而承担过高的风险。反之,在市场行情看涨的时候,选择包销的方式风险也不是太高,又能收取更高的承销费用。

(4)选择好证券的发行时机和合理的定价。作为承销商,证券公司也要帮助证券发行人筹集更多的资金,从发行人的发行收入和证券公司自身的承销费的角度来看,发行定价自然是越高越好。但是,发行定价越高,意味着投资者初次购买该证券的风险会越大,或者预期的回报率会越低,这就会降低投资者认购的意愿。因此,定价过高会直接导致发行失败。反之,如果定价太低,固然可以很快地将证券销售出去,但为证券发行筹集的资金又会减少,证券公司收取的承销费用也会相应地减少。

发行定价取决于很多因素。发行人自身的原因对证券发行的价格起决定性作用,发行人的信用越高,项目前景越好,证券发行价格自然就会越高。例如,高科技企业的股票发行价格就往往要高于像钢铁、水泥类企业的股票发行价格。但是,发行价格也在很大程度上受到发行时机的影响。在行情看涨的时候,认购证券的投资者众多,发行定价就可以高一些,从而为证券发行人筹集到更多的资金。由于证券公司收取的承销费用是按一定比例收取的,因此,发行价格越高,证券公司在证券承销中所取得的收入也更多。

(二)并购业务风险的管控

从并购风险的来源渠道看,完善的并购计划是关系到并购成败的关键,在并购过程中,对目标公司价值的估算是最为关键的步骤,而并购后对新公司的经营整合则是关系到预期的经营绩效能否实现的关键。

(1)帮助收购企业设定并购目标,制订全面的并购计划。收购方在分析公司的经营状况、所处行业的发展前景、公司的发展以及是否具备并购所需的各种条件和能力后,决定选择并购作为企业的发展战略。证券公司应根据企业设定的并购目标要求,帮助收购方进行市场搜寻,捕捉并购目标企业,并对可供选择的目标进行初步评价和比较。在企业的授权下,证券公司作为企业的财务顾问可以在不披露收购者的条件下签署"保密协议",获取收购目标比较详细的资料。在这个阶段,证券公司需要与聘用方进行频繁、深入的讨论,以便更准确地了解企业的意图、要求和条件,在对目标企业进行战略性调查和综合性论证的基础上,对各种市场机会进行筛选,最终确定收购目标,然后评估目标企业的价格,策划筹资方案，从而为制定决策提供可靠的技术、商业、财务、管理上的依据，完善的并购计划是一个成功的并购活动的前提。

（2）对目标公司进行详尽的审查和评价。证券公司在并购前必须对目标公司进行详尽的审查和评价，从而为并购活动设计出一个可抗衡风险的"安全作业区"。对目标公司的审查主要包括产业、财务、经营能力、税务、法律等方面。

第一，产业环境分析。企业所处的产业或所处的行业是对企业直接影响作用最大的外部环境。在并购中，证券公司必须对目标公司所处产业进行深刻的分析，了解产业的总体趋势，发现环境中存在的不利因素，寻找并购后重整的发展机会。产业分析包括产业所处的发展阶段、在社会经济中的地位和作用及其基本特征、生产过程和所需技术、需求的性质及其发展变化、行业内的竞争力量等方面的分析。

第二，财务状况分析。财务状况分析主要是根据目标公司公布的财务数据对目标公司进行分析。公司财务报告中除文字说明外，还包括资产负债表、损益表等重要的财务报表。投资银行根据其数据库中的资料可以比较企业成本指标在同行同类企业的正态分布中所处的位置、企业的盈利能力及流动性风险等。由于目标公司提供的财务报表往往经过了一定的粉饰，对目标公司的财务审查往往需要聘请外界会计师事务所，如果发现问题，可要求目标公司将财务报表进行调整，而这会影响交易条件的协商。

第三，经营能力分析。在整个评估过程中，由于各个企业收购目的不同，评估重点会有相当大的差异。另外，了解目标公司出售的动机，也将有助于掌握审查的重点，协助估算其价值以及拟订价格谈判策略。

第四，税务评价。收购企业的全部过程涉及诸多税务问题，主要包括收购企业的税务结构及状况。企业的税务结构对企业财务状况产生重要影响，收购亏损企业原则上可承受该公司的累积亏损带来的所得税优惠，这在收购时应作出评价，通过结构设计挖掘其税务好处，减少不利的一面。如果目标公司的资本增值税支出过高将会影响收购价格和成交。在设计收购方式、购买结构时应充分研究目标公司的资本增值税是否可能减少，同时要考虑今后在转让该公司时可能要缴纳的资本增值税。

第五，法律评价。法律评价的目的是确认收购和经营企业的法律风险。法律评价需要明确的问题包括：企业产权的真实性、合法性，各种合同、法律文件是否有导致法律纠纷的可能，企业环保是否符合政府的规定及此项收购活动本身涉及的法律批准程序等。律师应就上述问题作出评价并提供法律意见。如果这一评价过程得出的结论认为，目标公司在某些合同或契约中处于不利地位，可能会导致法律纠纷或法律诉讼，对公司未来的经营活动产生不利影响，买方就可能选择购买资产而不买公司。如果一些潜在的法律问题难以在收购时弄清，买方为了保护自己的利益，一般要求卖方出具一个承诺，即收购后发生的法律纠纷，如果是由于收购前的经营活动和法律文件导致的，则由卖方负责。

（3）制订财务评估计划，争取最有利的并购条件。证券公司对目标企业进行资产评估的目的是确定收购价格，其主要内容包括有形资产的评估、无形资产的评估、公司现在与未来经营成果的预期和分析收购后产生的利益增值等问题。目前世界上公认的资产评估途径有：成本途径、市场途径和收益途径。

（4）安排好杠杆收购的融资结构。从事杠杆收购的买方通常先注册一家公司，并以此公司名义从卖方手中收购股票。这样做是为了避免法律程序的麻烦，并为杠杆收购融资做准备。但银行往往是依据目标公司的财务及经营状况进行信用分析，并决定是否提供融资。杠杆收购的程序也是由此注册公司向银行借款完成收购后，再将此债务转移给目标公司承担。投资银行为收购提供的巨额短期"过桥性"贷款，一般要求完成收购后安排再融资，以长期性债务偿还"过桥性"贷款，这笔债务同样需要转移，转移的办法是注销新注册的公司，目标公司存续，而构成一种"反向合并"。

收购方一旦决定采取杠杆收购，就必须安排好融资结构。从实质上看，杠杆收购可视为目标公司减少股本、增加负债形式的资本结构重组。一般而言，只有当目标公司的盈利率大于债务利率时，买方股本投入才会获利，而股本投入越少，投资报酬率将越高。但另一方面，负债比率提高，利息负担加重，会对未来的获利能力产生不利影响，因而要求目标公司的负债比率及借款利率又不能过高。对于负债比率和借款利率已较高的公司，必须投入较多的股本，在为目标公司偿还部分债务的同时，维持一个妥善的资本结构。

公司在筹集资金时所采取的融资政策大致可分为积极型、中庸型及保守型三种。积极型的特点是公司以长期负债和权益来融通永久性资产的一部分，而余下的永久性资产和波动性资产则用短期资金来融通。中庸型的特点是以短期融资的方式筹措波动性资产，而以长期融资的方式为永久性资产筹资，以使资产和负债的到期期限能相互配合，这是收购方经常采用的融资策略。保守型是公司不但以长期资金来融通永久性资产，而且以长期资金满足由于季节性或循环性波动而产生的部分或全部暂时性资产的资金需求。公司应根据自身条件，选择适当的融资方式，合理安排资金结构。

公司如何选择融资方式同其资本结构紧密相关，在综合考虑筹资成本、政府税收、企业风险、股利政策、信息传递、资本结构等因素后，一般按下列顺序安排其筹资方式：①在诸多筹资渠道中，首先选择内部积累，因为它具有筹资阻力小、保密性好、风险小、不必支付发行成本，为企业保留更多的借款能力等优点：

②如需从外部筹资，借款、租赁等方式速度快，弹性大，发行成本低，易保密、信用等级高的企业可选择这种方式；③最后考虑发行有价证券，其中又以发行一般公司债券为首选方式，其次是可转换债券等复合公司债券，最后才是发行普通股股票或配股，因为后者的发行成本最高。

我国的公司并购是在市场机制尚未得到充分发育，各企业之间还不能展开完全平等竞争的条件下开始起步的。为防止企业兼并扭曲或影响市场机制的正常发育和成长，形成垄断倾向，应及时制定诸如企业兼并法、反垄断法等法律，对企业并购活动实施法律调整，加强和保护正当竞争，从而为正常的企业并购及自由竞争的市场机制的发育创造良好的社会环境和法律环境。

二、商业银行风险的管控

商业银行面临的风险是多方面、多层面、全方位的，既有来自外部的风险，又有来自内部的风险。

（一）外部风险的管控

（1）信用风险是指合同的一方不履行义务的可能性，包括贷款、掉期、期权交易及在结算过程中因交易对手不能或不愿履行合约承诺而使银行遭受的潜在损失。

（2）市场风险是指因市场波动而导致商业银行某一头寸或组合遭受损失的可能性。

（3）法律风险是指来自交易一方不能对另一方履行合约的可能性，是指因不能执行的合约或因合约一方超越法定权限的行为而导致损失的风险。

（二）内部风险的管控

（1）财务风险主要表现在资本金严重不足和经营利润虚盈实亏两个方面。一方面，目前有些银行资产增长速度远高于资本增长速度，资本充足率进一步下降；另一方面，自财务体制改革以来，将大量的应收未收利息作为收入反映，夸大了银行的盈利。

（2）流动性风险是指银行用于即时支付的流动资产不足，不能满足支付需要，使银行丧失清偿能力的风险。

（3）内部管理风险即银行内部的制度建设及落实情况不力而形成的风险。由于部分管理人员的思想麻痹，员工素质参差不齐，执行规章制度不到位，给银行造成了很大的安全隐患，经济案件时有发生。

三、企业投资风险的管控

风险是市场经济的一个重要特征，有竞争就有优胜劣汰，就会产生风险，投资风险是优胜劣汰的实现形式。但是，投资的必要报酬率会随着投资风险的增加而提高，因而，企业在投资中不是回避风险，而是要勇于承担和分散风险，以追求较高的投资收益。对客观存在的风险建立起一种风险防范机制是十分必要和非常重要的，有了这样的机制才能防范、控制和管理风险并将风险降到最低限度。建立风险防范机制的主要原则是以最小的成本获得最大的安全保障，同时还要考虑不同的风险对象之间的区别和联系。结合风险投资的运作过程，主要的防范管理措施有以下方面：

（1）风险资本投入前的风险管理。风险资本投入之前的风险主要是由信息不对称引起的。信息不对称现象在风险投资活动中表现得尤为突出。信息不对称包括事前信息不对称和事后信息不对称两个方面。风险资本投入之前的风险主要来自事前信息不对称以及由此产生的逆向选择风险。因此，这一时期的风险防范措施的形成应建立在如何保证风险投资商能够尽可能得到来自风险企业家和风险企业的完整、准确的信息。

（2）风险资本投入后的风险管理。风险资本投入之后的风险主要来自事后信息不对称以及由此产生的道德风险，同时，风险投资商还要考虑风险企业本身所面临的风险（间接风险）。面对可能的风险，风险投资商需要解决的问题是如何使风险企业形成一个合理的公司治理结构和建立起有效的内部管理制度来降低风险。

（3）市场环境的风险管理。风险投资市场环境的好坏决定着风险投资防范措施实施的效果，任何一项来自政府的风险分担政策和机制都会在不同程度上缓解风险投资商的投资风险。而且，有了这一政策和机制，风险投资的风险防范体系才是完整的。风险分担政策和机制主要体现在两个方面：第一，创造保护风险投资发展的法律环境；第二，制定鼓励风险投资发展的政策和风险补偿机制。

第三节　债券与股票投资风险管控

一、债券投资风险的管控

由于债券投资活动中可能遇到各种风险，会给投资者造成损失，因而，投资者在投资之前以及投资过程中，要不断地对所投资对象的风险状况进行分析与评估，寻找出符合自己投资目标与投资特点的管理策略，以使可能的损失最小化。面对债券投资过程中可能会遇到的各种风险，投资者应认真加以对待，利用各种方法和技术去了解风险、识别风险、评估风险，然后制定风险管理与控制的原则和策略，运用各种技巧和手段去规避风险、转移风险，以减少风险造成的损失，并力求获得最大收益。

（一）投资风险评估

在投资前，要通过各种途径充分了解和掌握各种信息，分析投资对象在宏观和微观两个方面可能带来的各种风险。在宏观方面，必须准确分析各种政治、经济、社会因素的变动状况；了解经济运行的周期性特点、各种宏观经济政策尤其是财政政策和货币政策的变动趋势；关注银行利率的变动以及影响利率的各种因素的变动，如通货膨胀率、失业率等指标。在微观方面，既要从总体上把握国家的产业政策，又要对影响政府债券或企业债券价格变动的各种因素进行具体的分析。对企业债券的投资者而言，了解企业的信用等级状况、经营管理水平、产品的市场占有情况以及发展前景、企业各项财务指标等都是十分必要的。此外，还要进一步了解和把握债券市场的以下各种情况：债券市场的交易规则、市场规模、投资者的组成，以及基本的经济和心理状况、市场运作的特点等。

（二）制定投资原则

（1）债券投资期限梯形化原则。所谓期限梯形化，是指投资者将自己的资金分散投资在不同期限的债券上，投资者手中经常保持短期、中期、长期的债券，总会有一部分即将到期的债券，当它到期后，又把资金投资到最长期的证券中去。

（2）债券投资种类分散化原则。所谓种类分散化，是指投资者将自己的资金分别投资于多种债券，如国债、企业债券、金融债券等，也就是要进行组合投资、各种债券的收益和风险是各不相同的。如果将资金集中投资于某一种债券，可能会产生很多负面后果，如把所有资金全部用来购买国债，这种投资行为尽管非常安全，风险很低，但由于国债利率相对较低，这样做，使得投资者失去投资企业债券所可能得到的高收益；如果全部资金用来投资于高收益的低等级企业债券，收益可能会很高，但面临的风险可能较高，可能会遇到经营风险或违约风险。而投资种类分散化的做法可以达到分散风险、稳定收益的目的。

（3）收益与风险匹配原则。简而言之，我们不应该盲目追求所谓的高收益，因为高回报意味着高风险。真正的收益应该是在考虑风险因素后的收益，即风险调整后的收益。

（三）运用投资方法与技术

（1）利用债券期货交易进行套期保值（也就是对冲）。债券期货套期保值交易对规避债券投资中的风险十分有效。债券期货交易是指投资者在金融市场上买入或卖出债券现货的同时，相应地做一笔同类型债券的远期交易，然后灵活地运用空头和多头交易的技巧，在适当的时候对两笔交易进行对冲，用期货交易的盈亏抵补或部分抵补相关期限内现货买卖的盈亏，从而达到规避或减少债券投资风险的目的。

（2）精心进行投资风险/收益分析，并以分析结果作为投资决策的一个依据。现在，已有许多对风险进行计量分析的新技术，要想对风险进行计量、管理和控制、就要充分利用这些技术，例如风险价值 VaR（Value at Risk，简称 VaR，称为风险价值模型，也称受险价值方法、在险价值方法，常用于金融机构的风险管理）技术。

二、股票投资风险的管控

正确的股票投资管理策略实施，有利于降低投资的风险；反之，为了实现股票投资管理策略，又要求投资者能有效地控制与管理好股票投资中的风险。股票投资是一种风险投资方式。我们必须充分认识股票投资过程中股票价格波动的风险，并注意避免不必要的风险。但是，风险与收益间的关系是辩证的，不承担任何风险意味着只能获取无风险利润，损失风险溢价的好处；过度涉险在获取溢价之利时，也面临崩盘破产之忧。

一个理性的投资者会在投资前，先分析投资目标，选定投资策略，再根据其分析结果构建一个平衡风险与收益的投资组合。股票投资的风险控制，主要是在识别和度量风险程度的基础上，按自身的风险承担能力，选取合适的股票投资管理策略。

股票投资管理策略有"积极型管理策略"与"保守型管理策略"之分。投资者具体选择何种管理策略和市场的有效程度有关。一般而言，当市场不是很有效率时，投资者采取积极管理策略；当市场有效率时，投资者采取保守管理策略。在实际投资中，投资者要根据市场有效性的变化，混合使用积极型投资管理策略或保守型策略，而不局限在使用某一单纯投资管理策略上。

积极型管理策略的应用，就是通过技术分析找出市场低估或高估的投票，随时进行买进与卖出交易。投资者是通过买进低估投票和卖出高估股票来获取超额利润的。在实际操作中，为了用好积极型的投资管理策略，降低投资风险，投资者必须正确选时、选股。

选时是指投资者通过对市场的预估与判断，以掌握进场或出场的时机来调整投资组合。如果投资者预测市场将处于多头时，应尽可能在确认涨势发动后，才进场交易；如果多头趋势不明显就冒昧进场，较容易将自身暴露于预测错误的风险中。另外，若股市交易活跃，显示股票已有一段涨幅，可适时检测是否有高估股票，将其转手获利。

选股就是选择未来具有上涨潜力，或目前价格低估的股票。为了降低风险，投资者在选股时应考虑风险分散的需要。尽量不要选择太多性质类似的股票，避免价格的同时升、跌，增大投资风险。

保守型管理策略的应用，是指在市场有效时，投资者不随时收集信息，只需跟进市场构建一个与市场相同或类似的投资组合（如股票指数）。

当市场变化或新信息出现时，投资者不一定会立即调整他们的投资组合。经过一段时间后，投资者评估他们的投资业绩，然后根据当时的市场情况调整他们的投资组合。

在市场较具效率时，保守型管理策略使投资者避免在选股或选时上花太多工夫，减少交易费用。所谓构建一个与市场相同或相近的投资组合，就是完全复制一个与"股票指数"的结构相同的投资组合，该组合中个股比例与市场结构权数相同，其风险与收益也随市场大盘而动，犹如市场大盘的完全复制。当完全复制大盘有困难时，投资者可以考虑使用抽样的方式，来达到近似市场的大盘指数。抽样方式的投资组合只是大盘的一个近似，不一定与大盘趋势完全吻合，投资者面临一定的脱离大盘的风险。投资者也可以复制某一特征的股票组合，如选择过去的每股盈余增长高于平均水平，或高市盈率、低股利率的股票，以构建一个"增长型"投资组合；也可以选择低市盈率、高股利率的股票，复制出一个"价值型"投资组合。

（一）股票投资的风险监测与控制

投资者在股票投资过程中，考虑到投资组合能分散特殊风险的作用，一般会将资金投资到不同的股票上，各种股票的风险大小与特征各不相同，这给监测股票投资组合的风险带来困难。但是，当市场波动更大时，投资组合的VaR很容易上升，因此，投资者通过VaR就能较敏感地捕捉到风险的变化，调整投资头寸，进而控制总体投资的风险程度。

机构投资者，如投资基金，在股票市场上进行投资，既要考虑收益性又要重视风险性，还要求投资活动具备较强的专业性。

一般而言，基金的投资决策分为两个步骤：第一，根据基金的性质和相关规定制定长期的投资目标和长期资产配置计划，这是管理层对专业性的投资层进行风险监控的依据之一。第二，由专业的投资团队根据管理方针和投资计划做出具体的股票选择决策。当股票投资交由专业性团队进行具体操作时，基金管理层就要高度重视对股票投资的风险监测。

当基金资产掌握在多个专业投资者（甚至操盘手）的手中时，他们很难观察到其他投资者的风险状态。例如，在某一季度内，许多投资者都增加对某一特定产业股票的投入，分开来看，他们的风险都在可接受的范围之内，但是，作为总体，他们的投资风险是巨大的，相当于将"赌注"压在了同一个产业上了，总体资金的VaR就会有所反映。因此，管理层通过VaR技术对总体资金进行风险监控，则这类风险就能被有效地捕捉到。

综上所述，当专业投资者个人背离投资方针时，VaR系统有助于快速地捕捉到这种偏离现象，并使管理层能及时地采取措施，立即纠正投资者的错误决策或违规行为。

（二）股票投资的风险管理

对于系统风险或市场风险，投资者不能通过投资组合的方式加以消除，但是，股票投资的特殊风险是可以通过"多样化"投资无成本地消除的。如何选择股票进行组合，更快更有效地降低特殊风险，这是股票投资风险管理中的实际问题。"边际R"或"增量VaR"为投资者的投资风险管理活动、如长期资产配置、投资决策、风险与收益率的调整带来了方便。

一般而言，投资组合过程中配置长期资产通常是建立在均值一方差最优化的基础上的，或者说，是建立在收益与风险权衡的基础上的。这一"最优化"过程，实质上就是通过对不同类别的资产进行一系列长期预测来确定达到最佳收益风险均衡的资产组合。实际上，由于市场的瞬息万变，所谓"最优"配置资产也是动态变化的，这需要利用计算机经过大量复杂的计算，才能动态调整资产配置跟踪最佳组合。这显然是风险管理中的一项巨大的成本支出，一般投资者并不具备这些条件。

第四节　期货与期权投资风险管控

一、期货投资风险管控

由于政治、经济、自然等因素引起的期货合约价格波动，期货交易者的投资收益发生了变化，这就是期货投资的风险。期货是一种衍生产品，其交易保证金制度使得该投资方式可以通过财务杠杆作用，提高资金利用率。这一方面提高了投资收益率；另一方面也成倍地提高了投资的风险。

期货投资风险总体上而言比现货投资或现货交易风险要大十几倍甚至几十倍，金融期货交易尤其如此。原因主要由以下内容：第一，期货风险是现货风险的|Δ|倍，期货价格波动幅度比现货价格波动幅度大得多。一般情况下期货价格波动幅度是现货价格波动幅度的1～10倍，对于金融期货而言这个比例可能超过10倍。

第二，现货投资的最大损失不超过所有交易现货的老本，期货交易的最大损失就不限于投入市场的资金，而等于期货合约平仓时的实际亏损额，这个亏损额往往大于投入市场的资金（保证金），有时损失高达几倍、十几倍甚至于几十倍于保证金的程度。

事实上，投资者并不是不重视期货投资的高风险特征。而是因为缺乏正确有效的投资风险管理策略，从而导致投资失败。

（一）期货投资市场的风险管理

期货投资市场风险管理对策如下：

（1）制定妥善的投资计划，始终坚持只用一部分资金投资的原则。这是减少期货投资风险的又一得力措施，从事期货交易的人应首先考虑自己的投资能力和承担风险的限度，包括在一定期间内准备拿出多少资金从事期货交易，准备承担的最大限度亏损额，争取盈利的目标金额等。此外，期货投资者要经常将经营期货盈亏情况进行结算，如果有盈利时，应提取一定的比例储备起来，逐步积少成多，切忌连本带利全部投入交易。

（2）通过选择活跃的、受欢迎的期货品种来控制期货交易的风险是至关重要的。

（3）入市时应结合对价格趋势的看法预先拟定一个盈利目标和亏损限度的指标。这是从事期货交易必须遵守的重要原则，也是减少期货投资风险的基本对策之一。

（4）期货交易应以短线为主。由于期货市场变化多端，价格的波动较为快速，在手的期货合约时间过长，风险将会显著增大，追加保证金的压力就越大，利息负担也增加。进行期货投资要行动快捷，当机立断，见有利就平仓，遇不利即止损。

（5）慎重选择入市时机。期货交易者在经过周密细致的分析，对期货价格趋势作出正确判断的条件下，下一步就是要选择适当的入市时机。通常情况下，当价格上涨到相当高的水平，而积极因素仍然存在时，价格可能会小幅上涨，当风险可能更明显时，此时不宜进入市场。当商品价格继续下跌至较低水平，并在较长时间内徘徊在较低水平时，估计进一步下跌的可能性小于上升的可能性，而且，下降的程度低于上升，可考虑做多头盈利的机会多于亏损的可能。

（二）期货市场保值的"基差风险"管理

根据期货市场保值的两个基本经济逻辑，当同种商品的期货价格和现货价格会保持基本相同趋势、二者趋合、则不存在"基差"风险，或"基差"风险很小。但在实际的期货保值业务中、由于以下原因、使期货保值存在"基差"风险，从而影响保值效果：①期货商品和要保值的现货商品不完全一致；②要保值的现货商品确切日期不确定；③保值一般远在期货合约到期之前对冲平仓。

为了控制期货保值的"基差"风险，使"基差"风险最小化，关键要做好用来保值的期货合约选择，其中包括两方面的内容：即期货商品与现货商品的相关性问题，此外还有套期比的确定。

二、期权投资风险的管控

（一）期权套期保值

期权为人们提供了这样一个机会，即在保留较好的盈利机会的同时，又能避免不利结果的出现。因此，投资者可以利用期权的这个性质对其所持的现货资产进行套期保值以转移投资风险。

（二）期权产品的注意问题

（1）慎重地进行期权交易。期权交易具有投资小、风险小、获利大、灵活性大等特点，而且买进期权还具有对冲投资者手中的空头或多头期货合约的套期保值功能，因而它比期货交易有更大的优越性。然而，期权作为一种投资工具，风险因素更加复杂；保证金制度具有杠杆作用，同时也增加了投资者的风险。

（2）可多做"多头期权"交易，少做"空头期权"交易，这是期权投资者减少其投资风险的又一重要措施。多头期权交易即买进期权的交易。

多头期权交易主要有三个优点：①其风险是有限的且是可知的，即支付的权利金数额是可知的；②能在不利的市场条件下保存自己的实力，不会损失过大；③处于保值而不担心追加价格变动保证金的地位，可灵活方便地在一个多变的市场上从事交易。其缺点是，在初始资本中，要考虑付出的权利金有多少。空头期权交易即卖出期权交易。其优点是，可以获取一定数量的权利金收入，补充一笔资金来源。

多头期权交易主要有两个缺点：①在变化多端的市场上，可能处于相当被动的地位；②在快速变化的市场上，盈利能力是有限的。由此可见，在资金允许的情况下，应尽量多做多头期权交易，少做空头期权交易。

第五节　金融风险管理的数据应用

金融行业发展至今，已从先前的传统金融机构模式，发展成为传统及各类新兴金融形态共存的态势。随着新兴金融和金融创新的日益发展和不断深化，金融行业的各类风险也在逐步显现，引起大家的重视。

从国际金融史看，金融业长远发展的核心竞争力并不是创新、比快跑，而是看稳健致远。因此，必须遵循金融发展规律，紧紧围绕服务实体经济、防控金融风险、深化金融改革三项任务，创新和完善金融调控，健全现代金融企业制度，完善金融市场体系，推进构建现代金融监管框架，加快转变金融发展方式，健全金融法治，保障国家金融安全，促进经济和金融良性循环、健康发展。

一、大数据优化金融风险管理

针对新金融业态下的监管，传统的手段往往需要花费较大的社会成本，同时它所能达到的预期效果也可能非常有限。这一缺失可以通过大数据技术进行补足和增强。科学运用好大数据，以及针对大数据统计研究方法的创新，可以为新金融环境下做好监管提供前瞻性思路。

另外，大数据分析及挖掘技术能够帮助金融机构有效管控信用风险、市场风险、流动性风险、操作风险等各类风险，保障金融安全。通过量化分析，对各类风险进行识别和监控，建立完善的风险防范体系。对于信用风险，操作风险，市场风险，和流动性风险等各种风险的管控，大数据技术都是不可或缺的重要手段和工具，而数据是基础和核心，大数据技术的应用是关键。

在大数据模式下，金融业既可以通过建立客户的完整图像从而将客户行为与某些时间、地点及某些社会关系建立联系；也可以通过建立数据源分析计算系统，预测客户将来可能出现的行为、以利于金融机构更准确的判断风险信息，降低自身信息不对称问题带来的风险，帮助金融机构指定应对措施并能获得收益。随着信贷经营环境日趋复杂，诸多企业披露的数据信息具有滞后性，不能反映客户的现实状态。随着大数据时代的到来，特别是互联网金融点对点借贷平台（P2P网络贷款平台）的建立、网络小额无抵押信贷的兴起，支付宝、微信等线上业务的兴盛促使了金融机构改变传统信贷管理模式的信念，也为建立大数据管理模式提供了鲜活案例。

二、大数据助力金融风险管理

在严峻的外部形势下，金融机构通过大数据优化系统风控模型，打造"防、控、补"一体的金融业务全流程反欺诈体系，从事前、事中和事后主动加强网络金融风险管理，利用大数据技术起到了对金融风险保驾护航的作用。大数据不仅仅是数据规模大，更重要的是数据来源丰富、数据种类多元化。大数据已经成为一种思维方式、一种促使社会变革的基础力量。从大数据视角窥视商业银行贷前、贷中、贷后各个环节的管理方法和手段，带给我们较多启示。

首先，贷前管理方面。在传统信贷管理模式下，金融机构的信息具有滞后性，且信息不对称，金融机构无法掌握全面的借款的信息，导致对借款人的风险评价出现误差。在此情形下，金融机构为了降低风险，通常需要借款人追加担保或者保证而在大数据时代，大数据管理能够弥补传统管理模式的不足，金融机构可以通过"互联网+"与海关、税务的系统实现共享，获得最新的借款人的财务、货物等相关信息。金融机构还可以根据通过大数据获得的海关、税务数据、客户的资金往来数据、货物流转数据等分析判断借款人的贸易背景和其真实的经营状态。金融机构还可以通过大数据系统的多头在线联机数据处理，建立并完善客户信用等级评级系统。另外，民营银行在利用内外部数据来评估客户信用风险上也进行了大量探索与实践。

其次，贷中管理方面。传统信贷下客观数据获取不及时不全面，同一金融机构的不同审批人的审批结论差异也较大。大数据的运用能够统一审批人的审批标准，弥补传统信贷下的不足。金融机构可以通过大数据信息系统的信息共享，运用"互联网+"分享、记录客户的言行特征，掌握客户的资金往来、产品往来、财务往来情况。

借助大数据，金融机构可以厘清集团企业内部的架构及集团内部各下属公司之间的关系和资金往来情况等，还原集团关系树全貌，进一步了解企业实际控制人的风险偏好，风险预警、为精准的授信审批打好坚实的基础。

最后，贷后管理方面。传统信贷模式下，需要投入大量的人力物力都很难获得借款人贷后信息。在大数据管理模式下，金融机构能够通过大数据系统及时获得借款人最新的交易信息、资金往来信息、货物流转信息、企业关联信息、经营风险信息等，这些信息为金融机构对贷后风险的风险提供了支持。金融机构可以识别可疑客户名单，实现在企业发生实质性风险之前捕捉到预警信号，尽早采取主动退出、强制归还借款、冻结担保等措施及时保障自身权益、化解风险。

参考文献

[1] 陈奉先.国际金融管理［M］.北京：首都经济贸易大学出版社，2018.

[2] 韩颖.金融学［M］.上海：上海财经大学出版社，2020.

[3] 荆新，王化成，刘俊彦.财务管理学（第8版）［M］.北京：中国人民大学出版社，2019.

[4] 范仲飞.现代企业经济管理的意义与创新［J］.商展经济，2021（10）：127-129.

[5] 符广清.新农村建设下的农业经济管理措施探讨［J］.中国集体经济，2021（7）：3-4.

[6] 高允生.新农村建设中农村经济管理的新举措初探［J］.财经界，2020（30）：11-12.

[7] 荆付英.浅析农业经济管理对农村经济发展的促进作用［J］.商品与质量，2021（18）：248-248.

[8] 李健.金融学（第3版）［M］.北京：高等教育出版社，2018.

[9] 彭兴韵.金融市场学［M］.上海：格致出版社；上海人民出版社，2018.

[10] 王培，高祥，郑楠.财务管理［M］.北京：北京理工大学出版社，2018.

[11] 王兴发.世界经济学［M］.广州：华南理工大学出版社，2019

[12] 李大雷.谈农业经济管理对农村经济发展的作用［J］.财讯，2021（1）：184-185

[13] 林坤.村干部在农村经济管理中的机制研究［J］.新农业，2021（7）：80-80

[14] 刘小东.改进农村生态环境促进生态农业经济发展［J］.新农业，2021（3）：82-83

[15] 刘晓刚.新农村建设环境下的农业经济管理优化策略［J］.中国民商，

2021（4）：6+8

[16] 柳彤，贾瑾新.中国特色文化之太极拳文化 [J].体育科技文献通报，2021，29（1）：134+147+150+156+161

[17] 门玉霞.科技创新对企业经济发展的作用探讨 [J].环球市场，2021（10）：22-22

[18] 宋鹏.现代企业管理的"义利"之道 [J].人民论坛，2017（14）：92-93

[19] 宋贻江.新时期农村经济型人才队伍建设的实践探索 [J].中国集体经济，2021（10）：114-115

[20] 王海霞.乡村振兴战略背景下农村经济发展路径探析 [J].魅力中国，2021（8）：54-54

[21] 王家兵.农村金融对农村经济发展的作用分析 [J].经济与社会发展研究，2021（9）：34-34

[22] 王磊.影响企业经济发展的因素及对策分析 [J].知识经济，2021（1）：15-16

[23] 王秀芬.改善农村生态环境对生态农业经济发展的影响 [J].经济与社会发展研究，2021（2）：215-215

[24] 王雪.农村集体经济发展存在的问题及策略分析 [J].商情，2021（7）：97-98

[25] 魏东.新农村建设中农村经济管理的创新 [J].经济与社会发展研究，2021（2）：238-238

[26] 武宏林.农村集体经济组织财务管理创新探析 [J].农村经济与科技，2021，32（4）：53-54

[27] 徐君卿.大数据时代如何完善农村信息化建设 [J].江西农业，2019（24）：100-100

[28] 徐涛.加强农村经济管理促进农村和谐发展 [J].农民致富之友，2019（14）：245-245

[29] 薛若禹，廖吉林.我国农村金融发展对农业经济的影响研究 [J].热带农业工程，2021，45（1）：96-98

[30] 颜军.浅谈农村农业经济管理与发展 [J].消费导刊，2021（12）：255-256

[31] 杨春花.新时代农村集体经济发展问题及对策建议 [J].现代经济信息，2021（9）：11-12

[32] 杨杰.关于当前农村经济发展的分析与研究 [J].农家科技（上旬刊），2021（1）：226-226

[33] 杨庆华.新时代农村建设中农业经济管理的几点有效措施 [J].农家科技（上旬刊），2021（3）：216-216

[34] 叶毅成.企业市场经济发展中宏观经济管理的重要性 [J].商情，2021（16）：135-136

[35] 张娟娟.农村经济结构变化对农业能源效率的影响 [J].新农业，2021（3）：76-77

[36] 张之美.浅谈企业工商管理对经济发展的促进作用 [J].科学与财富，2021，13（1）：313-313

[37] 赵争.探讨新形势下农村经济管理分析 [J].农村科学实验，2021（4）：50-51

[38] 郑艳红.加强农村经济管理促进农村和谐发展 [J].吉林农业，2018（22）：40-40

[39] 庄艳容.加强精益化管理推动企业高质量发展 [J].商展经济，2021（2）：98-100

[40] 夏长会.基于案例分析的农业经济管理理论与应用——评《农业经济管理》[J].中国农业气象，2022，43（2）：164-164

[41] 刘娟.基于国情的区域经济管理理论与应用研究——评《区域经济管理概论》[J].领导科学，2021（9）：128-128

[42] 朱奕臻.探究行政管理理论在企业经济管理中的运用 [J].中小企业管理与科技，2021（10）：40-41+158

[43] 陈亚杰.基于目标成本管理理论的企业经济管理探究 [J].财经界，2021（5）：17-18

[44] 李建军.公立医院现代经济管理体系的理论设计与探索 [J].会计之友，2020（21）：2-8

[45] 黄月波.房地产经济与建筑经济的镜像关系和汲水理论 [J].经济管理研究，2021，3（6）：182-183

[46] 王宇.我国金融市场风险管理的理论及应用 [J].商业2.0（经济管理），2021（23）：1-3

[47] 曹明磊.电商企业声誉评价体系构建及影响因子分析 [J].现代管理，2023，13（6）：1-8

[48] 田富强.博弈条件下经济管理理论陷阱研究 [J].唐都学刊，2022，38（4）：95-101

[49] 汤金丽.农业宏观经济管理理论及可持续发展实践——评《农业经济管理与可持续发展研究》[J].中国农业资源与区划，2021，42（1）：24+33

［50］段玮，齐舆，巩芳.系统动力学与经济管理理论及方法结合研究综述［J］.统计与决策，2022，38（2）：41-46

［51］张赟.试析新时代国民经济管理理论创新［J］.老字号品牌营销，2022（23）：71-73

［52］田富强.总体国家安全观下的经济管理理论博弈及其安全研究［J］.唐都学刊，2023，39（1）：56-62

［53］汪绿佳.行政管理理论在企业经济管理中的运用研究［J］.投资与创业，2021（21）：205-207

［54］韩依彤，燕丹丹.行政管理理论在企业经济管理中的应用探析［J］.全国商情·理论研究，2020（33）：42-44